Anthologie

Arthur Buies

Anthologie

*Introduction et choix de textes
par Laurent Mailhot*

BIBLIOTHÈQUE QUÉBÉCOISE

Bibliothèque québécoise inc. est une société d'édition ad-
ministrée conjointement par la Corporation des Éditions
Fides, les Éditions Hurtubise HMH Ltée et Leméac Éditeur.

Données de catalogage avant publication (Canada)

Buies, Arthur, 1840-1901

  Anthologie

  Publ. antérieurement sous le titre : Anthologie ;
d'Arthur Buies, Montréal ; Hurtubise HMH, 1978.

  ISBN 2-89406-098-X

  I. Titre. II. Titre : Anthologie d'Arthur Buies.

PS8453,U33A6 1994   C848',409   C94-940904-9
PS9453,U33A6 1994
PQ3919,B793A6 1994

Illustration de la couverture : Évelyne Butt

Mise en pages : Composition Monika, Québec

DÉPÔT LÉGAL : TROISIÈME TRIMESTRE 1994
BIBLIOTHÈQUE NATIONALE DU QUÉBEC

© Éditions Hurtubise HMH, 1978.

© Bibliothèque québécoise, 1994, pour l'édition de poche.

ISBN : 2-89406-098-X

Avant-propos à la présente édition

«La moindre page de Buies, c'est la marque d'un authentique écrivain, est *signée*: celui qui l'a écrite est allé au bout de lui-même, de sa pensée, de son expression, de son goût, il a pris tous les risques qu'impose l'écriture», écrivait Robert Melançon[1]. D'où l'actualité intemporelle de cette œuvre circonstancielle qui a touché tous les genres sauf les plus reconnus (roman, poésie, théâtre). Le développement de l'essai québécois à partir de 1960 et davantage encore depuis une dizaine d'années — grâce notamment à ce qu'on peut appeler l'«école» de *Liberté* — a redonné sens et vigueur aux combats d'Arthur Buies pour l'éducation, la langue, la responsabilité, la culture, la «critique» la plus radicale.

Le renouveau de la lecture de Buies, ces dernières années, est dû pour l'essentiel à l'édition critique par Francis Parmentier des *Chroniques* I et II aux Presses de l'Université de Montréal, collection «Bibliothèque du Nouveau Monde», 1986 et 1991. Le professeur Parmentier, qui prépare une biogra-

---

1. «Avez-vous lu Arthur Buies?», *Le Devoir*, 29 juillet 1978, p. 14.

7

phie, est également l'éditeur, dans bien des cas le découvreur, de la *Correspondance (1855-1901)* d'Arthur Buies[2] avec, entre autres, des écrivains comme Alfred Garneau. Plutôt que d'ajouter simplement ces titres à la bibliographie de Buies — à Œuvres? à Études? —, je veux les signaler ici, d'entrée de jeu, à ceux qui les ignoreraient.

Ne changeant rien à mon choix de textes, ni à ma présentation — l'ouvrage vaut par lui-même, et il avait été bien reçu en 1978 —, j'ai préféré ne pas bouleverser ni gonfler une bibliographie sélective[3]. J'aurais pu m'arrêter sur la réception de l'*Anthologie* ou sur celle des *Chroniques* — «Ah! si Arthur Buies revenait...», «un homme en transit», «le gentleman chroniqueur» —, rappeler le mémoire de maîtrise de Sylvain Simard à McGill, dès 1971, sur «Les problèmes de la culture québécoise dans la seconde moitié du XIXe siècle tels que vus par Arthur Buies». Simard intitule «Les *Lettres sur le Canada*: un combat désespéré pour la liberté intellectuelle» son introduction à la réimpression par l'Étincelle (après Réédition-Québec en 1968) de la célèbre «étude sociale» de 1864-1867 par un jeune et brillant «retour d'Europe». C'était hier, c'est aujourd'hui.

Laurent Mailhot

---

2. Montréal, Guérin littérature, 1993, 347 p.

3. J'ajoute seulement trois articles sur des aspects différents: John Hare, «Arthur Buies, essayiste: une introduction à la lecture de son œuvre», dans le collectif *L'essai et la prose d'idées au Québec*, Montréal, Fides, «Archives des Lettres canadiennes», VI, 1985, p. 295-311; Francis Parmentier, «Arthur Buies et la critique littéraire», *Revue d'histoire littéraire du Québec et du Canada français*, n° 14, 1987, p. 29-35; Jonathan M. Weiss, «Arthur Buies et les États-Unis au XIXe siècle», *Quebec Studies*, vol. 5, 1987, p. 85-96.

Un écrivain du XIXᵉ siècle aujourd'hui

> *Faire des œuvres purement littéraires en Canada! mais où donc seraient mes lecteurs? où mes critiques? où mes juges?*
>
> Arthur Buies, *La Lanterne.*

Arthur Buies (1840-1901) est, avec François-Xavier Garneau, Fréchette et Nelligan, un des rares écrivains canadiens-français *du XIXᵉ siècle.* Les autres errent dans l'académisme, avant la Conquête anglaise, avant la Révolution française, dans l'Antiquité, au Moyen Âge, hors du siècle, dans un *illo tempore* de légende, d'hagiographie. Poètes, romanciers et auteurs dramatiques, sauf exceptions, étirent des proverbes, remplissent des thèses. Fréchette copie Hugo, tout en s'inspirant du vent, de la neige et, heureusement, de Jos Violon. Ce sont nos orateurs, juristes, journalistes, conférenciers, humoristes, essayistes divers, qui ont le mieux subi l'influence des idées et des rêves européens, américains. Mais Papineau et Dessaulles sont un peu lourds, Hector Fabre un peu léger, Edmond de Nevers marginal, isolé.

Buies est le plus souple, le plus engagé, le plus complet des écrivains du XIXᵉ siècle ici. Notre Montaigne, notre Voltaire, notre Boileau, a-t-on dit;

«... un Boileau qui aurait vécu après l'époque romantique[1]!», un Montaigne pamphlétaire, un Voltaire à la Michelet. Ou encore: «Pauvre petit Renan[2]!» De «parisien» qu'il fut au départ, par son éducation, Buies devint rapidement *canadien*, c'est-à-dire québécois. Son but sera «l'édification d'une littérature vraiment nationale» dans une société ouverte et progressiste. Car, pour cet esprit du XIXe siècle, la littérature est une identification, une lutte, un espoir.

Orphelin, exilé

Arthur Buie (qui ajoutera l'*s* à son nom en 1862) est né «orphelin», la vie lui fut «infligée» comme à Chateaubriand, il passa son enfance dans un petit manoir au bord du fleuve — de la mer — Saint-Laurent:

> *Je suis né il y a trente ans passés, et depuis lors je suis orphelin. De ma mère je ne connus que son tombeau (...)*
>
> *(...) Ainsi, mon berceau fut désert; je n'eus pas une caresse à cet âge même où le premier regard de l'enfant est un sourire; je puisai le lait au sein d'une inconnue, et, depuis, j'ai grandi, isolé au milieu des hommes, fatigué d'avance du temps que j'avais à vivre, déclassé toujours, ne trouvant rien qui pût m'atta-*

---

1. L. Lamontagne, *Arthur Buies, homme de lettres*, Québec, P.U.L., 1957, p. 205. «... Il a aussi été disciple de Victor Hugo, de Rochefort, de Chateaubriand, de Taine, de Cousin, de Comte et de bien d'autres. Bref, il a été de son temps *tout comme Fréchette et comme Lemay...*», ajoute imprudemment l'auteur (p. 11). Je souligne.

2. Lumen, «Réponse à Buies», *Le Pays*, 1er janvier 1869, Cité *ibid.*, p. 241.

> *cher, ou qui valût quelque souci, de toutes les*
> *choses que l'homme convoite*[3].

Rencontre attendue d'un destin et d'un style — d'un
destin *par* le style —, en attendant l'histoire, l'écriture.

William Buie, père d'Arthur, était un Écossais
né dans l'Île de Wiay, immigré au Canada en 1825.
Courtier à Montréal, Québec et New York, ami de
Hincks, Baldwin et Lafontaine, administrateur de la
People's Bank, Mr. Buie est nommé en 1840 gouverneur de la Guyane britannique, où il acquiert une
plantation. Il avait épousé au début de 1837 Marie-
Antoinette-Léocadie d'Estimauville de Beaumonchel, fille d'un grand-voyer de Québec, de vieille
noblesse normande, héritière par sa mère (Drapeau)
des seigneuries de Rimouski et de l'Île d'Orléans[4].
Une fille, Victoria, naît en octobre 1837, et un fils,
Arthur, en janvier 1840. À son départ pour New
Amsterdam avec son mari, Mme Buie abandonne
l'enfant et le bébé à leurs grand-tantes Luce-
Gertrude (veuve Casault) et Louise-Angèle Drapeau.
Elle mourra des fièvres, dès 1842, «à mille lieues de
l'endroit où je vis le jour». William Buie se remarie
bientôt avec Eliza Margaret Shields[5].

Les petits Buie sont élevés l'hiver à Québec,
l'été à Rimouski, où les seigneuresses habitent ce
qu'on appelait le manoir Tessier, en face de l'Île
Saint-Barnabé. Arthur, à l'imagination «aussi vive

---

3. «Desperanza», dans *Chroniques, voyages, etc., etc.*, Québec,
   Darveau, 1875, p. 64-65.

4. Je suis ici les principaux biographes de Buies (Ab der Halden,
   Douville, Gagnon et surtout Lamontagne), qui eux-mêmes
   s'appuient sur P.-G. Roy, *La famille d'Estimauville de Beaumouchel*, Lévis, 1903, et *Bulletin des recherches historiques*,
   XXXVII, p. 331.

5. Irlandaise (suivant Lamontagne) ou créole (selon Douville).

qu'ardente» (écrit Mme Casault), n'échappe à la pitié et aux peurs des vieilles dames que pour devenir pensionnaire au collège de Sainte-Anne-de-la-Pocatière de 1848 à 1853. Le collège, qui possède un bocage romantique, a été fondé par un disciple de Chateaubriand, l'abbé Painchaud — «Je dévore vos ouvrages dont la mélancolie me tue, en faisant néanmoins mes délices...» —, et le directeur des études est un autre admirateur du *Génie du christianisme*, l'abbé Bouchy, Lorrain exilé, qui lit aussi Bonald et de Maistre. Cependant, le futur auteur de *La Lanterne* paraît déjà rebelle[6] au cléricalisme, même romantique, clair-obscur:

> *(...) Lorsque j'entendis pour la première fois le supérieur du Collège de Sainte-Anne, où je fis mes cinq premières années d'ignorance, et où, en fait d'histoire, j'apprenais que les baleines avalaient des hommes et les rejetaient trois jours après sur le rivage pleins de vie, et que d'autres hommes arrêtaient le soleil, lorsque j'entendis ce supérieur, qui, conjointement avec tous ses collègues du Canada, fait tant de sacrifices pour imbéciliser les élèves, nous apprendre pour la première fois qu'il fallait racheter au Christ les enfants de Chinois ex-posés aux pourceaux par leurs pères, je restai pétrifié d'étonnement[7].*

«Oh! ne raisonnez pas, ne raisonnez jamais», répète son confesseur au jeune Buie, qui avale «avec une répugnance précoce les énormes tartines qu'on nous prodiguait sous le nom de *paroles de vérité*[8]».

---

6. D'abord 7e sur 28 élèves, son rang décline régulièrement; en 1853, il sera 8e sur dix.

7. *La Lanterne*, nouv. éd., Montréal (s. éd.), 1884, p. 240.

8. *Ibid.*, p. 241.

Le raisonneur passe de Sainte-Anne à Nicolet, où il se montre «brillant mais indiscipliné» durant presque deux ans. En novembre 1855, on l'inscrit brièvement en Rhétorique au Séminaire de Québec, avant de l'embarquer, en plein hiver, pour la Guyane. À la plantation Smith-Son's Place, l'adolescent trouve un père inconnu et affairé, un foyer anglophone (où il s'obstine à parler français), des esclaves noirs avec qui il joue, enfin le souvenir et la tombe mal entretenus de sa mère. En juillet, Mr. & Mrs. Buie expédient l'encombrant collégien à l'Université de Dublin. «Me voilà lancé seul au milieu d'un monde vaste et inconnu; je ne crains pas de m'y égarer car j'ai confiance dans mes destinées», écrit Arthur à Mme Casault, rassurée de le savoir en «pays si éminemment catholique». Dès décembre, le voyageur quitte l'Irlande pour un «lieu de perdition et funeste aux mœurs d'un jeune homme: Paris[9]». Il choisit la langue et la culture maternelles contre la volonté de son père, qui lui coupe sa pension et le déshérite. Il a dix-sept ans.

L'orphelin arrive à Paris en janvier 1857, fait des visites[10], vivote, explore, réclame de l'argent à ses tantes, à sa sœur, à ses cousins. «C'est un écervelé mais il faut lui fournir le strict nécessaire», mande l'un d'eux à l'abbé Hamel, tuteur du jeune «fou» qui est «résolu coûte que coûte de rester à Paris, dût-il y mourir de faim[11]». En octobre, il entre

9. Mme Casault à Buies, 18 novembre 1856. Lettre citée par L. Lamontagne, *op. cit.*, p. 22.

10. À Adolphe de Puibusque, à Montalembert, à Guizot...

11. Archives du Séminaire de Québec. Correspondance de prêtres canadiens étudiant à Paris, citée par L. Lamontagne, *op. cit.*, p. 28.

comme interne au Lycée impérial Saint-Louis (près de la Sorbonne), où il se fait corriger «des tournures, des phrases, des expressions qui passaient pour superbes aux yeux de mes professeurs du Canada et qui ne sont même pas françaises» (lettre à sa sœur Victoria). Les résultats sont bons: 2e prix d'anglais, 2e prix de conférence, accessit en composition française, 7e rang au total. Les choses se gâtent après Noël, dans «ce cœur que toutes les passions ont abruti» (abbé Hamel). Aux Jours Gras, celui qui voudrait être son confesseur et qui n'est que son témoin fait jurer au jeune homme de ne fréquenter «aucun bal soit masqué, soit non masqué, ni aucun autre lieu où vous soyez en contact avec les grisettes des étudiants ou autres[12]». En demandant qu'on le remplace par un protecteur et correspondant civil (ce sera M. Jouby), l'ecclésiastique compare Madame veuve Casault à sainte Monique et Arthur à Augustin avant sa conversion.

Le lycéen surnommé «Québec» éprouve des difficultés financières, fréquente les cafés, discute, lit *Le Charivari* de Rochefort et autres brûlots, échoue au baccalauréat et à la reprise, donne quelques leçons particulières. Au printemps 1860, Buie ou Buies ou *Buiès* ou *Buzzo* s'enrôle dans l'armée de libération de Garibaldi. Sur le bateau, il se lie avec Ulric de Fonvielle, qui le décrit avec humour dans ses *Souvenirs d'une Chemise rouge*[13]. Longue marche à travers la Sicile, engagement à Melazzo et à Policastrel. L'anti-zouave abandonne les Mille —

---

12. Hamel à Buies (ASQ), 13 février 1858, cité *ibid.*, p. 33.
13. Paris, Dentu, 1861. Extraits reproduits dans Charles ab der Halden, *Nouvelles études de littérature canadienne-française*, Paris, de Rudeval, 1907, p. 169-177.

mais non l'uniforme rouge — à Naples et s'embarque pour Marseille. De retour à Paris, ou plutôt à Palaiseau, où la pension est moins chère, l'étudiant donne des leçons d'anglais et de latin, prépare ses derniers échecs au baccalauréat, fait un stage dans une étude d'avoué, voit Rameau de Saint-Père, auteur d'*Une colonie féodale en Amérique*, qui l'initie à l'histoire et lui donne la nostalgie du pays.

Pamphlétaire

Arthur Buies se rapatrie (avec l'argent et les conseils de sa tante) en janvier 1862. Il s'engage aussitôt, avec la fougue de ses vingt-deux ans, dans le combat idéologique montréalais. D'abord un éloge de Garibaldi dans *Le Pays*, des conférences[14] à l'Institut canadien, et même un cours d'économie politique (suivi par un certain Laurier). Le premier article de Buies, net et rythmé — «On ne connaissait que le pouvoir, on connut le droit...»; un droit nouveau apparaît, «le droit des nations, remplaçant ce que l'ambition, l'orgueil et la tyrannie avaient appelé le droit divin[15]» — montre que les libéraux avancés, juristes sérieux, ont trouvé un style, une plume. Inutilement acérée parfois, griffeuse, égratigneuse, mais vive et précise.

Si la brillante «pléiade rouge de 1854» s'est un peu éclaircie, usée, rangée, elle a de beaux restes et connaît un regain de vie grâce à l'opposition de Mgr Bourget. Les anciens se font rares, sauf aux

---

14. Sur l'avenir de la race française en Amérique, la situation politique au Canada, la composition de la Législature et ses conséquences, le Progrès et la Raison..., sans compter un débat: «Le système actuel d'éducation est-il vicieux?»

15. *Le Pays*, 21 octobre 1862. Cf. *La Lanterne* (1884), p. 52-53.

« occasions solennelles », mais Doutre, Blanchet sont attentifs et présents auprès de la seconde génération de l'Institut, dans ces « années de spasmes, de convulsions, d'intermittences, d'alternatives, d'espérance et de découragement, qui se terminèrent enfin par un trépas ignoré et une disparition sans éclat[16] ». L'encyclique *Quanta cura* et le *Syllabus* contre les « erreurs » modernes portent, en 1864, des coups violents. Le « trépas » commence avec la Confédération conservatrice[17], s'accélère avec la condamnation romaine de 1869[18]. L'affaire Guibord et *La grande guerre ecclésiastique* de Dessaulles — qui doit s'exiler — sont les derniers feux d'un mouvement scindé en chapelle (radicale) et en parti (électoraliste). Buies lui-même note, vers 1880, que le véritable libéralisme « n'a rien à voir avec le libéralisme boiteux, louche et impuissant de la politique[19] ». Il n'en allait pas de même en 1862 au moment où le

---

16. A. Buies, *Réminiscences*, Québec, Imprimerie de l'Électeur, 1892, p. 39.

17. « L'Institut avait encore en 1866 une force certaine. Une société culturelle qui avait de 300 à 350 membres, qui possédait une bibliothèque de 6 500 volumes, qui recevait environ 70 journaux, et qui pouvait construire un édifice de 16 000 dollars, n'était pas chose très courante à cette époque ! (...)
(...) L'Institut n'a plus, à la fin de 1867, que le quart du nombre de membres qu'il possédait dix ans plus tôt » (J.-P. Bernard, *Les Rouges; libéralisme, nationalisme et anticléricalisme au milieu du XIXe siècle*, Montréal, PUQ, 1971, p. 274 et 315).

18. Le vicaire général de Montréal exige que l'Institut « reconnaisse comme doctrines pernicieuses le *rationalisme*, le *libéralisme*, le *progrès*, la *civilisation* » (Lettre de Mgr Truteau à Mgr Bourget, citée par J.-P. Bernard, *ibid.*, p. 317).

19. « Lettre d'Arthur Buies à L.-J. Papineau » (APQ), citée par J.-P. Bernard *ibid.*, p. 320. Cf. *La Lanterne* (1884), p. 300-301.

jeune garibaldien rentre d'Europe. Malgré la concurrence de l'Institut canadien-français — où siègent Fabre, David et Laurier —, l'Institut canadien compte cinq cents membres, possède la meilleure bibliothèque.

«Pareillement à nos devanciers, nous arrivions, nous, phalange fortement unie, non seulement par la solidarité de principes communs et nettement définis, mais encore par les liens d'une amitié étroite...», se rappelle Buies[20]. Le vieil hôtel Richelieu devient le «Café Procope» de la bande, qui se fait servir à table, «nous exclusivement, en habit à queue et en gants blancs», par le garçon Ménésippe. Buies y apprend «les roueries de la politique et le dessous des choses», l'amitié, l'art de vivre. Il tient alors «une moitié de maison de garçon» où se réunit un «noyau serré et presque indivisible» de joyeux jeunes intellectuels, sorte d'aile gauche ou de Rive-Gauche de l'Institut canadien. «Nous formions au cénacle un groupe d'audacieux et de téméraires qui ne reculaient devant rien, qui abordaient toutes les questions, surtout les inabordables[21]». Elles sont nombreuses, grâce aux censures ecclésiastiques et politiques. Buies, bientôt élu secrétaire-correspondant, puis vice-président de l'Institut, y parle des révolutions française et américaine, de la science, de l'évolution, de l'histoire, de l'abolition de la peine de mort, enfin de l'enseignement[22], clef des réformes et des libertés. Entre-temps, l'ex-garibaldien

---

20. *Réminiscences*, p. 19.

21. *Ibid.*, p. 38.

22. Série de conférences sur l'instruction, en avril-mai 1865. En octobre-novembre, il écrira pour *Le Pays* une chronique de la langue intitulée «Barbarismes canadiens».

donne des leçons d'escrime, décroche un certificat militaire de deuxième classe et, après quelques semaines de cléricature chez Mᵉ Rodolphe Laflamme, il est reçu au Barreau.

La première œuvre d'Arthur Buies, *Lettres sur le Canada* (1864 et 1867), à la fois «étude sociale», manifeste et pamphlet, est une des plus fortes et des plus radicales: «Aujourd'hui, il n'est plus qu'une chose qui puisse sauver le Canada; c'est le radicalisme; le mal est trop grand et trop profond, il faut aller jusqu'aux racines de la plaie. Des demi-mesures n'amèneront que des avortements...[23]». La première lettre (d'un visiteur français à son ami canadien) pose brièvement le décor: Québec comparée à Naples, le fleuve, les rochers, une nature «sauvage et farouche», d'une «majestueuse monotonie». «Ici, tout est neuf». Tout est neuf, sauf les idées. La deuxième lettre procède par entretiens et comparaison. L'«indépendance intellectuelle absolue» des Français, le «libre examen» des questions, depuis l'origine de la science (Copernic, Galilée, Bacon) jusqu'à la fraternité démocratique universelle, sont opposés à l'obscurantisme clérical, fait «de préjugés et de fanatisme contre la liberté de la raison». Le mot *nationalité* lui-même n'est ici «qu'un hochet ridicule avec lequel on amuse le peuple pour le mieux tromper»; et les mots *religion*, *conscience*, etc. En a-t-il toujours été ainsi? Non. L'histoire du Canada est remplie de vrais patriotes; même le clergé, «confondu avec les vaincus dans la conquête, était assez porté à les défendre». Les compromissions, la

---

23. *Lettres sur le Canada, étude sociale*, Réédition-Québec, 1968, p. 37.

«prostitution intellectuelle» sont venues plus tard, avec Mgr Plessis notamment:

> *Ce fut un jour malheureux où le clergé se sépa-ra des citoyens; il avait une belle mission à remplir, il la rejeta; il pouvait éclairer les hommes, il préféra les obscurcir; il pouvait montrer par le progrès la route à l'indépen-dance, il aima mieux sacrifier aux idoles de la terre, et immoler le peuple à l'appui que lui donnerait la politique des conquérants*[24].

L'éducation cléricale ne vise qu'à propager le dogme, à consolider des structures théocratiques. «Quoi! suffit-il donc, pour que vous donniez une éducation française, de n'en employer que les mots et d'en rejeter toutes les idées!» Les Jésuites, en particulier, sont violemment attaqués: tartuffes ambitieux, habiles séducteurs de la jeunesse.

La troisième lettre, datée de Montréal (1867), est d'abord aussi pessimiste que la précédente (Moyen Âge, Inquisition, «romanisme»...), d'un héroïsme romantique et cornélien: «le progrès ne marche qu'à travers les immolations»; «il faut savoir mourir quand on ne peut vaincre». Mais elle est plus détaillée, plus concrète: une presse vénale et médiocre entretient la léthargie, «il n'y a plus de jeunesse». Si, il y a encore l'Institut canadien et ses journaux, dont Buies rappelle les buts, le programme, l'action, les figures dominantes: Papin (et sa motion sur l'enseignement élémentaire obligatoire, libre et gratuit), les frères Dorion, Blanchet, Dessaulles... Une quatrième lettre est annoncée, qui devait continuer l'histoire de l'Institut; elle ne paraîtra jamais.

---

24. *Ibid.*, p. 20.

Le polémiste — écrivain déçu[25] — quitte brusquement Montréal pour Paris, via New York, en mai 1867. «Ne pleurez pas sur moi, mais pleurez sur vous, ô habitants du Canada!», écrit-il à sa sœur. «L'âge des illusions est passé: celui de l'ambition est venu, je saurai subir ce nouvel état sans faiblir[26]». Il lui reste quelques illusions à dissiper. Il travaille un peu pour le géographe Cortambert, rencontre George Sand, place un article à *La Revue libérale*[27]: c'est insuffisant pour vivre et avoir une raison de vivre. Buies connaît à Paris une crise existentielle profonde: solitude, doute, prostration, «le vide, l'angoisse, le vague saisissement de l'inconnu».

> (...) *Quelque chose de farouche entra alors dans mon âme; je me pris à haïr, à voir des ennemis dans tous ces indifférents; puis un accablement subit s'appesantit sur tout mon être, l'angoisse étreignit mon cœur dans ses serres brûlantes, tout mon sang y reflua, rapide; mon front se couvrit de sueurs et je m'assis haletant, près de défaillir, sur un des bancs qui se trouvaient le long du chemin (...)*

---

25. «Mon ambition était d'étonner mes contemporains par mon style (...) Ne pouvant prétendre à aucune renommée littéraire dans un pays où disparaît de jour en jour la langue de la France, je m'exilais, sans espoir de retour, à la recherche d'un nom dans la ville du monde où il est le plus difficile à conquérir (...) Je tombai donc dans cet immense Paris, et dès le premier jour j'eus peur». (*Chroniques canadiennes, humeurs et caprices*, Montréal, Eusèbe Sénécal & Fils, p. 284-285).

26. Lettres citées par L. Lamontagne, *op. cit.*, p. 79.

27. «L'Amérique britannique du Nord» (*Revue libérale et scientifique*, août 1867) est un article historique (colonisation, conquête, survivance) et politique (contre la Confédération, pour l'annexion à la République américaine).

Je partis lentement. De sinistres présages com-mençaient à s'éveiller dans mon esprit; le doute, ce doute horrible, précurseur du déses-poir, saisissait mon esprit pour la première fois; je me rappelle qu'un lourd nuage flottait sur mes yeux et que j'avançais avec peine. Le bruit retentissant de la ville, les mille séduc-tions de l'élégance, la grandeur des monu-ments, le raffinement du luxe, tout cela m'ap-paraissait comme autant de pompeux supplices imaginés pour les malheureux (...)

Alors le regret amer, le remords déchirant pé-nétrèrent en moi. Il me vint en souvenir les vieilles forêts d'Amérique...[28]

Heureusement, Buies a une «nature élasti-que», il réagit, rebondit. «On n'est jamais seul quand on pense et qu'on se souvient.» Il se met à écrire; son réveil est clair, lumineux, énergique. «Je l'aime, la France, pourtant. Mais elle ne se soucie pas de moi», déclare-t-il à ses amis canadiens, qu'il retrouve en janvier. Est-il reparti au moment où le journalisme parisien allait lui ouvrir «ses deux bras»? «*Le Globe* illumine Paris (...), on vous réser-vait une place dans les cadres de la nouvelle feuille», lui écrit Cortambert. Trop tard. Arthur Buies fera son œuvre à Montréal et à Québec.

En septembre 1868 paraît sur quatorze pages *La Lanterne canadienne*, annoncée dans *Le Pays* par une reproduction du n° 12 de *La Lanterne* de Roche-fort[29], sa contemporaine. Celle-ci tire à 120 000,

---

28. *Chroniques canadiennes...*, p. 286-287.

29. Buies avait envoyé son hebdomadaire à Rochefort, qui n'en accusa pas réception et, en 1910, n'en gardait qu'un «très vague» souvenir, d'après Jules Fournier (*Mon encrier*, Fides, p. 167).

celle-là à 1 200. Celle-ci est anti-chrétienne et ouvriériste, celle-là anticléricale et nationale. Toutes deux sont anti-impérialistes, républicaines, libertaires. «Dès qu'une chose est vraie, elle est bonne à dire et doit être dite», proclame Buies, s'inspirant de Courier. «Il faut vouloir le plus pour avoir le moins. Jeunes gens, soyez extrêmes. Ne redoutez pas ce mot. C'est dans l'extrême seul qu'on touche le vrai; la vérité n'est jamais à mi-chemin[30].» «Je n'écris pas pour les hommes d'aujourd'hui, (...) j'écris pour la génération qui pousse, et celle qui la suivra, alors qu'un certain nombre d'idées auront fini par percer l'ombre épaisse qui nous enveloppe.» C'est dire que le journaliste se veut écrivain, et le pamphlétaire essayiste, moraliste. Il l'est, surtout lorsqu'il parle d'un peuple «abaissé et humilié», ignorant, soumis aux jougs, crédule plutôt que croyant. La jeunesse, l'éducation, l'opinion publique, la séparation de l'Église et de l'État, la tolérance sont les thèmes favoris de l'anti-«éteignoir»; négativement, ses têtes de Turc seront donc les Jésuites, Mgr Bourget, les organes «cléricocaux» et conservateurs. Buies s'amuse irrévérencieusement des titres (superlatifs) et des palais épiscopaux, des naïvetés du martyrologe, des superstitions lucratives, de l'abdication forcée de la reine d'Espagne. Il cite l'Évangile aussi bien que Louis Blanc, les historiens ou les ethnologues (pour prouver la relativité de telles mœurs, de telles coutumes).

«Si les prétendus libéraux qui foisonnent partout, et qui passent leur temps à se plaindre en redoutant le remède, me laissent seul à lutter contre cet ordre infâme qui nous a paralysés et abrutis, tant pis

---

30. *La Lanterne* (1884), p. 300.

pour eux», déclare Buies. Tant pis pour nous : ils le laissent seul, occupés qu'ils sont à l'électoralisme. Après le n° 27, *La Lanterne* «s'éteignit subitement, en pleine lumière, au plus fort de l'incandescence». Les pressions l'étouffèrent : chantage aux lecteurs, chasse aux vendeurs, fermeture des dépôts. Le pied-à-terre de Buies sera dorénavant à Québec. *L'Indépendant* (1870), comme son nom l'indique, lutte pour l'émancipation et la république, contre l'émigration aux États-Unis. *Le Réveil* (1876) sera consacré aux réformes et à l'instruction publique obligatoire et laïque (avec un secteur privé confessionnel). Le rédacteur y attaque encore la presse et Mgr Bourget. À l'«absolutisme effréné» de l'évêque de Montréal, «qui poussait à la révolte les consciences incapables d'accepter l'anéantissement», Buies oppose diplomatiquement la haute prudence et la justice éclairée de l'archevêque de Québec. Celui-ci verra pourtant une tendance antireligieuse dans le programme du *Réveil* d'exclure de ses pages «tout ce qui touche aux matières religieuses». Le pamphlétaire, quels que soient son esprit et son courage, est coincé par les circonstances. Il parle dans le désert. Il combat dans une arène poussiéreuse, devant des reptiles et des chardons.

Chroniqueur

«J'écrivais pour écrire, par fantaisie, par inclination, par goût, pour ne pas me laisser rouiller tout à fait...»

Buies avait été le correspondant électoral du *Pays* durant la campagne du printemps 1871. Après les élections, ses reportages politiques se changent en «chroniques des eaux» datées des stations balnéaires du Bas-Saint-Laurent ou de la Côte Nord, et envoyées à *L'Opinion publique*, à *La Minerve*, au

National aussi bien qu'au *Pays* (qui cessera de paraître le 26 décembre).

Le changement — de thèmes, de structure, de rythme — est important. Sans cesser, le combat pour les idées se détend, s'incarne au contact des paysages et des hommes. Un écrivain parisien avait écrit au rédacteur de *La Lanterne* qu'il ne parviendrait «jamais à devenir un pamphlétaire», que le pamphlet n'était pas son «genre». Le pamphlet est certainement un des genres fort bien pratiqués par Buies. «Votre talent est philosophique et descriptif», n'avait pas tort de remarquer le correspondant-prophète. «Vous savez trop admirer les splendeurs de la nature pour vous moquer pendant longtemps sans fatigue, sans ennui[31]». Buies ne se moque pas pour se moquer. Il distingue le pamphlet du libelle. Il combat à partir d'exemples quotidiens, avec fatigue mais sans ennui. Et il continuera jusqu'à la fin, ajoutant l'humour à l'ironie, corrigeant le sarcasme par le sourire.

Chroniques et causeries (du lundi, du mardi...) permirent au journaliste d'exercer ses dons d'observateur, de conteur, de critique, c'est-à-dire d'écrivain. Les trois recueils qu'il fait paraître à quelques années d'intervalle — *Chroniques, humeurs et caprices*; *Chroniques, voyages, etc.*, etc.; *Petites Chroniques pour 1877* — contiennent les plus belles pages de Buies, dans à peu près tous les domaines, du tourisme à l'histoire, du pastiche à la polémique, de la maxime aux Mémoires, de l'essai philosophique au lyrisme. Il parle de tout, mais à partir de lui-même, ici et maintenant. C'est lui qui bouge, et le monde (le temps) qui s'arrête un moment:

---

31. Lettre de 1868, citée sans nom d'auteur, *ibid.*, p. 229-230.

> *Mes «chroniques» sont une œuvre de jeu-*
> *nesse, imprévue, fortuite, faite au hasard de*
> *l'idée vagabonde, un reflet multiple d'une vie*
> *qui n'a été qu'une suite d'accidents toujours*
> *nouveaux, de situations toujours inattendues*
> *et d'impressions qui, pour être extrêmement*
> *mobiles, n'en étaient pas moins souvent pro-*
> *fondes et persistantes, malgré leur apparente*
> *fugacité*[32].

La vie et l'œuvre d'Arthur Buies coïncident enfin, ou plutôt — dans l'écriture — le sujet, l'objet, le projet. Buies se trouve, et trouve des lecteurs[33], en paraissant s'éloigner de ses préoccupations habituelles: politique, religion, éducation. Il y revient d'ailleurs, après des détours, des arrêts, des «voyages» qui font le charme — le poème (*carmen*) — de cette recherche du temps perdu dans le temps à perdre.

La chronique comme remplissage et fourre-tout fut un expédient auquel recouraient régulièrement les journaux du XIXe siècle. Un article «où se trouvent les faits, les nouvelles du jour, les bruits de la ville», suivant la définition de Larousse, qu'ont illustrée ici les *Échos de Québec* de Napoléon Legendre, les *Chroniques* (de *L'Événement*) d'Hector Fabre. «La causerie est le genre le plus difficile et le plus rare en Canada; on n'y a pas d'aptitudes. Il faut être un oisif, un propre-à-rien, un déclassé, pour y donner ses loisirs. Je suis tout cela[34]». En effet. Sans

---

32. Préface aux *Chroniques canadiennes...* (1884), p. 5.

33. «Je ne m'étais jamais imaginé que de simples articles de fantaisie, qui avaient pu amuser ou intéresser le lecteur à ses moments perdus, pussent subir l'épreuve d'une publication nouvelle, sous forme de volume...» (*Ibid.*, p. 6).

34. *Ibid.*, p. 153.

foyer, sans profession, sans spécialité, mais plus cultivé et plus libre que ses contemporains, Arthur Buies est le type même du chroniqueur. Ni philosophe, ni historien, ni sociologue, ni savant, mais frotté de tout et frotté à tous, écrivant «pour écrire», ouvert, répandu, secret.

«Le chroniqueur surtout a un sublime dédain du convenu, ce tyran universel; il dit ce qu'il veut, quand il veut, comme il veut[35].» Tout est dans la forme, dans la manière, au-delà des procédés. Buies a peut-être moins de finesse ou de nuance que Fabre, il a plus de couleur, de substance. Son arc est plus nerveux et son champ beaucoup plus large: de l'étymologie à l'urbanisme, de la fable voltairienne aux contes exotiques, du romantisme mélancolique à l'infini pascalien, de la réflexion morale à l'utopie scientiste.

Buies est attentif aux rumeurs, aux variations atmosphériques, aux souvenirs de vacances comme aux lendemains d'élections. Il a le sens de la flânerie. Et il préfère les récits aux anecdotes, le texte aux bons mots. Ses promenades deviennent des tableaux. Saisons et premiers de l'an arrêtent ou accélèrent pour lui le temps. L'écrivain est soit descriptif, soit allusif, tantôt elliptique, tantôt prolixe. «Pour être intéressant, il faut être décousu, excentrique, presque vertigineux», dit-il ironiquement. Il amuse et renseigne, surtout il intéresse, il attache. Tous les prétextes lui sont bons. L'important est l'entrecroisement, la proximité inattendue et stimulante. À propos du voyage du général Grant à Londres, Buies parlera de la cuisine anglaise, du colonialisme impérial, de l'Égypte et des Indes. Il a des digressions qui

---

35. *Ibid.*, p. 78.

sont parfois des dissertations, ou des rêves dans un rêve, des projections et des repliements, des essais dans l'essai.

Jamais Buies n'a été ou ne sera plus nostalgique, romanesque, romantique, nocturne, nordique, existentialiste (à la Kierkegaard, avec des éclairs pascaliens), que dans ses diverses *Chroniques*. Il est sensible au vieillissement, à la solitude, à la mort : « Rien n'est plus fatal que de vieillir en se croyant toujours jeune ; l'impuissance vient et l'on compte encore sur l'avenir ». Buies parle ici de « notre race », mais, au fond, de lui-même et de l'Homme. Le désenchantement, l'angoisse sont particulièrement violents dans les journaux intimes ou les fragments autobiographiques que sont « *Desperanza* », « Allez, mes jeunes années ! » ou le récit de voyage en Californie. Ils sont sensibles aussi dans des « étrennes », dans des morceaux de bravoure, dans des textes comme « Le vieux garçon ». Quant aux essais proprement dits — sur l'homme, le préjugé, la peine capitale ou le « teetotalisme » —, ils opposent à l'impressionnisme l'esprit et les contours du XVIIIe siècle. Buies est donc clair-obscur, classique et romantique, réaliste et artiste. Il remue des ombres, à la lumière. Il manie un peu facilement l'antithèse (rire et larmes, berceau et tombeau), il utilise le doute, l'interrogation, l'exclamation, la suspension. La chronique est un éternel recommencement. Elle est par définition interminable : nulle victoire extérieure (d'un parti, d'une idée) ne saurait y mettre fin.

Buies ne reviendra qu'accidentellement à la chronique durant les vingt dernières années de sa vie : ses *Réminiscences*, certaines conférences, quelques pages de monographies régionales en gardent la trace. Mais la grande veine des années 1870 est détournée au profit de menus travaux. L'écrivain devient fonctionnaire (intermittent), le chroniqueur secrétaire, descripteur, propagandiste.

Descripteur

En 1874, d'après plusieurs témoignages, le célibataire attendri fait des «déclarations brûlantes» à Mme Lucienne Desbarats, née Bossé, mère de six enfants, fille d'un juge en chef, épouse d'un avocat et imprimeur officiel. Ces avances sont repoussées. «Un soir de mai, à la sortie d'un office du mois de Marie, Buies la prit à partie publiquement avec une extrême violence, et en des termes tels qu'il se mit irrémédiablement dans son tort. Un peu plus tard, une altercation avec le mari rendit à peu près intenable la situation de Buies dans son pays, au moins pour quelque temps[36].» C'est alors qu'a lieu le voyage par train jusqu'en Californie, sorte de descente aux enfers ou de purification par le désert. Le voyageur sentimental, fataliste, isolé, épuisé, volé, met fin (à San Francisco) à ses velléités d'exil.

> *La nostalgie, c'est comme le mal d'amour. À celui qui en est atteint, il faut la patrie absolument, de même qu'à l'amoureux il faut la femme qu'il aime. Tous les raisonnements sont puérils et tous les remèdes impuissants devant cette douleur que tout alimente et qu'une seule chose peut guérir instantanément, la patrie ou la femme[37].*

Arthur Buies dit adieu à l'adolescence, aux «illusions, charmes, transports, enivrements» de sa lon-

---

36. Charles ab der Halden, *op. cit.*, p. 93, note 1.

37. *Chroniques, voyages, etc., etc.*, p. 194.

gue jeunesse. L'idéaliste consent à se mêler «à la foule des ombres qui s'agitent», travaillent, se marient: «je vais retomber, positif et réel, sur cette terre où je n'ai jamais pu prendre racine, et que je peuplais sans cesse des fantômes de mon imagination...[38]». Un écrivain se perd, un homme se trouve.

Ses idées changent (du moins leur accent), sans qu'on puisse parler de «palinodie», de «conversion» radicale à aucun point de vue. Il évolue, il s'adapte à de nouvelles (ou anciennes) réalités: les sciences appliquées, le transport, l'industrie, les forêts, les mines, les richesses hydrauliques, la colonisation. Il est fasciné par les chemins de fer, dont il mesure l'importance dans le développement économique. Autrefois annexionniste, le conférencier se contenterait maintenant de libre-échange commercial avec les États-Unis[39]. En 1879, le publiciste rencontre le curé Labelle, qui le fait nommer à la Commission des terres publiques et l'invite à mettre sa plume au service de la hache et de la charrue. Il s'agit de détourner de la Nouvelle-Angleterre le surplus de la population agricole, qui pourrait peupler l'Outaouais, les Laurentides, la vallée de la Matapédia, le Saguenay et le Lac-Saint-Jean...

Le gros curé, jovial et tonitruant, est pour Arthur Buies un «confident intime», «le meilleur ami», «un frère[40]», à la fois un père et une mère.

---

38. *Ibid.*, p. 251.

39. «De la réciprocité avec les États-Unis» (1874), *ibid.*, p. 253-280. Voir aussi (*ibid.*, p. 281-304) la conférence sur «Le chemin de fer de la Rive Nord». Buies reparlera de ce chemin de fer, ou d'autres (le Grand-Tronc, l'Intercolonial...), dans *Le Saguenay et la vallée du lac Saint-Jean, Récits de voyages*, etc.

40. A. Buies, *Au portique des Laurentides, une paroisse moderne, le Curé Labelle*, Québec, Darveau, 1891, p. 44.

Buies partage son enthousiasme, son goût de l'action. Il se sent compris, utile. Est-il pour autant *converti*? Le changement n'est pas aussi radical qu'on l'a dit[41]. Buies avait toujours défendu la charité évangélique contre l'empire ecclésiastique, il continuera de le faire. Il réimprime sa *Lanterne*, non expurgée, en 1884. Il célèbre ses amis de l'Institut canadien dans *Une évocation* (conférence de 1883) et *Réminiscences*. En 1893, un an après la condamnation de l'hebdomadaire par Mgr Fabre, Buies fait paraître un réquisitoire anticlérical, «Interdictions et censures», dans *Canada-Revue*. Il ne s'agit pas de «rechutes», mais de fidélité et de cohérence.

En 1887, le curé Labelle remet 50$ à son enquêteur-propagandiste pour aller au Témiscamingue et rédiger *L'Outaouais supérieur*. En route, Buies s'arrête à Ottawa, s'éprend de la jeune Marie-Mila Catellier[42], fille d'un haut-fonctionnaire, qu'il épouse le 8 août à Québec. Le couple perdra trois de ses cinq enfants en bas âge. Buies n'aura que des éloges pour sa femme. Il mène la vie (précaire) d'une sorte d'intellectuel à la pige, géographe improvisé, conférencier mondain, fabricant de brochures. Il aligne des statistiques, compulse des dossiers, compile de médiocres rapports d'arpenteurs. Sa première monographie régionale est destinée à ceux «qui y chercheront avant tout *l'exactitude dans les faits* comme dans les descriptions, la correction dans les détails, et un soin jaloux de ne rien négliger qui puisse répondre d'avance à toutes les questions qui vien-

---

41. Un article de J.-P. Tusseau, «La fin "édifiante" d'Arthur Buies» (*Études françaises*, IX: 1, février 1973) répond avec pertinence aux thèses de L. Lamontagne et M.-A. Gagnon.

42. Cf. *Au portique des Laurentides*, p. 61-62.

draient à l'esprit[43]». Plus qu'un vulgarisateur, Buies est un animateur, un pédagogue. Mais ces tâches alimentaires et patriotiques enlèvent à l'écrivain sa liberté. Il survit cependant dans quelques croquis, dans des morceaux lyriques, fantastiques, sur «l'immense et superbe Nord» ou sur le supposé cataclysme préhistorique du Saguenay[44].

Buies ne s'intéresse pas qu'aux lointaines vallées à essoucher. Il suit de près l'évolution de Montréal et s'inquiète de la stagnation de la «vieille capitale». Il a toujours aimé Québec, «petit nid» où l'on revient se blottir, mais il la secoue à plusieurs reprises. Chroniques, conférences, opuscules — des modestes *Améliorations de Québec* à la généreuse prospective *Québec en 1900* — étudient l'administration, la circulation, les parcs, le port, le rayonnement du «glorieux petit roc de Champlain». *L'ancien et le futur Québec*[45] fait visiter les principaux

---

43. A. Buies, *Le Saguenay et la vallée du lac Saint-Jean*, Québec, Côté & Cie, 1880, Avant-propos, p. IV.

44. *Ibid.*, p. 33-35, 258-280. Buies emprunte cette théorie géologique, à laquelle il ne croit sans doute pas, à Horace Dumais, «ermite, philosophe, arpenteur» (*Chroniques canadiennes...*, p. 399).

45. Conférence publiée en 1876 et reprise dans *Récits de voyages*, Québec, Darveau, 1890 («Promenade dans le vieux Québec», p. 213-271). Si on veut comparer les vues de Buies sur Québec à celles de ses confrères, cf. P. Savard, *La ville de Québec au miroir de la littérature, 1860-1900*. Société historique de Québec, «Textes», n° 3, 1971. «La ville de Québec, à son meilleur, demeurait, au sens mercantiliste du mot, une étape, et développait une ambition et une jalousie typiquement mercantilistes. Québec acceptait mal le progrès technique qui la dépouillait de son antique grandeur. Les chroniques commerciales de la fin du siècle nous la révèlent comme grognarde, réfractaire au progrès, inquiète de celui de Montréal, très soucieuse de politique» (A. Faucher, *Québec en Amérique au XIX*[e] *siècle*, Montréal, Fides, 1973, p. 96).

édifices, salue le «monument unique» Montcalm-Wolfe et suggère la construction d'un «nouveau château Saint-Louis». Le journaliste ne cesse pas de dénoncer le conformisme, l'insignifiance, la grossièreté des feuilles politiques et religieuses (politiciennes et superstitieuses). Il continue[46] sa lutte contre «l'anglo-gallo-canadianisme», c'est-à-dire le *basic bilingue*, le franglais ou le joual. Il se moque des *Jeunes barbares* décadents, prétentieux et amphigouriques.

> *Combien je suis heureux, lorsque je pense à l'état toujours déclinant de notre nationalité, de revenir à mes réminiscences personnelles! Je me console de notre amoindrissement et des dédains qu'il nous faut subir en me reportant vers ma jeunesse, vers cet âge heureux où l'on ne tient compte d'aucune réalité et où l'on s'imagine posséder l'avenir, parce que l'on possède le présent...*[47]

On regrette qu'après ses minces *Réminiscences* Buies n'ait pu entreprendre de véritables Mémoires. Les fragments intimes ou autobiographiques de son œuvre — chroniques et récits de voyage — comptent parmi ses plus beaux textes, avec quelques essais de moraliste, quelques colères de pamphlétaire.

---

46. «Déjà, il y a vingt-trois ans (quand j'y pense!), j'avais ouvert le feu dans *Le Pays*, de Montréal, par une série d'articles intitulés "Barbarismes canadiens"; Hubert LaRue aborda aussi la matière; après lui, Tardivel, dans le petit opuscule menaçant d'excommunications *L'anglicisme, voilà l'ennemi!*; puis Oscar Dunn, dans son *Glossaire franco-canadien*, publié en 1881; et enfin, il y a quatre ans, Fréchette, Lusignan et moi nous reprenions la lutte...» (*Anglicismes et canadianismes*, Québec, Darveau, 1888, p. 16-17).

47. *Réminiscences*, p. 49-50.

Survivant, censuré

«Le livre de ma vie, je le sens, se referme maintenant sur moi rapidement, page par page», avait écrit Buies à la mort du curé Labelle. Quinquagénaire rhumatisant, il court encore les mauvais chemins de la Matapédia, s'informe, résume, décrit. À l'occasion de l'Exposition universelle de 1900, il prépare des ouvrages officiels sur la faune et sur le Québec. Il a acquis du métier (et de l'orthodoxie), il a perdu sa santé, sa flamme.

Malgré les hommages qui accompagnèrent son cercueil — «... bien étroit pour tant de pensée» (Ulric Barthe) —, l'écrivain Arthur Buies survécut aussi difficilement qu'il avait vécu. Il fut encore plus facile à censurer mort que vivant. Pour un Thomas Chapais, dont le jugement est équilibré, tout conservateur qu'il fût, on rencontre dix caricatures, vingt déformations. Et surtout un silence pesant. Le cléricalisme et les clercs triomphent, le nationalisme conserve, le libéralisme rosit et se dilue. Le purgatoire de l'auteur de *La Lanterne* durera soixante ans. Que dis-je? Il dure encore, puisque son œuvre n'est pas disponible en librairie, donc pas lue et peu étudiée.

Buies est refoulé par les critiques, les professeurs et les manuels du début du siècle. Camille Roy admet le «talent d'observation» du géographe, la vivacité du chroniqueur, mais il censure les «extravagances d'idées et de plume» du journaliste. «Il faut négliger cette partie de l'œuvre de Buies, qui a sombré dans l'oubli[48]», dit-il, prenant l'effet pour la

---

48. C. Roy, *Manuel d'histoire de la littérature canadienne de langue française*, 15e édition, Montréal, Beauchemin, 1951, p. 81-82. Un cas semblable est étudié par Guy Monette, «La polémique autour de *la voix d'un exilé...*» (de Fréchette), *Voix et images*, II: 3, avril 1976.

cause. Asselin, Fournier, D'Arles, Dantin, Pelletier, Harvey, Berthelot Brunet, pourtant proches du polémiste ou du critique, du francophile ou du puriste, ne font rien pour le faire reconnaître. Aux yeux de Claude-Henri Grignon, l'œuvre de Buies est «une mare où dormiraient des reptiles[49]». Il traite l'auteur de plagiaire, de «fils Homais», de pontife raté, d'arriviste, de lâcheur, jaloux et rancunier. «Je tuai Buies» et «Je l'ai ressuscité!» se vantera (doublement) l'auteur des *Belles histoires*, qui oppose au bon pamphlétaire politique et littéraire le mauvais pamphlétaire anticlérical: «Ce Buies-là, cet écrivain de gauche-là me désespère et me dégoûte[50]». C'est l'opinion générale.

«Buies vient trop tard», observe Auguste Viatte. Vient-il trop tard ou trop tôt? En plus d'être *rouge*, il a le mauvais goût de ne faire partie d'aucune école littéraire et de n'être ni romancier, ni dramaturge, ni versificateur (à une exception près)[51]. Où le classer? «Avec Buies, c'est une bouffée d'air frais qui circule à travers le remugle patriotique et

49. Cl.-H. Grignon, *Ombres et clameurs*, Montréal, Albert Lévesque, 1933, p. 91. Adrien Thério soutient également que «la comparaison n'est pas possible» entre le petit Buies au «parti pris déterminé» et le «classique» Fournier (*Jules Fournier, journaliste de combat*, Fides, 1954, p. 232-233).

50. Cl.-H. Grignon, «Arthur Buies ou l'homme qui cherchait son malheur», *Cahiers de l'Académie canadienne-française*, VII, 1963, p. 31 et 36.

51. Ce qui l'exclut, par exemple, de toutes les synthèses de la collection «Archives des Lettres canadiennes» (Éditions de l'Université d'Ottawa, puis Fides). Il est absent aussi des *Lettres canadiennes d'autrefois* (9 vol.) de Séraphin Marion, qui préfère d'autres querelles et d'autres romantiques, et de L.-A. Bisson, *Le romantisme littéraire au Canada*, Paris, Éd. Droz, 1932.

religieux du dix-neuvième siècle», note Gérard Tougas, avant de déplorer le simplisme de ce «matamore de l'anticléricalisme[52]». La plupart des jugements portés sur Buies depuis un siècle comportent cette contradiction, ce paradoxe. «Il convient de tirer de l'oubli et de la méconnaissance volontaire bien des pages d'Arthur Buies», proclament Bessette, Geslin et Parent, qui parlent ensuite d'un «Alceste imprudent», d'un «pamphlétaire goguenard et libertin», auquel ils préfèrent — exactement comme Mgr Roy — le «paysagiste[53]». Cette *Histoire de la littérature* cite, en tous cas, plusieurs colonnes de l'essayiste et du chroniqueur. Celle dirigée par Pierre de Grandpré[54], sur seize cents pages, en trouve une et demie pour Buies, pourtant présenté comme le «seul écrivain québécois ayant vécu de sa plume au XIXe siècle», dont la carrière «dépasse singulièrement la pratique de la chronique», et qui passe «avec aisance de l'ironie légère et mordante à une mélancolie digne des plus authentiques romantiques». Que faudrait-il de plus?

On compare Buies à Voltaire, à Rousseau et à Chateaubriand (c'est ce que fait Grignon), à Michelet, à Hugo, voire à Vaugelas, à Boileau, à Montai-

---

52. G. Tougas, *Histoire de la littérature canadienne-française*, Paris, P.U.F., 1960, p. 81 et 84. «Buies se souvient des recettes littéraires apprises en France au lycée et s'élève rarement au-dessus de ce niveau» (p. 84). Et *ibid.*, note 3: «Il y a pis. Aussi conservateur en littérature que rebelle en politique, Buies donna dans le romantisme d'arrière-saison. Il lui arrive de presque égaler les effusions de l'abbé Casgrain...»

53. G. Bessette, L. Geslin, Ch. Parent, *Histoire de la littérature canadienne-française par les textes*, Montréal, C.E.C., 1968, p. 71.

54. *Histoire de littérature française du Québec*, 4 vol., Montréal, Beauchemin, 1967-1969. Voir I, p. 321-322.

gne, ou bien à Quinet, à Karr, à Jules Janin, à Élisée Reclus, géographe et anarchiste. Ou encore à Don Quichotte, à Cyrano, à Figaro, à Ruy Blas. On l'appelle «notre La Bruyère», «notre Camille Desmoulins» (Jean-Charles Falardeau), «pauvre petit Renan» et naturellement «le Rochefort du Canada», quand ce n'est pas le «digne successeur d'Étienne Parent» (Jean Charbonneau). Écrasé par ce panthéon, Arthur Buies demeure, aux yeux même de ses panégyristes occasionnels, un bohème superficiel et charmant, un amuseur cynique ou naïf, un collégien prometteur et brouillon. Chacun tient à lui faire la leçon, la morale. On considère Crémazie et Fréchette comme des soldats (vétérans), l'abbé Casgrain comme un oncle pédant, Laure Conan comme une vieille fille stoïque, Buies comme un enfant prodige égaré.

Les bilans se gonflent et, au total, s'annulent. On ne sait plus à la fin si l'écrivain Buies sait écrire, s'il a quelques idées personnelles, une certaine logique, des moments de lucidité. Manque «de formation philosophique et de direction», «répugnance aux idées générales, aux développements synthétiques», «léger» et «touche-à-tout», diagnostique Lamontagne[55]. Halden[56] prétend que Buies, pourtant «imprégné de l'esprit de Voltaire», n'a pas «tenté de lui dérober le secret de son style vif, net, franc, qui court au fait». Marcel Trudel[57] parle, au contraire, d'un « voltairien intégral », dont l'audace est dange-

55. *Op. cit.*, p. 111 et 199.
56. *Op. cit.*, p. 108.
57. *L'influence de Voltaire au Canada*, Montréal, Fides, 1945, t. II, p. 101-132.

reuse et le style séduisant. On sépare[58] toujours, hélas! chez Buies, le *fond* et la *forme*, l'idéologie et l'écriture. Il faudrait bientôt redonner à l'essayiste sa spécificité, son unité.

La première étude importante sur Arthur Buies — l'homme, l'écrivain, le géographe — est celle, en 1907, du professeur alsacien Charles ab der Halden[59]. *La Lanterne*, à Montréal, à son époque, détonnait «comme le chant de la Carmagnole au milieu d'une grand-messe». La fuite à San Francisco fut le «chemin de Damas» du journaliste, si complètement retourné qu'on pourrait «se servir de ses premières œuvres pour attaquer les dernières, et de ses dernières pour opposer aux premières une fin de non-recevoir». On n'y manquera pas! L'homme d'action est présenté comme une sorte d'expiateur de l'idéologue, du pamphlétaire, de l'essayiste «protestant» (champion du libre examen). Halden cède ici en principe à la dichotomie convenue; en pratique, il est plus nuancé. *Le Saguenay* est plutôt une «belle action» qu'un «beau livre». D'autre part, Buies «aurait pu créer la critique littéraire dans son pays, s'il s'en était donné la peine, et si les circonstances l'avaient servi[60]».

La biographie de Raymond Douville, qui doit beaucoup aux renseignements recueillis par Halden, est détaillée, trop romancée, incomplète. Malgré de

---

58. Sans diminuer l'écartèlement, Buies présente Bossuet comme un de ses «auteurs favoris»: «Que voulez-vous? c'est de Bossuet lui-même que j'ai appris cette exagération et cette violence...» (*La Lanterne*, 1884, p. 140). Et il cite le *Sermon sur les obligations de l'état religieux:* «On ne veut rien posséder, mais on veut tout avoir...»

59. *Op. cit.*, p. 49-184.

60. *Ibid.*, p. 166-167.

bonnes citations de la correspondance et de l'œuvre de Buies, il ne s'agit ni d'une étude littéraire, ni d'une monographie historique, ni d'une véritable «biographie». Cette *Vie aventureuse* est elle-même aventureuse: «À trente-deux ans, il n'avait pas éprouvé le trouble amoureux qui surgit à la vingtième année. Chez lui, la passion de la gloire avait éclipsé toutes les autres[61]». C'est manifestement faux, mais on veut qu'à tous points de vue (travail, patrie, religion, mariage), la *conversion* de l'éternel adolescent ait été absolue.

Arthur Buies, homme de lettres, de Lamontagne, est plus ambitieux, mieux documenté, plus «objectif». L'œuvre a été soigneusement lue et annotée. La thèse, bien articulée et prudente à l'extrême, demeure la même: un adolescent «incompris» devient mécréant, agressif, etc. «À Paris, déjà, il fréquentait les brasseries...» L'épisode de *La Lanterne* (et sa réédition? et *Le Réveil*?) est une «crise», les chroniques une «évasion». On cherche où se trouve l'«écrivain successif» à travers ses «boutades», ses «rengaines», ses «fautes de goût». «Léopold Lamontagne devait nous donner le livre magistral qui eût reconstitué un Buies total, tumultueux et coloré. Le livre est peut-être magistral mais nous n'avons pas Buies», constate Jean-Charles Falardeau[62], qui ajoute: «Ce que nous cherchons à travers Buies, c'est une époque».

L'homme est absent, et plus encore l'écrivain et l'époque, du *Ciel et l'Enfer d'Arthur Buies* (de Marcel-A. Gagnon), touffu et redondant, aussi mani-

---

61. R. Douville, *op. cit.*, p. 120.
62. «Arthur Buies, l'anti-zouave», *Cité libre*, XI: 27, mai 1960, p. 25.

chéen que son titre l'indique. Cette « analyse psychologique », « étude du cœur humain par les textes », est un fatras de vulgarisation pseudo-scientifique, de naïvetés sulfureuses et d'éclairage violacé : « Chaque fois qu'il entend crisser un jupon, son subconscient se réveille » ; « Le clapotis des vagues énervait son subconscient...[63] » Buies est abreuvé d'injures : « petit voyou qui s'installa vite dans le libertinage », « séducteur avarié » et « bourgeois ennuyé », tricheur, délateur, dénigreur, démolisseur, persécuteur, obsédé, caractériel, narcissiste, maniaque, indolent, inconstant, alcoolique, trop « faux » et trop « malhonnête » pour se suicider : « À la dernière minute, il devint lâche et, au lieu de considérer l'abîme comme son unique voie, son bonheur, la sanction imposée par son mythe, il découvrit encore une fois les fleurs de l'espérance[64] ». C'est le comble ! Le nœud de la thèse, le purgatoire de ce *Ciel* infernal, est l'attachement de l'orphelin à sa mère morte, à la femme idéalisée. L'incident Desbarats est situé dans cette perspective et — c'est plus intéressant — rapproché de l'expérience de Kierkegaard.

Les approches intelligentes et sympathiques sont un peu plus nombreuses après 1965 : le chapitre de Costisella, limité cependant à « la satire révolu-

63. M.-A. Gagnon, *Le Ciel et l'Enfer d'Arthur Buies*, Québec, P.U.L., « Vie des lettres canadiennes », 2, 1965, p. 94 et 26.

64. *Ibid.*, p. 256-257. J. Éthier-Blais croit voir « un portrait tendre et personnel » dans cette charge, tout en se moquant des « chandelles » — « rapidement soufflées » — qu'utilise l'auteur pour descendre au fond de ce « puits de contradictions » et « l'éclairer de l'intérieur » (*Le Devoir*, 22 mai 1965, p. 11). Y. Garon, après quelques réserves sur la « méthode » et les « hypothèses », conclut à un « ouvrage de valeur » dans une « langue sobre et claire » (*Livres et auteurs canadiens 1965*, p. 120).

tionnaire[65]», une analyse élémentaire du contenu de
La Lanterne[66], la présentation d'Arthur Buies écrivain[67]» par Vachon, enfin les articles ou communications de Jean-Pierre Tusseau[68] et les recherches de
son équipe[69] sur les aspects idéologiques de l'œuvre. C'est encore insuffisant. Il faudrait de bonnes
éditions, une mise à jour bibliographique et biogra-
phique, des travaux historiques, comparatistes, ana-
lytiques, théoriques (qu'est-ce que la chronique? le
pamphlet? l'essai?). Il faudra d'autres instruments,
plusieurs thèses[70] et mémoires avant qu'on puisse

65. *L'Esprit révolutionnaire dans la littérature canadienne-française de 1837 à la fin du XIXe siècle*, Montréal, Beauchemin,
1968, p. 148-163.

66. Par J.-G. Genest, dans *Idéologies au Canada français, 1850-
1900*, Québec, P.U.L., «Histoire et sociologie de la culture»,
I, 1971, p. 245-263.

67. *Études françaises*, VI: 3, août 1970, p. 283-295.

68. «La "fin édifiante" ...», art. cité; «Quelques aspects idéologiques de l'œuvre d'Arthur Buies», *Stratégie*, n° 9, été 1974,
p. 73-80; un parallèle entre du Bellay et Buies sous le titre
«Les renaissances du fait français: quelques perspectives sociolinguistiques», *Recherches sociographiques*, XIV: I,
1973, p. 125-130; une communication (inédite) au colloque
sur l'histoire de la philosophie au Québec (Trois-Rivières, 2
mars 1975), «Le fait linguistique et national dans *La Lanterne*
d'Arthur Buies».

69. À l'Université du Québec à Trois-Rivières, sous la direction
de Francis Parmentier. D'autre part, un «Essai de typologie
du discours pamphlétaire québécois» (par B. Andrès, *Voix et
images*, I: 3, avril 1976) ne mentionne pas, fût-ce pour mémoire, l'auteur de *La Lanterne*.

70. Celle de Lamontagne, publiée en 1957, fut soutenue à l'Université d'Ottawa en 1944, sous la direction de Séraphin Marion. Un intéressant mémoire de maîtrise fut présenté à l'Université McGill, en 1971, par Sylvain Simard: *Les problèmes
de la culture québécoise dans la seconde moitié du XIXe
siècle tels que vus par Arthur Buies* (inédit).

lire Buies intégralement, dans son contexte et son texte.

Fragmenté

Cinq extraits d'Arthur Buies voyageur et chroniqueur figurent dans les *Morceaux choisis* de Camille Roy[71], des articles de Buies lexicographe et sociolinguiste sont reproduits dans *Le choc des langues au Québec, 1760-1970*[72], d'autres (dont plusieurs traits de *La Lanterne*) dans l'anthologie de *L'humour au Canada français*[73], etc. Les trois spicilèges ou florilèges consacrés exclusivement à Buies sont partiels, partiaux. Dès qu'il parle d'éducation, de religion ou de cléricalisme, les petits «Classiques canadiens[74]» le censurent par de discrets points de suspension. Ils préfèrent insister sur les souvenirs, la campagne, les bons conseils aux jeunes et les *ultima verba* «griffonnés à genoux durant sa dernière nuit». *La Lanterne* de Marcel-A. Gagnon n'est pas identique, malgré son titre[75], à celle d'Arthur Buies. Elle oriente le pamphlet vers le libelle (le mot «scandaleuses» est glissé dans le sous-titre) et se prolonge par de soi-di-

71. 4e édition, Beauchemin, 1945, p. 166-174.

72. Documents préparés et présentés par G. Bouthillier et J. Meynaud, P.U.Q., 1972. Buies est cité p. 181-187 («Barbarismes canadiens», *Le Pays*, octobre et novembre 1865, janvier 1866) et p. 229-236 (articles de *L'Électeur*, 1888, recueillis dans *Anglicismes et canadianismes*).

73. Par Adrien Thério, Montréal, le Cercle du livre de France, 1968, p. 50-58. Voir aussi P. Savard, *op. cit.*, p. 8, 11-12, 19.

74. Fides, 1959. Textes présentés et annotés par L. Lamontagne.

75. *La Lanterne d'Arthur Buies: propos révolutionnaires et chroniques scandaleuses; confessions publiques*, textes choisis et commentés par Marcel-A. Gagnon, Montréal, Éditions de l'Homme, 1964.

sant «confessions publiques» sans aucune référence (elles viennent des *Chroniques*). Comment utiliser un ouvrage de ce type, dépourvu de tout appareil critique? Le choix et la présentation les plus clairs de l'œuvre (géographique et descriptive) de Buies demeurent ceux de la revue *Études françaises*[76].

«Qu'il décrive le Saguenay, l'Abitibi ou Saint-Jérôme, Buies remet toujours sous les yeux du lecteur l'image du pays possible, la totalité de l'espace dévolu à l'expansion de la race française en Amérique: le Nord[77]». Or, cette totalité est abîmée de soustractions, de divisions, d'indécisions. Ce pays «possible» est impossible à mesurer, à cultiver, à décrire: «On ne peut le saisir ni l'embrasser dans un cadre...[78]». Il faut donc l'aborder de biais, le dévoiler par lisières, par tranches, par métonymie et métaphore. L'écriture, comme la colonisation, est une œuvre partielle, parcellaire, quotidienne et minutieuse, utopique.

Mettre Buies en morceaux? Il est déjà fragmenté, fragmentaire (comme aujourd'hui Roland Barthes, disons). Non pas par infirmité, par paresse, par «manque d'haleine» ou d'«envergure», comme le dit trop vite Lamontagne. Composer court ne veut pas dire ignorer la composition. Certaines pages de Buies, pleines d'échos, de reflets, d'avancées et de souterrains, sont plus complexes que les gros romans de Marmette ou les récits à tiroirs de Faucher de

---

76. N° spécial cité («L'invention du pays. Chroniques et notices d'Arthur Buies»).

77. G.-A. Vachon, *ibid.*, p. 294, qui ajoute (c'est moi qui souligne): «Le Nord n'est pas à la taille de l'homme. Le colon, l'écrivain ne le possède jamais que *par fragments*» (p. 295).

78. A. Buies, *L'Outaouais supérieur*, Québec, Darveau, 1889, p. 6.

Saint-Maurice. Buies est l'anti-romancier, l'anti-bourgeois, l'anti-général, l'anti-Dieu-le-Père balzacien ou mauriacien. Sa stratégie est du côté de la dissidence, de la guérilla, de la marginalité et de la surprise.

«Celui qui ne laisse derrière lui que des feuilles volantes risque bien de ne pas se survivre. L'affreuse mort le prend tout entier. Chaque sous-entendu demanderait un véritable commentaire. Il y aurait à écrire une exégèse complète à l'usage des lecteurs de Buies[79].» Nous ne ferons pas cette exégèse. Nous n'encombrerons pas les textes de «copieuses notes explicatives, reconstituant la vie politique et sociale du Canada entre 1871 et 1875», ou entre 1862 et 1900, ce tiers de siècle qui se prolongea jusqu'au duplessisme. Le lecteur curieux pourra se reporter aux ouvrages spécialisés (sur les Rouges, etc.) et aux œuvres contemporaines de celles de Buies.

Les pages que nous présentons ici ne forment pas une *Anthologie* exhaustive et définitive. Peut-être avons-nous négligé quelque entrefilet, quelque article, quelque lettre. Nous avons seulement voulu ouvrir plusieurs portes et fenêtres sur un édifice dont toutes les pièces et les dépendances devraient être accessibles, habitables.

Nous présentons notre choix en deux parties — textes et fragments —, tout en sachant qu'elles sont réductibles l'une à l'autre. Ce que nous appelons «fragments» sont souvent des *textes* plus denses, concis, et nos «textes» peuvent être des fragments de quelques pages. Notre division est donc d'abord quantitative et commode. Elle se trouve qua-

---

79. Charles ab der Halden, *op. cit.*, p. 113.

litative ou générique dans la mesure où notre découpage s'aligne sur les temps forts et aussi sur les digressions, les arrêts de l'œuvre de Buies. Les charges du polémiste, les effusions du lyrique, les morceaux de bravoure de l'orateur, les équations du moraliste, les définitions de l'humaniste libertaire, voilà des passages tout désignés, déjà marqués en pointillé.

Buies travaillait à la fois sur le détail, le portrait, la formule lapidaire, l'antithèse, le jeu de mots, et, à l'extrême, sur le grand ensemble (critique du discours idéologique clérico-conservateur). Nous ne pouvons, pour notre part, restituer — ou suggérer — l'ensemble qu'au moyen de blocs erratiques, de pans de murs, de pierres en mosaïque. Buies, encore ici, nous donne la mesure ou la clé par son art du recueil, sa pratique des insertions, des reprises. Les *Textes* — comme ses propres chroniques — sont un montage de descriptions, de dissertations, de théories, d'écrits intimes, d'essais sur Soi, sur l'Homme, sur la Cité. Les brefs extraits classés sous forme de *Dictionnaire* (philosophique, moral, ethnologique, étymologique, humoristique, mythologique) fixent et font circuler des éclats autrement irrécupérables.

Buies n'entre pas au musée, il revient chez lui.

Laurent Mailhot

Chroniques intérieures

NOTE

Nous avons reproduit les textes et fragments d'Arthur Buies tels qu'édités, en indiquant chaque fois nos références et nos coupures. Nous avons remplacé un ou deux mots manquants, substitué deux ou trois mots à des lapsus évidents (voir les notes). Nous avons rarement modifié la ponctuation, malgré une surabondance de points-virgules que nous remplaçons parfois par les deux points, une virgule ou un point final. Les seules corrections que nous nous sommes permises sont de rétablir des accents, quelques accords grammaticaux, de redonner son t à habitants, *d'ajouter ou d'enlever des majuscules et des traits d'union (nous avons cependant laissé Institut-Canadien tel que Buies l'écrivait sur le modèle de Comédie-Française).*

Desperanza*

Je suis né il y a trente ans passés, et depuis lors je suis orphelin. De ma mère je ne connus que son tombeau, seize ans plus tard, dans un cimetière abandonné, à mille lieues de l'endroit où je vis le jour. Ce tombeau était une petite pierre déjà noire, presque cachée sous la mousse, loin des regards, sans doute oubliée depuis longtemps. Peut-être seul dans le monde y suis-je venu pleurer et prier.

Je fus longtemps sans pouvoir retracer son nom gravé dans la pierre; une inscription presque illisible disait qu'elle était morte à vingt-six ans, mais rien ne disait qu'elle avait été pleurée.

Le ciel était brûlant, et, cependant, le sol autour de cette pierre était humide. Sans doute l'ange de la mort vient de temps en temps verser des larmes sur les tombes inconnues et y secouer son aile pleine de la rosée de l'éternité.

Mon père avait amené ma mère dans une lointaine contrée de l'Amérique du Sud en me laissant aux soins de quelques bons parents qui m'ont recueilli. Ainsi, mon berceau fut désert; je n'eus pas

---

*   Les titres marqués d'un astérisque sont de Buies lui-même.

une caresse à cet âge même où le premier regard de l'enfant est un sourire ; je puisai le lait au sein d'une inconnue, et, depuis, j'ai grandi, isolé au milieu des hommes, fatigué d'avance du temps que j'avais à vivre, déclassé toujours, ne trouvant rien qui pût m'attacher, ou qui valût quelque souci, de toutes les choses que l'homme convoite.

J'ai rencontré cependant quelques affections, mais un destin impitoyable les brisait à peine formées. Je ne suis pas fait pour rien de ce qui dure ; j'ai été jeté dans la vie comme une feuille arrachée au palmier du désert et que le vent emporte, sans jamais lui laisser un coin de terre où se trouve l'abri ou le repos. Ainsi j'ai parcouru le monde et nulle part je n'ai pu reposer mon âme accablée d'amertume ; j'ai laissé dans tous les lieux une partie de moi-même, mais en conservant intact le poids qui pèse sur ma vie comme la terre sur un cercueil.

Mes amours ont été des orages ; il n'est jamais sorti de mon cœur que des flammes brûlantes qui ravageaient tout ce qu'elles pouvaient atteindre. Jamais aucune lèvre n'approcha la mienne pour y souffler l'amour saint et dévoué qui fait l'épouse et la mère.

Pourtant, un jour, j'ai cru, j'ai voulu aimer. J'engageai avec le destin une lutte horrible, qui dura tant que j'eus la force et la volonté de combattre. Pour trouver un cœur qui répondît au mien, j'ai fouillé des mondes, j'ai déchiré les voiles du mystère. Maintenant, vaincu, abattu pour toujours, sorti sanglant de cette tempête, je me demande si j'ai seulement aimé ! Peut-être que j'aimais, je ne sais trop ; mon âme est un abîme où je n'ose plus regarder. Il y a dans les natures profondes une vie mystérieuse qui ne se révèle jamais, semblable à ces mondes qui gisent au fond de l'océan, dans un éternel et sinistre repos. Ô mon Dieu! cet amour était mon salut peut-être, et j'aurais vécu pour une petite part de ce bonheur commun à tous les hommes. Mais non; la pluie généreuse ruisselle en vain sur le front de l'arbre frappé par la foudre; il ne peut renaître... Bientôt, abandonnant ses rameaux flétris, elle retombe goutte à goutte, silencieuse, désolée, comme les pleurs qu'on verse dans l'abandon.

Seul désormais, et pour toujours rejeté dans la nuit du cœur avec l'amertume de la félicité rêvée et perdue, je ne veux, ni ne désire, ni n'attends plus rien, si ce n'est le repos que la mort seule donne. Le trouverai-je? Peut-être; parce que, déjà, j'ai la quiétude de l'accablement, la tranquillité de l'impuissance reconnue contre laquelle on ne peut se débattre. Mon âme n'est plus qu'un désert sans écho où le vent seul du désespoir souffle, sans même y réveiller une plainte.

Et de quoi me plaindrai-je? Quel cri la douleur peut-elle m'arracher? Oh! si je pouvais pleurer seulement un jour, ce serait un jour de bonheur et de joie. Les larmes sont une consolation et la douleur qui s'épanche se soulage. Mais la mienne n'a pas de cours; j'ai en moi une fontaine amère et n'en puis exprimer une goutte, je garde mon supplice pour le nourrir, je vis avec un poison dans le cœur, un mal que je ne puis nommer, et je n'ai plus une larme pour l'adoucir, pas même celle d'un ami pour m'en consoler.

Maintenant tout est fini pour moi; j'ai épuisé la somme de volonté et d'espérance que le ciel m'avait donnée. Ôtez au soleil sa lumière, au ciel ses astres, que restera-t-il? L'immensité dans la nuit; voilà le désespoir. Mes souvenirs ressemblent à ces fleurs flétries qu'aucune rosée ne peut plus rafraîchir, à ces tiges nues dont le vent a arraché les feuilles. Je dis adieu au soleil de mes jeunes années comme on salue au réveil les songes brillants qui s'enfuient. Chaque matin de ma vie a vu s'évanouir un rêve, et maintenant je me demande si j'ai vécu. Je compte les années qui ont fui: elles m'apparaissent comme des songes brisés qu'on cherche en vain à ressaisir, comme la vague jetée sur l'écueil rend au loin un son déchiré, longtemps après être retombée dans le sombre océan.

J'ai mesuré au pas de course le néant des choses humaines, de tout ce qui fait palpiter le cœur de l'homme, l'ambition, l'amour... L'ambition! j'en ai eu deux ou trois ans à peine: cette fleur amère que les larmes de toute une vie ne suffisent pas à arroser, s'est épanouie pour moi tout à coup et s'est flétrie de même.

En trente ans j'ai souffert ce qu'on souffre en soixante; j'ai vidé bien au-delà de ma coupe de fiel; à peine au milieu de la vie, je suis déjà au déclin de ma force, de mon énergie, de mes espérances. Pour moi il n'y a plus de patrie, plus d'avenir!

L'avenir! eh! que m'importe! quand on a perdu l'illusion, il ne reste plus rien devant soi. J'ai souffert la plus belle moitié de la vie, que pourrai-je faire de l'autre, et pourquoi disputer au néant quelques restes de moi-même? Sur le retour de la vie, quand les belles années ont disparu, l'homme ne peut plus songer qu'au passé, car il voit la mort de trop près; il ne désire plus, il regrette, et ce qu'il aime est déjà loin de lui. Pour cette nouvelle et dernière lutte, j'arriverais sans force, épuisé d'avance, certain d'être vaincu, tout prêt pour la mort qui attend, inévitable, pour tout enfouir et tout effacer.

Non, non, je ne veux plus... Je m'efface maintenant que je ne laisse ni un regret ni une pensée. Si plus tard quelqu'un me cherche, il ne me trouvera pas; mais, peut-être qu'en passant un jour près d'une de ces fosses isolées où aucun nom n'arrête le regard, où nulle voix n'invite au souvenir, il sentira un peu de poussière emportée par le souffle de l'air s'arrêter sur son front humide... Cette poussière sera peut-être moi...

8 juin 1874. (CV 64-67)

Allez mes jeunes années!*

(...) Connaissez-vous ce petit cap là-bas, à un quart
d'heure de marche, demeure séculaire des seigneurs
de Kamouraska, brumeux et mystérieux, battu par
les flots dont les éternelles caresses ne laissent jamais de traces? C'est là, ah! c'est là que j'ai passé
les plus délicieuses heures de ma vie, lorsque fatigué
de plaisir, j'y venais livrer ma pensée vagabonde aux
brises mutines qui courent dans les sapins et les
broussailles. Que de fois j'ai posé mon front brûlant
sur ces rochers nus, enivré de rêves d'ambition,
d'avenir et...! Il est là toujours, le petit cap presque
désert, presque abandonné, muet peut-être pour tout
autre, excepté pour mon cœur qui y a déposé l'impérissable trésor de ses souvenirs. Pauvre cher petit
cap! Tu n'as pas un sentier aujourd'hui perdu sous
les dépouilles entassées de plusieurs automnes, pas
un vieux tronc d'arbre noir, rabougri, déchiqueté,
pas un rocher que je ne revoie comme de vieilles
connaissances; je les salue du regard et ils ont l'air
de me sourire, ces confidents muets de tant de drames intimes à jamais ignorés. Ah! souffles du nord-
est, brises des marées montantes, parfums âpres de la
grève, venez un instant rafraîchir mon front humide

des sueurs de la vie: passez sur ces rides d'hier, et effacez la trace des années que je n'ai pas vécues depuis lors! À moi! mon beau passé disparu, mes espérances envolées, mes vingt ans!... enterrés sous dix autres. Allons, bon, voilà que je dis mon âge: on oublie tout dans les transports du lyrisme, jusqu'au lecteur qu'on a égaré avec soi et qui suit sans rien comprendre, attendant qu'on ait repris ses sens.

(...) Pour moi, je suis libre comme le coursier du désert, et j'entends porter encore mes pas errants de campagne en campagne jusqu'au dernier rayon chaud de cet été tardif.

Quelle existence charmante on mène ici! Kamouraska est l'un des endroits les plus intelligents de la province; vous y trouvez toute une légion de jeunes gens instruits, déniaisés comme le sont peu de Canadiens, tout à fait de leur temps, libéraux en diable, absolument la chair et l'esprit qu'il faut pour la grande campagne électorale de l'année prochaine. Et les vieux ne le cèdent pas aux jeunes. Quels types! tous ils diffèrent entre eux; pareils originaux n'existent nulle part. Grands buveurs, grands mangeurs, grands chasseurs, grands parleurs.

De la chasse et de la pêche tant qu'on en veut, un site ravissant, des lurons accomplis et des femmes... je m'arrête, je ne veux pas dire de ces choses!... Passons au large.

(CHC 73-75)

Le Petit Cap*[1]

Sept hivers ont passé sur la grève déserte
Du vieux cap solitaire où je venais rêver.
   Là, sous la pierre inerte,
Sous les sapins ombreux où le vent vient jeter
Les murmures du soir; sous la mousse endormie
Qui pend comme un long crêpe aux flancs du roc
             brisé,
   Mon âme est enfouie
Comme sous la forêt un rameau desséché.

J'erre depuis sept ans comme un flot sur la plage
Arrive, puis repart, poussé, puis repoussé,
Retournant à l'abîme et par lui rejeté.
   Pour moi pas de rivage
Où reposer mon cœur; je vais, quoique abattu,
Brisé, je marche encore; si parfois je m'arrête,
Je ne vois à mes pieds qu'une rive muette
   Près d'un port inconnu.

Le fardeau pèse en vain sur mon âme accablée,
Je n'incline pas plus vers la terre glacée
   Où m'aspire l'oubli.

---

1. Cette pièce est le seul poème connu d'Arthur Buies. Daté de
Tadoussac, 10 août 1871.

Ma vie est un désert où souffle un vent aride,
Sans éveiller d'échos... mon cœur est dans le vide
    Et le vide est en lui.

Je porte mon néant; mon tombeau, c'est

                moi-même;
Et l'ombre du sépulcre est comme un diadème
    Qui m'entoure vivant;
Tel un arbre fleuri sous les coups de l'orage
Se prépare un linceul de son propre feuillage,
    À sa mort survivant!

Ô rêves d'autrefois! ô mes jeunes années!
Dans le flot éternel qui donc vous a poussées
    Si loin de mon regard?
Oh! revenez vers moi, qu'un instant mon cœur

                s'ouvre,
Que j'écarte un seul jour de deuil qui vous recouvre
    Avant qu'il soit trop tard!

Venez, mes souvenirs, que je vous voie encore,
Passez devant mes yeux comme la fraîche aurore
    Qui dorait mes vingt ans.
Passez, souffles ardents où flottaient les ivresses
De mes jours enchantés, et qui de vos caresses
    Attendrissiez le temps.

Quel accent triste et doux sort de la nuit tombante?
Est-ce le bois qui pleure en courbant ses rameaux?
Ou les échos du soir qui glissent sur les eaux
    Avec l'ombre rêvante?...

Non, je suis seul, hélas! le sentier frissonnant
Ne rend plus de ses pas le fugitif murmure.
    Je reviens seul, errant,
Avec le souvenir, vivante sépulture,
Où le bonheur s'engouffre en laissant le regret,
    Semblable à ce reflet
Qu'agite le soleil sur une feuille morte,
Et qui la suit au loin dans le vent qui l'emporte.

Son parfum vole encore parmi les noirs rochers,
J'entends gémir sa voix au sein des flots amers
Et son souffle qui passe, et l'oiseau sur la branche
    Qui chante ses douleurs.
Et la brise, en fuyant sur l'herbe qui se penche,
    Y recueille ses pleurs.

Que j'étais jeune alors! le temps n'avait pas d'aile;
Sans vieillir je vivais, et la nuit et le jour
    Lorsque j'étais près d'elle,
Se confondaient ensemble, et c'était un amour
Qui toujours renaissait; je vivais dans un rêve,
Oublieux de cette heure où tout songe s'achève,
    Le mien était trop beau!
Soudain, je m'éveillai, j'étais près d'un tombeau!

Elle est morte, emportant mon rêve dans son âme,
Le destin prit son souffle à ma lèvre flottant
    Comme un baiser de flamme,
Je la tenais encore... et son œil expirant
S'éteignait dans le mien; elle n'eut qu'un instant
Pour mourir, et qu'un jour pour aimer et le dire,
Comme la fleur naissante au vent qui la déchire
    S'effeuille sans effort,
Elle effeuilla sa vie au souffle de la mort.

                (CV 305-309)

Lettres à sa sœur Victoria

Non, ma sœur bien aimée, non je ne t'ai pas dit un adieu éternel en quittant le Canada, je te reverrai; ah! jamais, je n'ai ressenti plus qu'aujourd'hui combien je t'aime et ce que c'est que l'affection d'une sœur; tu te rappelles combien j'avais hâte de quitter le Canada, de revoir cette France de ma première jeunesse où j'avais tant souffert, mais où j'avais laissé aussi tant de souvenirs; je suis parti durement et je crois réellement que j'essayais de me comprimer le cœur et que je n'allais pas jusqu'au fond de tout ce que j'éprouvais. Mais aujourd'hui, quelle désillusion! Jamais je n'ai souffert d'ennui, jamais je n'ai senti d'accablement comme depuis les six jours que je suis à Paris, tout est changé, tout; plus rien de ce qui était le vieux Paris de mes vingt ans, plus d'amis, ils sont dispersés; le vide, le vide au milieu de splendides boulevards d'un monde innombrable, de magnificences sans cesse étalées à mes yeux. Oh! ce n'est plus cela qu'il me faut aujourd'hui; j'ai vieilli de six ans et je n'en avais pas tenu compte; j'ai vieilli de six ans et toute cette pompe qui me séduisait autrefois ne m'inspire plus qu'une aversion profonde; j'ai besoin aujourd'hui des choses du cœur, des affections de famille, les seules vraies; et dire qu'au Canada j'y faisais à peine attention! Oh! je suis cruellement peiné! (...)

(Paris, 19 juin 1867)

Ma chère bonne Victoria,

Je ne crains pas de te causer trop de peine, parce que tu sais que je ne me laisse jamais décourager. Et pourtant il en faut du courage pour résister à tous les malheurs qui fondent sur moi. Ces derniers quinze jours, je ne sais comment j'ai fait pour vivre; j'ai tout mis en gage, mon habit à queue, ma montre, mes deux épingles de cravate, et j'ai vendu tous les vêtements dont je ne me servais guère... Tu ne t'imagines pas la peine que je me donne pour gagner cinq à six piastres, mais tout est pris, tout, j'ai beau courir les journaux, les uns me répondent qu'ils ont à peine de quoi vivre eux-mêmes, d'autres, qu'ils ne peuvent prendre d'articles étrangers à leur rédaction, d'autres enfin que leur personnel est complet. En ce moment-ci, M. Cortambert, le géographe, m'a chargé d'un grand travail pour une géographie qu'il va publier dans trois mois. Je dois faire la partie américaine, et il mettra mon nom dans son livre comme collaborateur, mais c'est un travail du diable qui va me prendre de sept à huit heures par jour, et devine ce que je gagnerai... 20 $! Ajoute à cela que ce travail m'empêchera de faire autre chose pendant au moins trois semaines... S'il était possible que je fasse un emprunt seulement de 50 louis, il me semble que j'ai de quoi répondre, je préférerais passer l'hiver ici, car j'acquiers en ce moment beaucoup de connaissances, et je vois une société très instruite; j'ai idée que cet emprunt-là ne doit pas être si difficile à négocier, et combien je serais heureux... J'attends avec impa-

60

tience la semaine prochaine et si ma tante pouvait me prêter seulement 5 louis de plus que ce qui me reviendra, alors c'est-à-dire 15 louis, en tout 20, je paierais mes petites dettes, et je serais tranquille pendant deux mois au moins... Mais le grand point, c'est de me trouver 50 louis pour que je puisse passer l'hiver en France; avec cela, j'attendrais facilement que je puisse publier. Mon plan serait d'avoir une revue et un journal à qui j'enverrais des articles du Canada qui me seraient payés et qui me donneraient de la réputation ici tout en pratiquant dans mon pays. J'y arriverais avec le temps, mais il faut de quoi attendre; c'est une affaire de six mois et je retournerais le printemps prochain au Canada... alors ma bonne Victoria, je compte sur toi, tu trouveras bien le moyen de m'être utile. Je serre la main de ton mari et j'embrasse bien les chers enfants qui prient pour moi. Oh! qu'il est beau d'avoir 3 ans! On n'a pas besoin d'écrire dans les journaux pour vivre à cet âge et l'on s'imagine qu'un oncle est millionnaire. Adieu, adieu, tu ne sauras jamais comment ton souvenir est pour moi une douce consolation et un gage d'espérance.

Ton frère dévoué,
A. Buies
(Paris, septembre 1867)

Dans le désert de Paris

Paris! c'est un nom qui donne le vertige et j'étais allé me jeter dans le gouffre. Force m'est ici de faire des révélations pathétiques. J'étais seul, sans appui, ignoré, ignorant le sombre et délicieux enfer où s'engloutissent tous les jours tant de vigoureuses espérances.

J'avais dit adieu à mes dernières affections et serré la main de mes nombreux amis qui étaient venus me reconduire à la gare Bonaventure, ainsi appelée parce qu'on y éprouve tous les mécomptes possibles à l'arrivée comme au départ. J'étais ruiné, ce qui paraîtra surprenant, et j'étais ambitieux, chose digne de remarque, attendu que je suis arrivé à être chroniqueur éternel.

Mon ambition était d'étonner mes contemporains par mon style. On voudra bien admettre que j'ai réussi; mais cet étonnement, fort légitime du reste, ne s'est pas encore manifesté par des colonnes ni par des statues; j'attendrai quelques dizaines d'années après ma mort pour jouir de ce spectacle.

Ne pouvant prétendre à aucune renommée littéraire dans un pays où disparaît de jour en jour la langue de la France, je m'exilais, sans espoir de retour, à la recherche d'un nom dans la ville du monde où il est le plus difficile à conquérir. Un fantôme allait devant moi et me sollicitait à le suivre; je le suivis, ne pouvant résister, faiblesse particulière aux grands hommes que, seule, la réalité ne peut émouvoir. Mille bruits bourdonnaient à mes oreilles quand je songeais aux applaudissements qui m'attendaient; je me voyais déjà l'auréole de la gloire au front, j'avais franchi d'un pas impérieux les portes de son temple, ne sachant pas que ce temple ne reçoit que des victimes couronnées. Insatiable de sacrifices, la gloire ne donne en échange qu'un vain nom qui n'est même bientôt plus à nous, puisqu'il devient la proie de tout le monde, dès qu'il est célèbre.

Je tombai donc dans cet immense Paris, et dès le premier jour j'eus peur. Il n'est pas de solitude plus déserte qu'une grande ville où l'on ne connaît personne. Je connais bien, il est vrai, le commissaire de l'exposition canadienne; mais, je l'ai déjà dit, il était invisible; généralement il se faisait remplacer par un Abénaquis, ce qui eût été pour moi une petite protection.

J'errai, et bientôt je sentis le vide, l'angoisse, le vague saisissement de l'inconnu. J'étais venu plein d'illusions et rien ne me frappait. Je marchai sans but, sans volonté, allant toujours devant moi. Je vis passer le flot de la multitude, cet océan de têtes toujours renouvelées qui vont et viennent, confuses, tourmentées, sombres, avides, inquiètes. Je me demandai ce que j'étais pour tout ce monde et ce qu'il était pour moi, et je me sentis seul. Quelque chose de farouche entra alors dans mon âme; je me pris à haïr, à voir des ennemis dans tous ces indifférents; puis un accablement subit s'appesantit sur tout mon être,

l'angoisse étreignit mon cœur dans ses serres brûlantes, tout mon sang y reflua, rapide; mon front se
couvrit de sueurs et je m'assis haletant, près de dé-
faillir, sur un des bancs qui se trouvaient le long du
chemin. Je restai longtemps dans cette prostration;
car, lorsque je me levai, des flots de lumière tombaient sur moi de toutes parts; la foule joyeuse et
blasée se rendait aux théâtres, aux cafés, aux con-
certs; les équipages ruisselaient sur le boulevard, les
boutiques étincelaient, l'air était chargé de parfums
et l'on entendait au loin le murmure bruyant de la
grande ville s'ébattant dans les plaisirs avant de se
plonger dans la nuit.

Je partis lentement. De sinistres présages com-
mençaient à s'éveiller dans mon esprit; le doute, ce
doute horrible, précurseur du désespoir, saisissait
mon esprit pour la première fois; je me rappelle
qu'un lourd nuage flottait sur mes yeux et que
j'avançais avec peine. Le bruit retentissant de la
ville, les mille séductions de l'élégance, la grandeur
des monuments, le raffinement du luxe, tout cela
m'apparaissait comme autant de pompeux supplices
imaginés pour les malheureux. Oh! quelle désillusion m'avait surpris tout à coup, dans ce Paris que
j'avais tant désiré voir, cette reine des arts et de la
pensée dont le nom rayonne sur le monde, éblouis-
sant les imaginations. Je ne le connaissais pas encore
et, déjà, j'aurais voulu l'ignorer toujours; de toutes
les figures qui passaient, pas une qui me fût connue... pas une main à serrer dans la mienne!

Alors le regret amer, le remords déchirant
pénétrèrent en moi. Il me vint en souvenir les vieilles
forêts d'Amérique où j'avais tant rêvé, les rives profondes du grand fleuve où souvent j'avais bercé avec
les flots mes joyeuses pensées d'avenir. Je me rappe-

lai mes amis et mon cœur vola vers eux sur un flot de larmes; je les nommai tous, je leur parlai; un instant je fus emporté près d'eux, mais, l'instant d'après, l'affreuse réalité retomba sur moi de tout son implacable poids...

Il était tard quand je rentrai à mon hôtel. On avait retardé les formalités de police ; on me demanda mon nom, mon état, ma dernière demeure, et quand j'eus tout fait connaître, on me pria de payer un mois d'avance; je payai et il me resta trente francs.

Trente francs! et après? J'oubliai que je n'avais pas dîné ce jour-là. Tout était si changé dans mon existence que ces vulgaires soucis me semblaient désormais étrangers. Ah! s'il en était ainsi!... Je montai à ma chambre, je m'assis en soupirant et me mis à réfléchir. En ce moment-là j'étais très faible, la lassitude avait succédé à l'accablement. Mais le ciel m'a donné une nature élastique, prompte à la réaction, vite abattue, plus vite encore relevée. Je sentis de nouveau mon sang s'animer, j'eus honte de tant de faiblesse et, m'arrachant de ma torpeur, je me mis à marcher précipitamment. Un flot d'idées nouvelles bondit à mon cerveau; ce n'était pas la fièvre de l'épuisement, c'était l'énergie réparatrice et vigoureuse qui reprenait son empire. Une voix me dit qu'on n'est pas vaincu avant la lutte et qu'il reste toujours à l'homme quelque chose qui survit à toutes les défaites, l'espérance.

J'étais seul, je me sentis renaître, ou plutôt non, je n'étais pas seul. Qu'est-ce que l'isolement quand la foule des souvenirs vous enveloppe, quand tout le passé vous accompagne, quand l'espoir et le regret, se combattant, forment autour de vous une atmosphère brûlante? On n'est jamais seul quand on pense et qu'on se souvient. Les désenchantements du passé, les illusions de l'avenir viennent peupler la petite chambre où tout votre univers se concentre, où vous êtes heureux et malheureux tout ensemble. La solitude a des entraînements que le malheureux seul goûte et chérit, parce que rien ne convient au malheur comme l'oubli et le silence. Ceux qui ne pensent pas aiment le bruit, il remplit le vide de leur cerveau; ceux qui pensent veulent être seuls, parce qu'il faut à la pensée l'espace et le calme.

J'avais quelques manuscrits; je les rassemblai, je les relus; je me dis: «On doit être avide de connaître tout ce qui se passe en ce moment en Amérique; voilà cinq ans que l'Europe a les yeux tournés vers elle; commençons par un article de journal; s'il est accepté, je verrai bien ensuite ce que je puis faire.»

Et je me mis à travailler fiévreusement. Un premier article! Savez-vous ce que c'est qu'un premier article? C'est l'épreuve terrible de l'initié. S'il en sort victorieux, l'avenir est à lui. Je me creusai la tête pour donner à mon article une originalité saisissante, je dis des choses certainement ignorées, je fis des considérations toutes neuves, je retouchai, je corrigeai et je signai. En voyant mon nom au bas de cet article qui cependant n'était qu'une ébauche inconnue, j'eus un frémissement. Oh! qui ne connaît pas les émotions d'un début? Qui n'est pas familier avec ces combats intérieurs de l'espoir et de la crainte qui vous laissent haletant, effrayé, enchanté, inquiet et rassuré tout ensemble? On se dit que ce qu'on a fait est admirable, qu'il est impossible de ne pas réussir, et l'on est épouvanté. Qui te porte à mesurer le champ de la renommée et à t'y choisir une place, toi, pauvre diable qui ne peux attendre et qui as besoin de vivre avant d'être célèbre? Mais l'espoir l'emporte; la jeunesse, la confiance en soi, l'élan de la volonté sont comme le torrent qui bondit sur l'obstacle, ou l'enlève quand il ne peut le franchir.

Je m'endormis au milieu de chimères souriantes; mon sommeil fut léger, long et bienfaisant; quand je m'éveillai, vers onze heures, ma chambre me parut enchantée. Le soleil, luttant contre les persiennes, essayait de m'envoyer quelques-uns de ses rayons joyeux; mille rumeurs s'élevaient du sein des rues, mais ce n'était pas ce bruit de la veille, étourdissant, fatigant, mêlé de notes aiguës, de clameurs douloureuses, c'était un vaste concert plein de force et d'harmonie, la grande ville en travail. Je me levai à la hâte, brûlant de voir Paris dans sa fiévreuse activité; je ne le redoutais plus: au contraire, il me tardait d'aspirer son souffle puissant, de saisir le sein toujours gonflé où s'alimentent le génie défaillant, l'espérance lasse d'attendre.

Je sortis, emportant avec moi deux lettres de recommandation très flatteuses, l'une pour le rédacteur en chef d'un grand journal, l'autre pour un savant très estimé et très répandu, homme précieux pour ceux qui ont besoin d'appui, aimé pour l'inépuisable bienveillance et la générosité de son cœur autant qu'admiré pour ses travaux. C'était M. Cortambert, géographe éminent, frère du rédacteur en chef du *Messager franco-américain*, que toute la jeunesse de Montréal a connu.

Je ne dirai pas tout ce que M. Cortambert et son fils ont fait pour moi; ce serait trop long et ça m'éloignerait trop de Bathurst, auquel il est temps que je revienne.

(CHC 284-290)

Jour de l'an (1873) de l'orphelin,
du célibataire

... Oh! la famille... Le matin, avant le jour, avant l'aube, il n'est pas encore cinq heures, les petits, ces petits qui donnent tant de mal et qui causent tant de joie, les petits enfants sont déjà debout: ils courent, ils accourent les bras ouverts, la bouche pleine de baisers, vers le lit où la maman, qui les épie déjà depuis plus d'une heure, sans faire semblant de rien, les reçoit sur son cœur frémissant, les couvre de caresses, leur trouve à chacun une place sur son sein gonflé de bonheur, les prend tous dans ses bras et les passe au papa qui pleure de joie et qui devient presque une mère, en oubliant tout dans cette heure unique, excepté ce qu'il a dans son cœur.

On entend ensuite, on voit les petits, tout rouges encore de tant de baisers, tout essoufflés, courir à la cachette des étrennes, ces trésors légers, parcelles fugitives détachées de cet autre trésor inépuisable, l'amour maternel.

Mais moi, ah! moi qui n'ai même pas eu de berceau et qui n'ai pas connu ma mère, moi, condamné solitaire dès ma naissance, je ne connais le jour de l'an que le bonheur des autres, et son fatal retour et son inexorable fuite. Comme chaque jour de ma vie, je me suis éveillé le jour de l'an de cette année dans le froid et dans l'étreinte de l'isolement. J'ai regardé le ciel; pour moi, il était vide. J'ai promené mon regard désolé autour de ma chambre... elle était muette: pas une voix, pas un écho, si ce n'est celui des souvenirs qui, en un instant, en foule, se sont précipités sur mon lit silencieux. Être seul ce jour-là, se réveiller seul, se sentir seul surtout, c'est plus qu'une infortune, c'est une expiration, et l'on éprouve comme un remords de ne pas mériter ce bonheur dont tant d'autres jouissent, sans le comprendre souvent et sans avoir rien fait pour en être dignes.

Le bonheur, que tout le monde s'obstine à croire introuvable, est pourtant facile et vulgaire; mais, comme toutes les choses de ce monde, il est purement négatif; il suffit, pour être heureux, de n'être pas malheureux. Réalisez toutes vos espérances, tous vos projets, vous en concevrez d'autres, et vous serez tout aussi inquiets, tout aussi impatients, tout aussi malheureux que vous l'étiez d'abord. Être heureux, c'est jouir de ce qu'on a et s'en contenter; mais être malheureux, c'est ne pouvoir jouir de rien, comme les vieux garçons qui sont toujours pauvres, fussent-ils millionnaires; ils manquent du premier des biens, celui d'une affection sûre qui partage leur fortune comme leur détresse. Les avares seuls croient trouver une jouissance dans ce qui n'est qu'une aberration, car on ne peut être heureux que du bonheur qu'on donne et de celui qu'on reçoit. Thésauriser est une maladie, répandre est un remède; et l'homme se soulage par la générosité comme l'arbre qui écoule sa sève et en nourrit les lianes qui se tordent en suppliant autour de sa tige. Ah! de tous les souhaits qu'on m'a faits le premier de l'an, on n'en a oublié qu'un seul, celui d'une compagne assez parfaite pour suppléer à toutes mes imperfections, assez indulgente pour ne pas m'en tenir compte et assez discrète pour ne pas s'en apercevoir. Montrez-moi ce trésor, ô mes amis ! et je le garderai pour moi seul, au risque de passer pour ingrat.

(CHC 336-337)

Départ pour la Californie*

Il y a des choses qui ne s'écrivent pas; on les raconte parfois dans des heures de fièvre, lorsque les souvenirs arrivent en mugissant et se font cours eux-mêmes, lorsque la pensée est frappée tout à coup d'un retour impétueux vers le torrent des choses où elle était restée d'abord comme engloutie, éperdue; alors, si c'est la douleur qui a été longtemps comprimée, l'âme jette quelques cris terribles, des flots furieux s'échappent, l'amertume jaillit et déborde, et peut-être peut-on ensuite remonter avec plus de liberté et de force le cours de tout ce qu'on a souffert: mais retourner, moi, encore tout brisé, tout endolori, la plume à la main pour le raconter à des lecteurs qui ne s'en doutent même pas, vers ce rêve fougueux où pendant six semaines j'ai passé par tous les chagrins, tous les déchirements, toutes les angoisses, c'est trop me demander, c'est trop attendre de moi! Vous voulez que sur toutes les plaies vives je passe lentement le couteau et que je détache une à une chaque fibre saignante pour la montrer à des regards surpris! Vous voulez que je fouille parmi tant d'odieux souvenirs dont chacun est une blessure, eh bien! soit, je vais vous le raconter, cet atroce et funeste voyage; de

71

même que je l'ai fait pour accomplir une promesse, de même je vais vous le dire parce que vous l'avez espéré de moi. Maintenant, taillez et prenez; voici mon cœur, voici mon sang qui est tombé goutte à goutte sur la longue et interminable route qui traverse tout un continent; je vais en suivre la trace mêlée de tant de larmes... Oh! mes amis, ce n'est pas une chronique que je puis vous offrir; mon esprit ne se prête plus, hélas! à ces fantaisies badines, et mon imagination a perdu le souffle de ses inspirations joyeuses. Et où trouverai-je, du reste, à rire une seule heure dans le récit d'un voyage rempli d'inquiétudes mortelles, d'humiliations, d'abattements sinistres, et parfois de pressentiments où l'image de la mort revenait sans relâche comme pour m'avertir que je n'en verrais pas le terme?

Pourquoi avais-je quitté mon pays, ma famille, mes nombreux amis, tant d'affections qui m'entouraient et qui m'étaient nécessaires? Pourquoi avais-je rompu tous les liens qui, en me rattachant à une existence désolée, en faisaient encore la consolation et la ranimaient par quelques lueurs passagères? Pourquoi partais-je sans raison, sans objet déterminé, pour suivre une destinée incertaine, après tant d'épreuves, après l'expérience renouvelée de la folie des escapades et des duperies de l'inconnu? Hélas! je ne sais, et, le saurais-je, comment pourrais-je le dire? Il y a dans la vie des heures fatales, et l'homme obéit bien plus à leur impulsion fougueuse qu'à tous les conseils de la raison. Je partais... il fallait que je parte! fût-ce pour toujours, fût-ce à n'importe quel prix. Un besoin formidable d'échapper à tous les souvenirs poursuivait et dominait mon esprit: c'était moi-même surtout qu'il me fallait fuir, oubliant que l'homme change en vain de ciel, que son âme lui reste, et qu'on ne peut se perdre soi-même, verrait-on le monde bouleversé prendre autour de soi toutes les formes et les aspects les plus brusquement divers. M'oublier dans un tourbillon sans cesse renouvelé, me sentir emporté à toute vapeur à travers des espaces inconnus, c'était là mon illusion, et, pour la saisir, j'étais prêt à tout délaisser; je m'étais arraché aux embrassements de la femme qui m'avait tenu lieu de mère, et qui, à quatre-vingts ans, me disait un adieu, pour elle l'adieu suprême. Et quel déchirement lorsque je dus quitter ma sœur, ma sœur unique, qui, ne comprenant rien à un pareil départ, m'enlaçait sur son cœur et tâchait de me retenir par la force de la tendresse! Oui, j'abandonnais ces chères et sûres affections, les seules qui résistent aux orages de la vie comme aux assauts du temps, et, l'avouerai-je? ce n'était pas là le premier de mes regrets; le cœur est ainsi fait, hélas! dans son aveuglement; il ne se prend qu'à ce qui lui échappe le plus et n'a de regrets profonds et durables que pour ce qui le blesse davantage.

Mon idée fixe, idée irrésistible, plus forte que tous les liens, que tous les raisonnements, était donc de partir, d'aller aussi loin que possible, et je ne voyais rien de mieux à faire pour cela que de traverser le continent. Je n'avais pas d'illusions sur ce qui m'attendait si loin; ce n'est pas à mon âge qu'on commence une vie d'aventures, qu'on peut espérer de se faire une existence nouvelle où vienne se perdre le souvenir de ce qu'on a été; l'inconnu ne sourit pas à ceux qui ont épuisé la vie sous toutes ses faces et pour qui toutes les déceptions imaginables n'ont plus rien d'inattendu; mais je n'avais pas calculé les mécomptes, les déboires qui m'attendaient au passage; et, les eussé-je calculés, que je serais parti de même; j'en étais arrivé à ce point où l'on ne raisonne absolument plus, où la fatalité, en quelque sorte impatiente et pressée, devient irrésistible. Où ai-je pris la force d'aller jusqu'au bout? comment ai-je pu poursuivre une idée pareille, lorsque tout m'en détournait, lorsque, sur le chemin même, le regret et le désenchantement, fondant avec violence sur mon âme, me criaient de retourner, de revenir à la patrie qui m'offrait de légitimes espérances et une carrière désormais assurée?... c'est ce que je ne puis ni comprendre ni expliquer. La force n'était pas en moi, puisque j'ai eu toutes les défaillances, elle était dans une situation bien supérieure à ma volonté; je n'ai pas suivi ma route, j'y ai été entraîné, bousculé, poussé, et chaque fois que j'ai voulu mettre un arrêt, chaque fois j'ai été emporté, comme si la conduite de ma vie ne m'appartenait plus; vous allez en juger aisément.

(CV 71-74)

Crise à San Francisco

San Francisco apparaît sur le rivage opposé, vaguement enveloppé par les dernières lueurs du crépuscule. L'amphithéâtre inégal de ses collines, que les rues gravissent en ligne droite, semble une image brisée dans le rêve ; tout le monde regarde avec un œil ardent la ville tant désirée ; la brise fouette en plein les visages, et court en frissonnant dans les voiles et les mantilles ; il y a comme un tressaillement de vie nouvelle, et à mesure que le bateau avance, le tumulte qui s'était fait à l'embarquement s'apaise par degrés. Dans ces arrivées aux ports lointains, il y a quelque chose de solennel qui s'impose à toutes les imaginations. Seul, accoudé sur le devant du bateau, sourd à tous les mouvements et à tous les bruits, je regardais se dessiner petit à petit la ville à qui j'allais demander un refuge, l'oubli, et peut-être une rénovation. Maintenant un abîme me sépare de tout ce qui m'avait aimé, un abîme que je croyais ne pouvoir plus jamais franchir. À quoi bon ? On ne met pas à plaisir onze cents lieues entre sa patrie et soi, et quand on a eu la force de faire un pareil voyage malgré toutes les peines morales et physiques, on ne songe guère à le recommencer. Je croyais l'arrêt de ma vie désormais irrévocable, et ma condamnation prononcée sans retour.

J'étais parvenu à ce rivage lointain, épave brisée, reste mutilé et sanglant d'une vie sans cesse portée d'aventures en aventures. À cet âge où la plupart des hommes ont trouvé une carrière définitive ou du moins une base pour le prochain édifice de l'avenir, moi, proscrit volontaire, j'errais encore et j'allais demander à l'inconnu de nouveaux mystères et sans doute aussi de nouvelles douleurs. Ah! seulement deux mois auparavant, je n'aurais pas cru devoir être ainsi jeté en proie à de nouveaux souffles du destin; j'avais tout fait de cœur et de tête, pendant plusieurs années, pour prévenir le retour des orages; je m'étais assis à l'ombre d'une espérance bien chère, et j'avais cru que cela me suffirait pour donner un objet désormais bien déterminé à tous mes travaux; j'étais las des secousses et des ballottements continuels d'une vie que rien n'avait pu ni fixer ni contrôler.

Malgré tous les désenchantements, j'avais encore assez de jeunesse pour abandonner toute mon âme aux illusions du sentiment et de l'idéal; il me restait tout ce qu'il fallait pour construire, même avec les matériaux flétris d'une existence désabusée, un avenir digne encore de mon ambition et des espérances que l'on fondait sur moi. Soudain, en un jour, tout s'était écroulé; il y a des hommes marqués d'un sceau fatal, et le noir génie ne les abandonne jamais. Près de toucher au rivage, une tempête m'en arrachait tout à coup sous un ciel plein d'azur et de promesses.

Repoussé, désespéré, convaincu enfin que le bonheur, ou du moins le repos, ne m'offrait qu'un mirage et que toutes les déceptions se hâteraient de me frapper l'une après l'autre, je m'étais enfui, ne demandant plus rien à la Providence, ni à l'espoir, ni à ma propre volonté. Je me sentais mort avec toutes les apparences de la vie, et le quelque bruit qui se faisait autour de mon nom résonnait en moi comme les coups frappés sur une tombe muette.

À quoi bon donner au public et à mes amis le spectacle d'une chute aussi profonde et d'un désenchantement si inattendu, si inexplicable qu'on l'eût pris pour une dérision? J'étais donc parti, cadavre pensant, agissant, qui n'avait plus de conscience que pour souffrir, et à qui le souvenir restait seul pour arroser de larmes le sépulcre de l'âme. J'arrivais à San Francisco brisé, accablé de fatigue, tellement vaincu par la souffrance que je me demandais sincèrement combien de jours il me restait à vivre. Cette belle ville, cette splendide nature, cette baie glorieuse, coupée de promontoires hardis... que m'importait tout cela? Est-ce qu'il est quelque chose de beau pour celui qui n'a plus que le regret, et quelles magnificences de la nature peuvent arrêter ou sécher une seule larme? En débarquant avec le flot des passagers joyeux, agités, impatients de revoir leurs amis, leur serrant la main avec transport, retrouvant les uns une patrie, les autres l'objet de longues convoitises, ce que j'éprouvai je ne puis le dire, je n'ai plus de pensée pour cela, et toutes les paroles seraient stériles ou vides.

Je pris machinalement l'omnibus qui menait à l'hôtel, je traversai plusieurs rues brillantes, animées, où la lumière se déversait comme un ruisseau d'argent, je vis pour la première fois cette foule bigarrée, si diverse, si curieuse, si remuante, qui remplit jour et nuit la ville la plus cosmopolite au monde, et j'arrivai au bout d'un quart d'heure à un sompteux édifice, situé dans la plus belle rue de San Francisco. C'était le *Lick House*, où j'allais m'installer et attendre... quoi ? je n'en savais rien, car je n'avais ni ambition, ni but, ni désir ; il me semblait n'être plus qu'une machine obéissant à une impulsion inconnue, mais fatale, irrésistible.

Je montai et pris ma chambre qui donnait sur un vaste carré de l'hôtel ; il n'y avait donc devant moi ni vue, ni horizon, rien que la morne silhouette de quatre murs percés de croisées. Lorsque je me vis seul, bien seul dans ce tombeau, et que je pensai que vraiment douze cents lieues me séparaient de ma pauvre patrie, de mes amis, de ma famille perdue sans retour... Oh ! pardonnez-moi, vous tous qui me lisez, pardonnez-moi si tant de faiblesses viennent à chaque instant interrompre le cours de mon récit... en ce moment le monde se déroba sous moi, des ténèbres poignantes m'enveloppèrent de toutes parts, le vide immense, le vide affreux s'entrouvrit brusquement, je m'affaissai sur mon lit, et là, un torrent de sanglots comme jamais n'en versa âme humaine jaillit de ma poitrine brisée.

(...)

Je sortis ; les théâtres, les cafés, les restaurants vomissaient sur les rues leur élégante clientèle. Une troupe d'opéra française faisait alors fureur et attirait la population de toutes les races. L'atmosphère était fraîche et la lumière joyeuse ; de tous les *saloons*, de tous les hôtels, on sortait et on y entrait à chaque instant ; c'était un va-et-vient bruyant et divers. Je regardais passer et repasser à mes côtés ce flot incessant ; j'allais jusqu'au bout d'une rue, puis je revenais. Je m'arrêtais et j'écoutais ; je cherchais quelque visage connu, quelque voix qui me rappelât un souvenir. Fût-il au fond d'un désert, l'homme prête ainsi

78

l'oreille instinctivement : il ne peut pas se croire seul dans la solitude même, tant est poignante et répugnante la pensée de l'isolement absolu.

J'entrai dans plusieurs *saloons* et pris un verre chaque fois, j'allumai quatre à cinq cigares ; la marche ne pouvait me lasser, j'en étais au contraire insatiable ; mes membres roidis par neuf jours de chemin de fer se délassaient avec bonheur. Enfin, bien après minuit, le mouvement commença de s'apaiser, bon nombre de lumières s'éteignirent, les musiques des cafés-concerts et des *basements* se turent, la foule s'amincit, puis se dispersa, et il y eut comme un silence pénible, semblable au rêve d'un sommeil agité.

Je songeai à rentrer chez moi. *Chez moi*, c'était chez tout le monde. Ce qui m'attendait au bout de ma course, c'était l'hôtel où deux à trois cents personnes, toutes étrangères, toutes indifférentes, avaient pris comme moi un domicile d'un jour. J'avais déjà vu beaucoup de choses dans ces deux heures passées sur les trottoirs. J'entrai, mais je ne sais quel froid me saisit subitement au cœur ; l'excitation fébrile avait disparu ; il me sembla en mettant le pied sur le marbre froid du vestibule de l'hôtel que je foulais les dalles d'une vaste tombe. Et, en effet, qu'était-ce pour moi que ce splendide édifice, sinon comme un décor somptueux à mon abandon ?

Je montai. Les vastes corridors étaient silencieux ; çà et là un bec de gaz affaibli jetait une lumière mélancolique à l'angle d'une allée ; presque tous les hôtes avaient regagné leurs chambres ; quelques fenêtres brillaient bien encore, mais aucun bruit ne se faisait entendre. J'arrivai au numéro 65 ; ce numéro, c'était chez moi. J'entrai, je ne savais pas au juste ce que je venais faire là. Une espèce de terreur vague, pleine de fantômes et d'images où se confondaient l'angoisse et les souvenirs, avait soudain envahi mon cerveau. J'allumai le gaz de ma chambre et j'attendis... quoi? que pourrais-je attendre? Je ne sais. Il est des heures d'une angoisse telle que l'hallucination est irrésistible. Il me sembla que ma sœur était près de moi et qu'elle allait ouvrir ma porte pour se précipiter dans mes bras; il me sembla que ma mère, que je n'avais jamais connue, écartait le plafond de ma chambre et venait doucement vers moi pour me prendre dans ses ailes; je revis la patrie absente, les amis perdus pour toujours, je prononçai quelques noms chers entre tous, des noms que ma pensée retenait quand même, et que mes lèvres ne peuvent désapprendre, et puis... je ne sais, je ne me rappelle pas... un bourdonnement subit emplit mes oreilles et la nuit tomba sur mes yeux. Mon corps épuisé et mon cœur brisé succombaient: quand je revins à la vie, lentement, il me sembla que tout oscillait autour de moi, je me sentais porté comme sur un navire flottant; puis quand j'eus recouvré tout à fait connaissance, je me trouvai étendu sur le parquet de ma chambre avec des filets de sang déjà caillé le long de mes joues. Je regardai avec peine ma montre; il était deux heures. J'avais froid, un tremblement convulsif m'agitait des pieds à la tête et mon cœur battait à me sortir de la poitrine. J'étais pris d'une attaque formidable de la maladie qui m'avait inspiré à son but de si mortelles angoisses, et qui revenait subitement avec une violence rendue terrible par tant d'émotions répétées.

Ah! quelle nuit affreuse! Pendant deux heures je sentis les soulèvements répétés et violents de ma poitrine, que rien ne pouvait calmer; je crus que j'allais mourir, mourir là, seul, loin de tous les miens, sans un ami pour entendre ma dernière parole !

Alors, je pris rapidement une feuille de papier et j'écrivis quelques mots ; mais ma main tremblante ne pouvait tenir la plume ; j'essayai de me mettre au lit, et l'instant d'après je me relevai ; aucune posture ne m'était supportable. Enfin vers le jour seulement, brisé, anéanti, je m'assoupis sur une chaise et trouvai quelques heures de sommeil. Quand je m'éveillai, la matinée était déjà avancée ; le soleil glissait de longues franges d'or sur les murs de l'hôtel et tombait comme une pluie sur les toits scintillants. La ville était pleine de murmures et semblait me convier à la fête éternelle de l'activité humaine. Je m'habillai à la hâte et je sortis.

(CV 168-171, 188-191)

Évocations et portraits

L'Indien face à la «civilisation»

Les Montagnais n'ont pas encore acquis le goût de la culture, malgré que le gouvernement ait envoyé chez eux un agent des terres chargé de leur distribuer des lots et de leur apprendre à les faire produire. Fils de l'espace, libre comme le renne sauvage qui parcourt des centaines de lieues sur la neige, l'Indien, à quelque tribu dégénérée qu'il appartienne, ne peut se renfermer dans les limites d'un champ ni s'assujettir aux soins méthodiques, calculés, de la vie agricole. La prévoyance et l'attachement à un lieu précis lui sont étrangers. Pour lui, la terre, c'est ce qu'il peut en mesurer dans sa course annuelle à travers la solitude, et, pour mourir, il ne croit pas avoir besoin d'un foyer ou d'un tombeau.

Fataliste sans le savoir, enfant inculte de la nature, il se laisse aller à elle et n'écoute que sa voix sans songer à lui rien demander au-delà de ce qu'elle offre. Aussi, lorsqu'il a épuisé le peu qu'elle lui donne, lorsqu'il a tari son sein avare surtout sous un ciel comme le nôtre, n'a-t-il plus qu'à se résigner et à subir en silence la mort inévitable. Pour vivre il ne veut rien apprendre de ceux dont l'apparition sur le sol d'Amérique a été le signal de la chute de ses pères et de sa propre déchéance. Il se laisse effacer, comme s'il comprenait sa faiblesse devant l'homme armé des forces ingénieusement créées de la civilisation.

Il n'y a pas plus d'un siècle encore, il se battait avec d'autres enfants de la forêt, sauvages comme lui et qui se défendaient avec les mêmes armes grossières, la hache et le javelot, et cela dans un espace illimité dont toutes les tribus réunies n'occupaient qu'une infime portion, comme autrefois nos ancêtres, à nous tous, s'égorgeaient pour la possession des cavernes les mieux à l'abri du mammouth et du rhinocéros velu. L'Indien de nos jours, n'ayant plus à lutter, à longueur de bras, avec des hommes aussi faibles que lui, se laisse détruire en paix par la civilisation qui l'envahit et le conscrit de toutes parts, dont il prend rapidement tous les vices sans pouvoir acquérir une seule de ses vertus; il ne lui reste que la dignité ou la résignation du silence. Partout il succombe, laissant le blanc seul debout. Ainsi, rien ne peut arrêter la diminution et la mort des races faibles, condamnées d'avance à cause de leur haine d'une demeure fixe, de leur répugnance pour la vie d'ambition et de travail, ou de leur infécondité devenue de plus en plus sensible.

(CHC 425-427)

Train d'immigrés entre
Cheyenne et Omaha

Un train d'émigrants n'est pas précisément un train spécial. Il ne faut pas s'en exagérer la splendeur ni les agréments, encore moins la rapidité. Le train d'émigrants met quarante heures à faire le trajet que le train de la malle fait en vingt-six; ainsi donc, le train que j'avais laissé allait arriver à Omaha quatorze heures avant moi. Et puis, je pensais que si, au lieu de me faire voler vingt dollars, je les avais encore en ma possession, j'aurais pu me rendre jusqu'à Chicago et me rapprocher ainsi de cinq cents milles de plus! On va voir par la suite de ce récit quelle différence énorme cela aurait fait, mais je ne m'en doutais pas alors... Il fallait que j'épuisasse toutes les fatalités ennemies dans ce voyage qui, même en le supposant le plus heureux du monde, restait dépourvu pour moi de tout attrait et de tout contentement moral.

Le convoi que je montais ne contenait pas moins de cinq wagons remplis d'Allemands et d'Allemandes en cherche d'une nouvelle patrie, plus deux wagons pour les bœufs, un wagon de fret quelconque et un car à bagages. Je pris place entre les

Allemands et les bœufs, à l'extrémité du cinquième wagon.

Quand mes compagnons de voyage se furent installés comme moi, ils commencèrent, les uns à défaire leurs paquets, les autres à semer sur les banquettes de bois toute espèce d'effets mêlés de comestibles ; d'autres se déchaussèrent, dépouillèrent leurs épaules d'épais gilets pour les mettre sous leurs têtes, d'autres enfin se firent un oreiller de leurs femmes en allongeant les jambes sur leurs voisins. Les têtes et les pieds formaient une ligne à peu près horizontale, un niveau remarquablement uniforme, avec peu de différence d'aspect ; ces têtes carrées d'Allemands sont, en effet, comme des talons de bottes.

Deux heures environ se passèrent au milieu d'un tohu-bohu bizarre où s'accomplirent tous les actes ordinaires de la vie ; j'omettrai des détails pour le lecteur qui n'est pas trop avide. Déjà quelques-uns ronflaient, d'autres étaient littéralement encaissés dans des échafaudages de paquets, de boîtes et de paniers de provisions. Ils fumaient, ils crachaient ; ils suaient, ce qui était bien pire. Ces bons Allemands étaient tous vêtus, sous une température de cent degrés, comme nous le sommes en hiver, avec des pantalons, des vestes et des gilets de grosse laine, et jusqu'à des cache-nez, oui, de véritables cache-nez roulés deux ou trois fois autour du cou, et dont aucun de ceux qui les portaient n'avait encore songé à se défaire. Tout cet amas de laine, entassé sur des corps fondants, s'en était rapidement pénétré et se dissolvait dans l'atmosphère du car avec une liberté que rien ne gênait, si ce n'est la concurrence que faisaient les émanations de bottes, de saucissons et de jambons presque confondus ensemble. Il y avait là un parfum que Dante n'eût pas dédaigné pour un des cercles de son enfer; et remarquez bien qu'il y en avait pour quarante heures de ces émanations teutonnes sans autre remède que de s'établir sur la plateforme du car, ce qui était se mettre entre deux courants également chargés; les bœufs en arrière et les Allemands devant, il n'y avait pas d'échappatoire possible et l'on était fatalement asphyxié.

(CV 209-211)

Peter McLeod*

Peter McLeod[1] était un Écossais métis. C'était un homme fait de plusieurs bêtes fauves, dans lequel s'étaient introduites quelques-unes des plus belles et des plus nobles qualités de l'homme. Il était fier et courageux comme un lion, souple comme un tigre, rusé et méchant à la fois comme la panthère, bon comme un enfant. Sa violence ne connaissait ni entraves ni bornes. Apaisé, il était plus doux qu'un agneau; mais il fallait bien se garder de l'approche de l'orage. Cette approche était foudroyante. McLeod passait d'un état à l'autre sans transition, en un bond. Sa colère éclatait comme la foudre, puis il n'y avait plus rien, pas même d'écho. Il refusait à ses hommes leurs gages sous le plus futile prétexte, et sa bourse, jusqu'au fond, était largement ouverte à tous. Y puisait qui voulait. Il ne craignait rien sous le soleil et il était redouté de tous. Un jour, cependant, il se fit donner par un Canadien qu'il venait d'insulter une de ces râclées énormes dont on se souvient toujours tant que l'on conserve ses membres et ses

---

1. Sur ce personnage, on peut lire aussi le roman de Damase Potvin, *Peter McLeod*, Québec, (s. é.), 1937.

muscles. Le lendemain, il fit venir à son bureau celui qui l'avait moulu et aplati : «Tiens, lui dit-il, voilà deux cents dollars, mais va-t'en d'ici ; tu ne peux rester plus longtemps avec moi. Il ne faut pas que personne puisse battre Peter McLeod.»

«Je ne m'en irai pas, dit l'homme. Je ne quitterai jamais Peter McLeod.»

Peter garda l'homme, et l'homme garda les deux cents dollars.

Une chose que Peter McLeod ne pouvait souffrir, c'était qu'on maltraitât le faible ; mais c'était plutôt par un sentiment altier de la force que par générosité. Il y avait vingt natures en lui ; il tenait du conquérant barbare, du sultan, de l'Écossais et de l'Indien. Conquérant, il était fait pour l'être. À défaut d'empire, il promenait sa domination sur deux à trois cents têtes docilement pliées sous sa main de fer. Sultan, il avait une dizaine de femmes, à peu près accréditées, et bon nombre d'autres auxquelles il émiettait en passant ses redoutables faveurs. Il se plaisait à voir s'aligner à sa porte, quelquefois dans une longue attente, les habituées de son harem, et à les faire répondre, chacune d'elles, à son appel. On voit qu'il avait en lui du moscovite aussi bien que du turc.

Écossais, il l'était par la résolution, par la ténacité, ce que l'anglais appelle *fixity of purpose*. Il ne lâchait jamais une chose entreprise et une fois voulue. Indien, il l'était par une foule de côtés ; par ses vices comme par ses qualités morales, par les excès, par la brutalité et la cruauté, comme aussi par un extrême dévouement toutes les fois qu'il était parvenu à savoir où placer ce dévouement. Il l'était aussi par ses qualités physiques. Jamais homme plus adroit et plus souple ne vécut sur terre. Il sautait de la hauteur de son quai, à dix-huit pieds au-dessus de l'eau, dans un canot d'écorce, sans le faire plonger ni même balancer; le canot tressaillait un peu, mais ne penchait ni d'un côté ni de l'autre. C'est là ce que cent personnes, témoins oculaires, ont raconté de lui.

Il buvait comme un teuton, sans merci pour lui-même, avec fureur, avec la détermination de savoir qui des deux l'emporterait, de son estomac ou de la terrible eau de feu. Comprenant que la boisson était son ennemie mortelle, il en buvait avec rage; et, ne pouvant la vaincre, il voulait au moins montrer combien il en fallait pour tuer un homme comme lui. Aussi, pendant neuf ans qu'il fut roi et maître de Chicoutimi, n'est-il pas resté sobre peut-être trois mois de temps. Il mourut de congestion alcoolique, après quelques jours seulement de maladie, pendant lesquels tout son corps se carbonisa. Son lit était une table placée dans la première pièce de l'ancienne maison de M. Price, laquelle renfermait alors quatre ménages, et qui, aujourd'hui complètement transformée, forme un élégant manoir situé sur la rivière Saguenay, entouré de jardins, ombragé d'arbres magnifiques, et au-dessus duquel flotte le pavillon du consulat de Norvège[2].

Quand Peter McLeod vit que la mort était inévitable, et qu'il lui fallait céder au plus fort une fois en sa vie, il demanda qu'on ouvrît la croisée de sa chambre, et là, plongeant une dernière fois les regards sur les sombres montagnes qui bordent la rive

2. L'honorable M. David Price, le seul à peu près des Price qui aille encore de temps en temps à Chicoutimi, est Consul de Norvège pour le Saguenay. Aussi, tous les dimanches, les bâtiments qui sont dans la rade de Chicoutimi hissent-ils leur pavillon pour le saluer, et il leur répond en maintenant le sien toute la journée au-dessus de son toit. (Note de Buies).

opposée, sur toute cette campagne sauvage qui l'entourait, qui avait été son berceau, et qui, maintenant, le regardait mourir avec l'impassible sérénité de la nature, il resta longtemps silencieux à contempler cette scène muette qui déjà revêtait pour lui l'aspect de l'immensité, puis on le vit se soulever avec effort sur son séant et détourner violemment la tête. Un cri horrible sortit de sa poitrine en feu: «Non, fit-il entendre d'une voix rauque et brisée, mais qui trouva assez de force pour un cri suprême, non, je ne veux pas mourir en face des montagnes de mon pays», et il commença un geste désespéré, mais la mort était déjà là qui le tenait; elle avança rapidement sur lui sa main impitoyable et, deux heures après, McLeod n'était plus.

Un dernier mot sur cette étrange figure, certainement la plus intéressante de l'histoire du Saguenay à cette époque. Elle est restée dans la pensée et sous le regard de tous ceux qui l'ont connue; et lorsque les anciens habitants du Saguenay, qui ont subi sa terrible domination, parlent de Peter McLeod, c'est toujours avec un reste de haine singulièrement mêlé d'admiration, de crainte et de regret, oui de regret, car Peter McLeod, disent-ils, «fut le plus généreux en même temps que le plus intrépide des hommes de ce temps et de cette partie de notre pays».

C'est de lui que viennent les *pitons*, espèce de bons que la maison Price continue d'émettre pour des montants variant de cinq cents à plusieurs dollars, et qui remplacent l'argent. Ces bons représentent ce que la maison Price doit à ses journaliers; mais ils ne sont pas négociables en argent; ils ne sont valables que pour marchandises et dans le Saguenay seulement. Ainsi, un gagiste a-t-il fait une journée de soixante cents, on lui délivre un *piton* de soixante cents, avec lequel il se procure des provisions ou des marchandises dans les magasins de Chicoutimi, mais surtout à celui de MM. Price. Ces bons sont imprimés, et on les appelle *pitons*, du nom de baptême de McLeod, qui était Peter. De Peter à Piton, il n'y a qu'un pas ; la transition est toute trouvée. Ce ne sont jamais les noms à donner qui embarrassent les Canadiens.

(S 106-111)

Capitalistes québécois

(...) Vous voulez, par exemple, fonder une entreprise nouvelle ; c'est une entreprise dont le besoin se fait sentir, dont les avantages sont démontrés, reconnus ; depuis longtemps on en parle, depuis longtemps on regrette de ne pas l'avoir établie. Vous vous mettez à l'œuvre avec des capitaux, mais pas tout à fait assez pour compléter le matériel ou l'outillage nécessaire ; naturellement vous vous adressez à ceux qui sont en mesure de vous faire des avances, de favoriser cette entreprise destinée immanquablement à réussir.

Vous frappez à la porte des capitalistes. Ici, un capitaliste, c'est un thésauriseur, un homme qui place dans les banques ou prête aux pauvres diables d'habitants afin de prolonger de deux ou trois années leur séjour au Canada. Il y a aussi un certain nombre de vieux bonshommes chétifs, râpés, aux collets reluisants, sorte de rats émaciés, sur deux pattes, qu'on croirait sortir de quelque ruine grecque ou romaine, parfois très corrects dans leur redingote demi-séculaire ; ceux-là vivent de leur argent prêté à quinze ou vingt pour cent. Ces compères ont leurs commères, vierges ou veuves antiques, détachées des liens de ce monde dont elles ne perçoivent que l'intérêt, jaunes, tannées, on les dirait même salées et fumées, dans un bon état de conservation pour l'autre monde. Ces tendres haridelles n'ont qu'un souci, savoir au juste de combien elles peuvent dépasser dans leurs prêts l'intérêt canonique, sans se précipiter dans les feux infernaux à côté de Belzébuth, dont elles ont horreur en sa qualité de démon masculin. Prêteurs des deux sexes sont les taupes qui habitent la ville en ruines et se font des trous dans sa poussière.

Mais vous frappez, comme nous le disions, à la porte des capitalistes. «Ah! c'est vous, mon cher monsieur, enchanté de vous voir; vous voulez de l'argent, n'est-ce pas? bien, bonjour; pas d'affaires.» Vous ferez ainsi le tour de la ville pour trouver deux mille dollars et vous ne les aurez pas, et ceux qui les refuseront se plaindront comme vous de la mesquinerie et de la léthargie des Québécois. Ici, il n'y a que trois ou quatre genres d'affaires qui se maintiennent; les gens à moyens n'osent sortir de la routine, de la seule et même chose à laquelle ils ont été habitués; ils ne comprennent pas la solidarité des industries et ne voient pas que du succès de l'une dépend celui de l'autre. Le commerce est ignorant et puéril comme tout le reste: «Si ce que je fais réussit, pourquoi vous aiderais-je à faire autre chose? faites comme moi.» Voilà le langage que l'on tient en tout temps; aussi toute l'activité humaine est-elle comprimée dans une sphère étroite et forcée de subir les étreintes de traditions invariables.

(CHC 372-373)

Bourgeoisie coloniale et
officiers de la garnison

Une nouvelle terrible est arrivée de Québec la semaine dernière.

On disait partout qu'un jeune homme, nommé
Chaloner, avait tiré deux coups de pistolet à un officier anglais qui, après avoir endormi sa sœur avec du
chloroforme, avait commis sur elle cet outrage que
ma pudeur m'empêche de nommer.

On ne rencontrait plus un ami sans lui dire:
«Eh bien! Comment trouvez-vous le jeune homme?
N'est-ce pas qu'il a bien fait».

Quand mon tour vint d'entendre cette question, je partis d'un éclat de rire tel qu'il dut faire
tressaillir les mânes de l'antique Virginie.

Ce qui me surpasse, c'est que tous les journaux
aient reproduit à l'envi ce canard, et l'aient accom-
pagné de commentaires très sérieux, comme si l'illusion publique n'avait pas de bornes.

Qu'un jeune homme, en Canada, tue un officier anglais qui a déshonoré sa sœur, c'est tout simplement incroyable.

Aussi, je nie a priori que le fait soit arrivé.

Il est tout à fait absurde d'imaginer qu'il se trouve dans la vile race des colons un jeune homme qui ne soit très flatté de ce qu'un officier anglais ait fait à sa sœur l'honneur de la séduire.

Quoi! lorsqu'on voit des pères qui ont des dots à donner à leurs filles ne juger dignes d'elles que ces traîneurs de sabre au gosier en entonnoir, et penser ne pouvoir trop acheter de leur fortune cette insigne distinction; lorsqu'on voit des mères, et Dieu sait quel en est le nombre, courir désespérément à l'épaulette, la montrer à leurs filles en extase, trouver leur salon vide tant qu'elles n'y auront pas entendu les *Oh, ouah, yaës, çuurtainly, blàà, blàouàà, blààsted country*; lorsqu'on voit les jeunes filles complètement affolées, perdues d'avance si elles sont aussi intelligentes qu'aveugles, provoquer elles-mêmes par leurs ridicules démonstrations, leur avide coquetterie, leurs avances qu'aucune pudeur ne déguise, les officiers à se permettre avec elles toutes les licences qu'il leur plaira, on est en droit de nier tout d'abord qu'il existe dans notre société déchue un frère qui voie dans un officier anglais un homme comme un autre, lorsqu'il s'agit de l'honneur de sa sœur.

Je connais dans Montréal quantité de jeunes filles, parvenues du billion, aussi sottes qu'enrichies, qui ne conçoivent pas un homme sans éperons, sans képi doré et sans épaulettes.

Si vous leur êtes présenté, elles vous regardent curieusement ou ne vous regardent pas du tout, et si vous leur faites un salut en les rencontrant, ô disgrâce! autant vaudrait envoyer des baisers à un perroquet empaillé.

Avec cela vous êtes colon, fille de colon. Quoi de plus inférieur!

Est-ce que les lionceaux britanniques s'occupent de ce que vous ayez de l'honneur ou non.

Ces filles des colonies sont leur pâture, leurs joujoux, et s'ils consentent à s'amuser avec elles, s'ils les fréquentent, s'ils les courtisent, c'est pour chercher des victimes ; et si par hasard ils les épousent, c'est le pistolet sur la gorge, ou les créanciers qui arrivent sur eux en hurlant.

Vous croyez qu'on vous recherche, imbéciles ! Oui, on recherche les côtés faibles et l'on guette l'occasion.

Parbleu ! vous nous jetez vos filles dans les jambes, eh bien ! qu'elles y passent.

Et ensuite vous jetterez les hauts cris. Vous ferez retentir l'hospitalité souillée, la confiance abusée, les généreuses réceptions converties en appâts à la luxure... triples niais !

Vous vous tendez pièges sur pièges, et lorsqu'enfin vous tombez dans le déshonneur par vous-mêmes sollicité, vous croyez que votre indignation vous sauvera du mépris !

Les officiers anglais vous prennent pour ce que vous êtes, corbleu ! de quoi vous plaignez-vous donc ?

On comprendra que je ne cherche en ce moment aucune espèce d'allusion, et que je fais mes réserves pour certains cas exceptionnels où les victimes ne méritent pas leur sort, et ne doivent pas s'attendre à un malheur qu'elles n'ont rien fait pour rendre inévitable.

Mais ces cas tout à fait extraordinaires se noient dans un océan de turpitudes tous les jours renouvelées, amplifiées, centuplées.

Comme si nous n'étions pas assez humiliés déjà d'être encore des colons en 1869, avec quatre millions d'habitants, des villes comme Montréal, Toronto, Québec, Halifax, un voisinage comme celui des États-Unis, après vingt occasions de nous affranchir ou de nous annexer repoussées par nous, comme si ce n'était pas déjà assez de hontes bues, assez de dédains essuyés, pour que nous puissions au moins conserver au sein de la famille un refuge où nous ne soyons pas obligés de rougir !

Mais voilà: nous avons des fronts où la honte ne monte plus. Dépendance de tous côtés. À force de nous voir soumis, nous sommes devenus indignes. L'habitude de la prostration produit cet effet; on reste courbé.

Courbé devant le soldat, courbé devant le prêtre, voilà le peuple canadien. Il est le pavé de son sol; et sur ce pavé le militaire passe le fouet à la main, les éperons retentissants, et les jeunes filles regardent avec des flammes dans les yeux.

À nous, les filles. Oui, très bien, prenez.

Mais un jour on reçoit deux balles dans la tête. Qu'est cela? Tout le monde est pétrifié d'étonnement.

Quel est donc cet insensé qui n'est pas encore à plat ventre?

C'est un jeune homme de dix-sept ans.

Ah! c'est autre chose; à 17 ans on a encore des sœurs.

Une classe d'êtres impossibles à comprendre dans Montréal, ce sont les pères de famille riches.

Soyez un jeune homme bien posé, élégant même, généralement estimé, avec un avenir souriant devant vous, soyez le préféré de leur fille, auprès d'eux vous n'aurez aucune chance.

Vous courtisez la dot !... Soit. Mais alors à qui la donnerez-vous donc, votre fille?

Vous faut-il un borgne, un bossu, un crève-faim, un éclopé, un goîtreux ou un bancal?

Le père encore parfois compose; un homme, cela raisonne. Mais la mère... c'est affaire de confesseur. Le jeune homme qui convient à sa fille est celui qui sait le mieux servir une messe, ou qui aura pris des engagements vis-à-vis des corporations religieuses, si elles le font réussir.

C'est un hypocrite, un besogneux, un plat intrigant, un vil cafard; il vendrait son âme s'il en avait une, il a une face qui semble se présenter sans cesse aux soufflets, tout ce que vous voudrez, mais il est appuyé par la cohorte qui voit en lui un instrument servile, et il sera choisi.

L'avantage d'une fille est de naître pauvre et de continuer de l'être. Elle sera femme, celle-là.

L'autre, celle qui a le malheur d'être riche, ballottée de prétendants en prétendants, esclave du choix qu'on aura fait pour elle, seule à ne pouvoir exprimer une volonté dans le flot d'intrigues qui l'enveloppe, verra sa belle jeunesse se flétrir dans les vœux stériles, ou son mariage devenir le tombeau de ses espérances.

(L 291-294)

Séminaristes

Voyez-moi ces rhétoriciens à moitié enfroqués qui sortent de ces pieux collèges. Quels sots prétentieux, quels ignorants intrépides! Et pourquoi pas, intrépides? Ne sont-ils pas nourris à l'école de l'absolutisme? ne sont-ils pas certains de la vérité que tous les grands esprits cherchent depuis si longtemps, et qui ne leur coûte, à eux, d'autres efforts que cinq ou six *mea culpa* par jour, et beaucoup de génuflexions? Aussi, ne raisonnez pas avec ces produits-là; il faut croire ou nier; croire, sans savoir pourquoi; nier, sans raison.

Et toutefois on se sent pris de pitié; on se dit: « Voilà cependant un être qui serait intelligent s'il n'avait pas été abruti dès l'enfance par les *momeries*[1] de culte extérieur qui sont comme la grimace de la religion. Qu'est-ce en effet que toute l'éducation des collèges cléricaux? Un apprentissage à la soutane. On n'y a jamais fait et on n'y fera jamais des hommes. On y habitue les jeunes gens à la pratique de servilités et de gestes ridicules qui de plus en plus

---

1. Affectation ridicule d'un sentiment qu'on n'éprouve pas (momer = se déguiser).

leur rapetissent l'esprit; on y passe les trois quarts de la vie à genoux, dans l'adoration de l'autorité; on y a le cerveau farci de cet amas de principes sans nom ni sens que la théocratie a entassés à son usage. On y enseigne à détester toute liberté de l'esprit, à traiter d'incrédules ceux qui raisonnent, et d'impies ceux qui veulent d'autres bases à leurs croyances que des convictions. Au lieu de vous éclairer, on vous anathématisera, si votre esprit ne peut se payer de subtilités scolastiques; et lorsqu'on a ainsi dépravé et faussé l'intelligence, on vous lance un jeune homme dans le monde, bouffi de préjugés, croyant avoir tout appris de ses maîtres, se trompant sur tout sans en convenir, déraisonnant d'une façon monstrueuse tout en citant des syllogismes entiers de Port-Royal, fermant son esprit au sens commun, et vous traitant enfin de blasphémateur, lorsqu'il est à bout de citations, ou lorsque votre raison l'a convaincu de son ignorance.

(LC 45)

L'enfance du journalisme

Dans ce temps-là il n'y avait pas encore de journaux français quotidiens à Montréal; mais ils étaient à la veille de poindre. On y comptait à vrai dire que deux grands organes reconnus de l'opinion publique; d'un côté, *La Minerve*, bouffie de patronage, replète à en crever, suant à grosses gouttes les louis du trésor, organe et instrument de George Étienne Cartier, dont les bleus ont voulu absolument faire un grand homme, ce qui n'était pas nécessaire, puisqu'ils devaient un jour avoir Joseph Tassé. De l'autre côté, il y avait *Le Pays*, organe des Rouges, des rouges vrais, aussi maigre que *La Minerve* était grasse, ne paraissant que tous les deux jours, vivant de souscriptions et de sacrifices, faisant une lutte héroïque avec les seules ressources que lui apportaient et que renouvelaient incessamment le patriotisme déterminé d'alors, les convictions ardentes et l'amour exalté des principes.

On avait beau jeu de faire des articles à cette époque. On n'était pas submergé par le flot toujours, toujours grossissant des dépêches qui arrivent de toutes les parties du monde. On n'avait pas devant soi des montagnes de journaux, avec leurs bataillons serrés de colonnes, et qui déferlent, comme d'énormes raz-de-marée, à chaque courrier nouveau; on n'avait pas non plus le fléau des *reporters*, ces frelons de la presse, ces remplisseurs engagés qui jouent dans le journalisme le rôle de la bourre dans les canons. On pouvait s'asseoir tranquillement pour écrire son article, sans être menacé d'une averse d'incidents imprévus et de complications pouvant s'abattre à toute minute dans le cabinet sacré du rédacteur. Celui-ci, à son fauteuil éditorial, était inviolable comme un bonze dans son sanctuaire. Heureuse enfance du journalisme, où l'on prenait si naïvement des joujoux pour des réalités! Tous ceux qui s'en mêlaient étaient des croyants. Ils croyaient que le monde était toujours de mieux en mieux, que de la lutte se dégagerait de plus en plus nette l'idée de vérité, de progrès rationnel, et jamais ils n'auraient rêvé qu'elle aboutirait un jour à la simple formule: «ôte-toi de là que je m'y mette, et si tu ne t'ôtes pas, je vais t'ôter», pas plus qu'ils n'auraient rêvé qu'à la fin du dix-neuvième siècle on pût proclamer audacieusement que «la force prime le droit».

On ne faisait jamais son article à la dernière heure, comme aujourd'hui, de peur qu'il ne «survienne quelque chose». Et comme on en était fier quand on avait touché juste! Comme on en parlait! — on avait encore pour cela vingt-quatre heures devant soi — et comme l'article avait déjà été lu avant de paraître! Je me rappelle, quand le premier message fut échangé par le premier câble transatlantique, entre la reine Victoria et le président Grant, les figures de nos bons Montréalais, de ces mêmes hommes qui, aujourd'hui, poseraient sans hésiter un câble entre leur ville et l'étoile polaire; la bonne moitié d'entre eux croyaient à une mystification. Ils avaient conservé un reste de jeunesse et de candeur et étaient encore capables de s'étonner! Je ne dirai pas que c'était là le «bon temps» plutôt que tout autre; je ne suis pas encore à l'âge où l'on commet ces amusants anachronismes; du reste, le «bon temps» est toujours celui qui se trouvait trente ans avant celui où l'on est, et le bon temps sera le nôtre pour ceux qui vivront dans trente, quarante et cinquante ans d'ici. Mais comme on est toujours mécontent de l'époque où l'on vit, comme on lui trouve tous les défauts et les vices, qui, évidemment, ne pouvaient exister avant elle, il est consolant de se retourner en arrière, là où l'on ne regarde plus qu'à travers ce prisme trompeur qui s'appelle l'histoire.

(R 21-24)

La seconde génération de l'Institut-Canadien

Nous formions au cénacle un groupe d'audacieux et de téméraires qui ne reculaient devant rien, qui abordaient toutes les questions, surtout les inabordables. C'était de notre âge et de notre tempérament. Il était entendu que nous étions tous de futurs grands hommes, et nous le sommes tous devenus, à l'exception de ceux qui sont morts. Le public nous considérait déjà avec une admiration pas du tout mitigée, à laquelle se mêlaient quelques titillations fugitives de vague effroi. En ce temps-là la lutte était terrible entre une autorité intransigeante, impitoyable, déterminée à faire courber tous les esprits, à détruire les plus petits germes, les plus légers souffles d'indépendance intellectuelle, entre cette autorité, dis-je, et ce qui tenait encore de l'ancienne phalange des libéraux restés debout dans la déroute de leurs idées, et continuant à résister dans l'écrasement de leur parti.

Les exigences et les prétentions de cette autorité tracassière et avertissante ne pouvaient conduire qu'à faire des révoltés, et c'est nous naturellement qui étions les révoltés, puisque nous ne voulions ni baisser nos fronts ni nous soumettre à une tyrannie qui aurait fait rapidement, des jeunes gens de Mont-réal, rien autre chose que des ilotes et des ressorts de gouvernement absolu.

Aussi les séances du cénacle se ressentaient-elles parfois des colères qui bouillonnaient dans nos âmes. Mais là nous étions simplement entre nous. C'était à l'Institut-Canadien qu'il fallait nous voir, sur ce dernier rempart de la liberté d'idées et de l'indépendance de caractère, que d'épais et obscurs bataillons battaient en brèche à toute heure, et qui, tous les jours, réparant ses blessures, montrait au milieu des tempêtes son front cicatrisé et rayonnant. Mais la guerre odieuse et féroce que l'on faisait à l'Institut ne pouvait durer indéfiniment. Néanmoins il a fallu dix ans pour l'abattre et près de cinq ans de plus pour faire disparaître jusqu'à son nom. L'Institut était venu avant le terme: c'était un enfant robuste et constitué pour affronter tous les temps mais qui avait eu le tort de naître avant celui où il eût pu trouver les éléments nécessaires de viabilité.

La génération à laquelle j'ai l'honneur d'appartenir n'a connu l'Institut-Canadien que dans ses dernières années, années de spasmes, de convulsions, d'intermittences, d'alternatives, d'espérance et de découragement, qui se terminèrent enfin par un trépas ignoré et une disparition sans éclat.

La coupe des humiliations et des désenchantements avait été épuisée; il ne restait plus que l'injustice de l'oubli et le silence fait autour de sa tombe pour compléter la destinée de l'Institut-Canadien.

Les «anciens» étaient devenus de plus en plus rares aux séances de l'Institut. On ne les y voyait guère que dans les occasions solennelles où il fallait donner de notre institution une opinion considérable.

Le fait est qu'une espèce de dégoût s'était emparé de plus en plus des libéraux de renom, et que, voyant le terrain leur échapper davantage tous les jours, ils aimaient mieux se retirer que de se compromettre sur l'arène brûlante où la jeunesse seule pouvait impunément se risquer. Puis il y avait d'autres considérations ; on avait vieilli, on était père de famille, ce qui rendait l'intérieur plus difficile à quitter après la journée de travail ; on avait des affaires, des soucis, des intérêts, mille choses qui n'embarrassent pas la jeunesse, de sorte que les hommes arrivés étaient bien aises de trouver des remplaçants ; sans cela l'Institut aurait été obligé de fermer ses portes.

M. Joseph Doutre, cependant, venait plus souvent que ceux de sa génération. M. J. Doutre, que l'on regardait à bon droit comme le type de l'inflexibilité, de l'attachement inébranlable et immuable aux principes de vieille école, n'avait pas voulu lâcher prise en face de l'intimidation et de l'intolérance. Il aimait à voir les jeunes gens s'affirmer, manifester hautement leurs opinions, ne relever que de leur conscience et de leurs convictions. Il aimait à les encourager de sa parole et de ses actes ; aussi le trouvait-on plus souvent en contact avec eux, et se mêlait-il davantage à leurs réunions ou aux occasions diverses qu'ils avaient de se manifester ou d'agir.

(...)

Avant de nous rendre aux séances régulières du jeudi, il était rare que nous n'eussions débattu longuement entre nous l'ordre du jour. Puis nous partions en guerre et quand nous arrivions, chacun avec son allure à lui, prendre place aux avant-bancs qui nous étaient invariablement réservés, on entendait un «Tiens, les voilà», et un murmure courait parmi les rangs. Alors le feu commençait, ce feu qui se prolongeait, longtemps après les séances, dans les cabinets particuliers du Richelieu, qu'on pouvait appeler le café Procope de Montréal.

Laurier, dans la discussion, était comme un de ces sages éloquents que Platon eût placé dans son Académie. Lusignan ne tolérait pas le plus petit manquement à la forme, à la correction du langage. Acerbe dans la critique, impétueux dans l'attaque et se repliant sur ses jarrets pour lancer une apostrophe, comme le jaguar pour faire un bond sur sa proie.

Ovide Perrault parlait peu; il se tenait dans un angle, avec son sourire narquois, défaisant un à un, derrière son sourire, tous les beaux arguments dont nous venions d'échauffer l'atmosphère de l'Institut.

Gonsalve Doutre, toujours positif et toujours sourd, ne connaissait que les textes; il avait un respect candide et pointu pour les dates. Avec lui pas d'échappatoire ni de tangente possible, quand le «fait historique» était là, certifié par un premier narrateur (copié ensuite par cent autres) qui, lui, tenait de la tradition incrustée dans l'esprit des hommes par le «respect des âges», cette admirable consécration qui exempte de toute recherche, de toute constatation personnelle et indépendante, comme de toute critique historique.

(R 38-40, 45-46[1])

_____

1. Première version dans *Une évocation*, conférence faite à la salle de *La Patrie*, le 6 décembre 1883, p. 2-5.

Papin-Danton et le petit Dorion

Je ne puis résister au plaisir de peindre deux hommes échappés à la lave bouillante des persécutions, debout parmi les débris du libéralisme, semblables à l'écueil blanchi par l'écume des flots qu'il vient de briser. Tous deux ils sont morts, et avec eux le secret de leur vertueuse audace ; l'un, emporté par la fougue même de ses passions politiques ; l'autre, brisé par les fatigues de la vie, par les émotions d'une lutte sans trêve qu'il soutenait seul, seul ! contre les ministres de l'abâtardissement du peuple. L'un, puissant orateur, personnification orageuse, brûlante, de l'éloquence tribunitienne ; colosse de taille et d'énergie, dont la voix, comme celle de Danton, faisait bondir le cœur des masses, taire les frémissements de l'impatience et de la colère, étouffant tous les bruits que soulevait en vain la rage des envieux et des persécuteurs. Quand il apparaissait devant le peuple, le peuple se taisait ; et quand il avait parlé, l'enthousiasme et les applaudissements éclataient en délire. Sa grande voix dominait tout ; on eût dit que la nature l'écoutait soumise ; le feu de son éloquence passionnée entrait dans les âmes comme si une étincelle magique, les frappant toutes à la fois, les eût entraînées et confondues dans la sienne.

111

Il parut peu de temps à la grande tribune populaire ; mais ce fut assez pour que les rugissements du lion se fissent entendre longtemps à l'oreille des oppresseurs.

Cet homme se nommait Joseph Papin[1].

L'autre, et c'est ici que je contemple avec une effusion douce la physionomie du plus désintéressé, du plus vertueux, du plus difficile et du plus persévérant ami de la liberté, s'appelait Éric Dorion.

Tout au contraire du premier, petit, faible, maladif, étiolé, il ne semblait tenir à l'existence que par un mystère, ou plutôt il ne vivait pas de sa vie propre, mais de celle du peuple dont il s'était pénétré en l'échauffant. Il parla jusqu'au dernier jour aux assemblées qu'il aimait tant à réunir, car il n'avait qu'une pensée, qu'un sentiment, qu'un amour, l'instruction du peuple ; et quand on l'emporta, frappé subitement au cœur, il parlait encore. La mort, combattant sur ses lèvres la parole expirante, seule avait pu le vaincre, et éteindre sa pensée. Il mourut dans une campagne solitaire, presque sauvage, au milieu des colons qu'il avait lui-même guidés et armés de la hache du défricheur.

Quand les trahisons et les lâchetés de toutes sortes condamnèrent le libéralisme à n'être plus qu'un mot trompeur, qu'un vain souvenir d'autrefois, lui seul combattit encore dans la presse les

_____

1. Joseph Papin naquit à l'Assomption, comté de Leinster, district de Montréal, le 14 décembre 1826. Admis au barreau en 1849, il ne tarda pas à s'y distinguer. Il fut l'un des fondateurs de l'Institut-Canadien, qu'il présida de 1846 à 1847. Longtemps un des collaborateurs de *L'Avenir*, il ne quitta le journalisme que lorsque le journalisme canadien fut devenu inconciliable avec la dignité d'un esprit élevé et convaincu. Il mourut à peine âgé de 36 ans, en 1861. (Note de Buies).

efforts de l'obscurantisme, et créa une population libérale au sein des forêts qu'il avait ouvertes à la civilisation. Sa vie entière s'exprime par un seul mot, dévouement, et sa mort par un autre mot, espérance. Une seule larme sur sa tombe, amis du libéralisme! Son cœur est encore chaud sous la froide pierre, et le ver rongeur n'en détruira jamais la noblesse, l'élévation, la pureté, qui resteront comme le parfum de sa vie[2].

(LC 41-42[3])

---

2. Jean-Baptiste Éric Dorion naquit à Sainte-Anne-la-Pérade, district de Trois-Rivières, le 17 septembre 1826. L'un des premiers membres de l'Institut-Canadien, dont il remplit la présidence en 1850, il fut aussi le fondateur du journal *L'Avenir*. Appelé au Parlement par les électeurs de Drummond et Arthabaska en 1854, il fut réélu trois fois depuis par la même circonscription. (*cld.*).

3. Cf. *Une évocation*, p. 3 et 4, pour une autre version de ce texte.

Le citoyen Blanchet

En ce temps-là existait à Montréal un homme unique, indescriptible, tellement bizarre, paradoxal et phénoménal, qu'il ne comptait jamais avec les autres, et qu'il était impossible de classer dans une catégorie quelconque d'hommes ayant certaines occupations ou habitudes connues et définies, vivant d'une vie commune à un certain nombre, ayant enfin des façons d'agir qu'on peut expliquer et qui se voient encore assez souvent, malgré leur étrangeté.

Celui-ci n'était rien de tout cela. Il était... enfin, quoi? Il était... le citoyen Blanchet.

Jamais, dans aucun pays, il ne s'était vu un type comparable à celui-là. La nature, pour le créer, avait dû tirer des ficelles inouïes. Eh bien! Cet être singulier, qui mit à quia toute une génération, vit aujourd'hui, aussi retiré et aussi inconnu que possible, sur un lopin de terre qu'il possède aux environs d'Arthabaska, où il ne lit peut-être pas un journal, lui qui en dévorait deux cents par jour.

Le citoyen Blanchet ne se rendait jamais aux séances de l'Institut; il s'y trouvait tout rendu d'avance, le matin, dès que les portes s'ouvraient, et l'on était sûr de l'y trouver toute la journée, à quel-

114

que heure que ce fût, lisant tous les journaux imaginables qui se publiaient sur le continent américain. Il avait fait l'Institut soi, il se l'était incorporé; les livres de la bibliothèque et les journaux de la salle étaient devenus sa chair et ses os; il n'en sortait pas. Où mangeait-il? Où couchait-il? se demandait-on parfois; personne ne le savait. Moi, je crois qu'il mangeait des tranches de l'Institut et qu'il se couchait dans les derniers exemplaires de *L'Avenir*, qu'il avait été le dernier à rédiger.

À l'Institut, il ne disait mot à personne, et quand par hasard il s'en échappait pour aller au dehors, il allait droit devant lui, toujours par le même chemin, les yeux baissés, ne voyant, n'écoutant, ne regardant rien. Pourquoi aurait-il regardé ou écouté? Il n'y avait au monde que deux endroits pour lui, l'Institut et son gîte. «Citoyen, holà! d'où venez-vous donc? — De l'Institut. — Où allez-vous donc, citoyen? — À l'Institut.

Tous les soirs, immanquablement, à la même heure, on voyait sourdre de l'Institut, comme le jus sort du citron, une forme invariablement la même, surmontée du même petit casque, qui comptait vingt ans, et chaussée d'une énorme paire de mocassins en feutre couleur de rouille. Cette forme suivait exactement le même côté du chemin qu'elle avait suivi la veille et qu'elle suivrait le lendemain, longeant silencieusement les maisons, roide comme un poteau d'alignement et muette comme une sentinelle qui se dérobe, tout en piquant droit devant elle. Où allait cette ombre? C'est ce que personne n'a jamais su: mais ce qu'elle était, c'est ce que tout le monde savait.

Le citoyen Blanchet avait été le dernier rédacteur de *L'Avenir*, alors qu'il ne restait plus à ce journal que deux ou trois cents abonnés, à peine. C'est lui qui le rédigeait tout entier, de la première à la dernière ligne, qui le composait, le corrigeait, l'imprimait et le portait lui-même en ville les samedis soirs de chaque semaine. Il fit ce métier-là pendant un an, je crois, et il l'aurait fait indéfiniment, n'eût-il eu que dix abonnés à servir, si l'apparition, en 1852, du *Pays*, de ce cher vieux *Pays*, dans lequel j'ai vidé ma cervelle et mon cœur pendant huit ans, ne fût venue obliger *L'Avenir* à rendre l'âme sur le sein de son unique rédacteur.

Le citoyen Blanchet parlait à toutes les séances de l'Institut, qu'il fût ou non inscrit parmi les discutants, quel que fût le sujet de la discussion. Il se levait droit comme un paratonnerre, disait à peine «M. le président», pour lui tourner le dos immédiatement après et parler tout le temps qu'on aurait voulu, dans la même attitude, sans bouger d'une semelle et le regard toujours fixé exactement sur le même point.

Sa nature, son essence même, c'était l'invariabilité. Il avait toujours la même allure, le même maintien, le même regard, le même geste et le même habit. Je ne l'ai pas vu un seul jour habillé différemment et se tenant autrement que je l'avais vu cent fois, et que j'étais certain de le voir cent autres fois.

Il faisait à l'Institut des harangues terroristes et proposait des «motions» d'un radicalisme farouche, et cependant il était l'homme le plus inoffensif et le plus doux au monde.

C'est lui qui avait un jour rédigé une requête pour faire abolir la dîme, laquelle commençait par ces mots: «Aux Citoyens Représentants du Canada...» Cependant, dans l'Institut, quand il se levait pour parler, il ne disait jamais «Citoyen Président», mais comme les autres, tout simplement: «M. le Président». Je trouvais cela illogique et tout à fait dérogatoire au principe comme au langage rigoureux de la bonne et vraie démocratie; je lui en demandai la raison. Il me regarda fixement dans les deux yeux, vit bien que malgré le sérieux que je tenais à quatre, je lui faisais une plaisanterie à ma façon; il se retourna vivement et partit d'un immense éclat de rire dont le bruit me poursuit encore.

(R 41-44[1])

---

1. Cf. *Une évocation*, p. 6-7. Sur «le citoyen Blanchet» (retiré à Arthabaska), on peut lire aussi Henri d'Arles, *Estampes*, Montréal, Bibliothèque de l'Action française, 1926, p. 207-216.

Mort et immortalité de Papineau

(...)

Le *grand homme, l'orateur* avait disparu depuis près de vingt ans, et ce n'est pas lui que nous pleurons aujourd'hui. Ce que nous pleurons, c'est le dernier représentant de la vertu publique, c'est la glorieuse image, maintenant effacée, d'un temps où il y avait encore des caractères, de la grandeur morale.

Toute une époque disparaît à nos yeux, l'époque où il y eut vraiment un esprit national, un peuple canadien. Cet esprit, ce peuple, M. Papineau le résumait tout entier. Pas un souvenir de notre histoire pendant vingt-cinq ans qui ne lui appartienne et que son nom ne rehausse : il était une personnification, un symbole, et comme le génie tutélaire de nos destinées.

Jamais homme n'a été autant que lui une idée vivante ; la Grèce confondue avec Démosthène, l'Irlande confondue avec O'Connell, c'était le Canada unissant sa vie, ses forces, ses aspirations, ses espérances dans le cœur de M. Papineau. Le premier nom que les enfants apprenaient à l'école, c'était le sien ; on le savait avant de rien connaître de notre histoire. Il était devenu une tradition et comme la légende d'un temps qui grandissait à mesure qu'il s'éloignait: lui-même, dans la retraite où il cherchait en vain à être oublié, grandissait sans cesse à l'horizon de l'histoire et dominait ce passé orageux qui n'est plus qu'un souvenir. Les flots s'étaient apaisés autour de cet écueil géant qui n'était plus entouré que de l'auréole de la gloire.

Il semblait immortel, tant la nature avait mis en lui de vigueur indomptable, d'inépuisable jeunesse. Il avait survécu à tout, aux choses et aux hommes de son temps, et il avait survécu, non pas comme une épave, non pas comme un triste débris de la vieillesse chagrine, maladive, mais avec toute la verdeur et la force de ses trente ans, droit, vigoureux, imposant et superbe. Qui ne l'a vu de toute la génération actuelle des jeunes gens? Qui d'entre eux ne l'a pas envié en le regardant passer dans les rues de Montréal, aussi ferme, la tête aussi haute, le regard aussi fier qu'il l'avait à la tribune, la bouche encore pleine de ces apostrophes brûlantes, de ces sarcasmes terribles qui en sortaient autrefois comme des éclats de tonnerre, lorsqu'il provoquait l'oppresseur?

Mais s'il n'a pas été immortel dans la vie, il le sera dans la postérité.

(CHC 117-118)

Libéraux: jésuites et demi
ou jésuites à demi?

Je serais bien curieux de savoir ce qu'ils pensent aujourd'hui, tous ces libéraux de la vieille école, la plupart libéraux mais catholiques, nuance de pain d'épice, qui, lorsque je parus avec *La Lanterne*, s'écrièrent tous d'une voix: «Il est donc devenu fou, Buies, à quoi songe-t-il? En Canada, faire du radicalisme! Attaquer le taureau par les cornes (taureau veut dire prêtres)! Après cela, s'il veut se faire pendre, c'est son affaire; dans tous les cas, il ne se rendra pas au cinquième numéro.»

Je ne suis pas encore pendu; voici le n° 26, et comme un dogue j'ai sauté au nez du taureau, et je m'y tiens.

Que dites-vous d'un médecin qui écoute son malade? Voilà cependant ce qu'était le libéral de la vieille école.

Mais il écoutait encore moins les répugnances du public que ses propres craintes. Il prenait volontiers sa faiblesse pour le malheur des temps.

N'osant affronter l'ignorance publique, il la caressait. Il avait mille petits moyens détournés, et lorsque parfois le hasard le faisait réussir, il croyait à un grand pas fait par l'opinion publique — oui, il avait cette illusion, de croire à l'opinion publique et de vouloir l'attirer à lui.

Il disait par exemple «*À jésuite jésuite et demi*»; mais comme il est impossible d'être jésuite *et demi*, que toutes ces petites manœuvres-là laissaient toujours voir le bout de la ficelle, et comme le libéral avait affaire à des gens beaucoup plus adroits que lui, il en résultait que cette *rusée* tactique nous faisait perdre du terrain tous les jours.

Aussi qu'étions-nous devenus? On ne comprenait même plus ce que signifiait le mot *libéralisme* et toute la polémique des journaux se réduisait à discuter le sens de cette expression, en l'obscurcissant de plus en plus.

Pourtant, c'était bien clair.

Le parti libéral boiteux, incertain, chancelant, presque anéanti par la Confédération, faisait entendre ses derniers râles dans la mare où il s'éteignait.

Aujourd'hui, il commence à renaître, grâce au tableau navrant que nous offre le parlement provincial de notre complète nullité et de notre infériorité honteuse.

On leur met le nez dans leur pourriture, aux Canadiens, et ils commencent à sentir.

(L 300-301)

Le vieux garçon*

On a beau dire, il n'a pas d'excuse. Un homme a le droit de rendre une femme malheureuse, au moins à partir de trente-six ans : passé cet âge, s'il n'en a pas usé, qu'il soit anathème et que tout le monde lui jette la pierre.

Rien ne peut plus le protéger contre la vindicte générale, oui, générale ; celle des jeunes filles qui l'ont attendu tour à tour et peut-être ensemble, sans le savoir ; celle des femmes qui ne lui pardonnent pas d'avoir été redoutable, et celle des hommes qui lui en veulent de s'être affranchi de la loi commune, de ne prendre aucune part des inquiétudes et des responsabilités de la famille, tout en se réservant large et facile la part des avantages et des agréments de la vie. Ils le jalousent et le détestent ; ils le regardent comme une superfétation, une excroissance sociale ; ils le comparent à la mouche qui se pose sur le miel, sans souci et sans remords, occupée uniquement de se repaître. Ils le voient de toutes les fêtes, assis à tous les banquets, jouissant de tous les plaisirs, et ils se demandent ce qu'il lui en coûte, par quel équivalent d'ennuis domestiques et de compensations tracassières il paiera tout ce bonheur apparent. On ne pardonne pas au célibataire d'avoir l'air exempt des misères générales, de se faire un trône indépendant au sein des arrière-pensées qui assaillent les autres hommes, et des retours vexatoires qui menacent chacun de leurs plaisirs.

Que vient-il faire au milieu de nous, lui qui n'est pas des nôtres? Si son existence est à part, pourquoi vient-il la confondre avec l'existence de tous à l'heure précise des réjouissances? Pourquoi ne vient-il que pour cueillir, et que lui en coûte-t-il pour ramasser toutes ces fleurs, lui qui n'a creusé aucun sillon? Ce qu'il lui en coûte! Ah! Vous ne le savez pas, vous qui le voyez mêlé aux mascarades de la vie, comme si elles n'avaient pas de lendemains; vous qui le voyez à toutes les fêtes, à toutes celles qui paraissent, oui; mais les fêtes véritables, celles du foyer à certaines heures inattendues, les fêtes qui, seules, contiennent du bonheur et qui sont les vôtres, uniquement les vôtres, les a-t-il jamais connues? les connaîtra-t-il jamais? Ces joies profondes et intimes, où aucun regard étranger ne pénètre, dont l'affection est la base et qui n'ont besoin de rien en dehors d'elles pour être complètes, il n'a pas même l'espoir de jamais les goûter tout en les comprenant! À lui seul elles sont interdites, non pas tant qu'il l'ait voulu que parce qu'il les a trop désirées peut-être, et qu'il en a ambitionné une part plus forte que ce qu'aucune femme pouvait lui offrir. Il a élevé trop haut ses vœux, et maintenant il n'a plus le droit d'en former aucun; le moindre de ses vœux serait aujourd'hui dédaigné et il ne lui reste plus qu'à se tenir à l'écart, condamné pour toujours par le bonheur des autres.

Pauvre hère, trop longtemps resté à l'affût, maintenant au rebut! Il n'a même pas d'âge, car il a vécu les années que le ciel lui avait données pour le bonheur; le reste ne compte pas. Il n'a pas de foyer, ou bien ce foyer est désert, comme le bois que les oiseaux ont fui, comme le rivage qui n'a plus de murmures. Jamais l'ange n'y vient étendre ses blanches ailes ni jeter un rayon de son sourire.

Quoi de plus lamentable, de plus poignant que son logis, à cette heure avancée de la nuit où il se décide à y revenir, après avoir cherché en vain toutes les distractions qui peuvent lui faire oublier son éternelle solitude! Mille fantômes l'attendent, qui assiègent le chevet de son lit, les fantômes inexorables de son passé, sourds comme le remords, et il se couche en entendant ces milliers de voix qui lui rappellent tout ce qu'il a perdu, tout ce qu'il a refusé de bonheurs doux, simples et consolants.

Voilà les compagnons de sa vie, et ces compagnons sont des spectres! Il a connu tous les désenchantements, et peut-être lui reste-t-il encore un long chemin à parcourir. S'il regarde en arrière, il ne voit même plus la trace des fleurs flétries qui s'épanouirent un jour sous ses pas.

Il est seul. Oh! Être seul, c'est être avec la mort. À vingt ans, à vingt-cinq ans, à trente ans même, on vit encore avec l'imagination qui aide à peupler l'avenir d'une foule de rêves enchanteurs, et qui montre des rivages dorés par le soleil là où il n'y a que sécheresse et désolation. Il est dans l'existence des âges bénis où l'on se console de tout parce qu'on a l'avenir devant soi, parce qu'on croit qu'il renferme tous les trésors dont le cœur et l'ambition sont avides.

Et maintenant est venu l'âge froid où chaque espoir se tourne en dérision, où chaque illusion prend la figure d'un démon railleur. Le temps est implacable, il détruit tout. Mais ce qui est plus horrible encore, c'est de survivre à ce néant de soi-même, c'est d'assister à tous les plaisirs sans en goûter aucun, c'est de regarder l'amour radieux, épanoui, transporté, et savoir qu'il n'est qu'un mensonge, qu'il se brise contre le moindre écueil, comme le flot souriant, longtemps bercé sur le dos de la mer, vient éclater sur le premier obstacle du rivage et disparaît.

Tout est envolé, tout a fui. Il reste le souvenir. Oh! l'horrible expiation, l'implacable retour du passé qu'on croyait pour toujours disparu! Qui a jamais voulu mesurer cet océan sans fond et sans bornes, le souvenir! Jamais, nulle part, on ne peut y échapper; il n'est pas de plage sur terre où l'on puisse trouver l'oubli, ni d'années ajoutées les unes aux autres qui effacent une seule heure de félicité. Dieu a été injuste envers l'homme; il lui a donné des espérances bornées, et des regrets infinis. Partout la douleur l'accompagne, tandis que ses joies se mesurent à la durée du songe. Il n'est heureux que le temps d'y croire, mais malheureux toute sa vie du bonheur perdu.

Plus durable que toutes les années entassées, plus profonde que tous les sillons du temps est la trace des émotions puissantes. La mer passe en vain sur une souillure sans pouvoir l'enlever; ainsi le temps sur la blessure qui est au fond de l'âme.

On se souvient surtout à l'âge où tous les rêves ont disparu, à cet âge où l'on ne peut plus vivre que de ce qu'on a été, et où l'on respire encore alors qu'on n'est plus qu'un spectre. L'avenir n'a plus ni sourires ni promesses, mais les regrets enveloppent le passé d'un mirage, semblable à celui dont la rosée du matin enveloppe les plages lointaines; dans ce mirage vite évanoui flottent encore quelques images fugitives, images de ce qui fut autrefois des réalités bien chères. Mais c'est là la dernière illusion, et la nuit ne tarde pas à se répandre dans l'âme, comme le soleil sur les yeux du vieux garçon qui finit par s'endormir dans sa chambre solitaire, au milieu de tous les fantômes qui l'entourent et qui s'envolent dès qu'il leur échappe.

Seule, l'ombre de ses créanciers l'accompagne jusque dans le songe et lui donne le cauchemar. Alors il rêve qu'il est le père de dix enfants, il jette un cri terrible et se réveille en sursaut dans un océan de sueurs froides.

Depuis vingt ans il a de ces rêves-là qui l'ont toujours empêché de se marier.

(PC 151-156)

Chroniques extérieures

Hôtels du Vieux-Montréal

L'ancien hôtel Richelieu était bien loin d'être à cette époque ce qu'il devint quelques années plus tard, par des augmentations, des allongements et des élargissements qui l'étendirent d'une rue à l'autre, avec une façade trois fois plus grande, sur la rue Saint-Vincent, que la façade primitive. L'hôtel ne comprenait absolument alors que le vieux corps de bâtiment qui, aujourd'hui, n'en est guère qu'une annexe, quoiqu'il donne accès à la buvette, à la salle à manger et aux cabinets particuliers. Mais comme tout était jeune encore dans ce vieux logis-là et combien étaient réjouissants les éclats de la bonne et franche gaieté d'autrefois, qu'on y entendait courir dans les salons et dans les corridors, jusqu'à des heures absolument indues! Comme on y était chez soi! Comme on s'y attablait ensemble, et comme on prenait le temps de se parler, de déguster son verre, ses verres, et de jouir un peu de la vie, loin d'être emporté, comme on l'est de nos jours, par cette fièvre d'activité brûlante qui réduit les heures à n'être plus que des minutes, et la vie qu'un arrêt entre deux trains!

Il était entendu que le Richelieu était la propriété de ses habitués aussi sérieux que fidèles, et cela à toute heure du jour ou de la nuit. Isidore Durocher, le propriétaire actuel, qui était alors commis de buvette sous le sceptre d'Aimé Béliveau, semblait avoir reçu pour consigne de ne pas se coucher avant trois heures du matin, et il l'observait rigoureusement.

J'ai passé là des heures inoubliables dans la compagnie d'hommes qui ont joué un grand, un très grand rôle dans l'histoire du Canada, et qui ne dédaignaient pas de nous enseigner, à nous les débutants d'alors, les roueries de la politique et le dessous des choses. Avec eux nous en avons appris plus que dans bien des livres, et jamais nous n'aurions songé à leur en apprendre à notre tour, comme cela arrive à une époque de progrès disproportionné, qui ressemble beaucoup à la nôtre.

En tant qu'hôtels, ceux du Montréal d'alors n'étaient pas absolument fastueux ; ils n'étaient même pas au niveau des aspirations grandioses qui envahissaient rapidement l'âme de tous les citoyens capables d'embrasser les perspectives se dessinant de plus en plus à l'horizon. À peine y en avait-il un ou deux que l'on estimerait aujourd'hui de troisième ordre, à l'exception du St-Lawrence Hall, qui venait justement de naître et qui ne se risquait encore à aucune hardiesse, rien ne faisant prévoir qu'on arriverait bientôt d'un bond à des sommets encore absolument invisibles. Des palais de la dimension, de la splendeur, de l'aménagement et de la perfection luxueuse du Windsor, il eût été impossible, même à l'imagination la plus désordonnée, de les concevoir seulement en rêve !

Mais en revanche, il y avait de ces établissements qu'on chercherait en vain aujourd'hui, des «buen retiro» d'un cachet antique, intime, en quelque sorte personnel, qui ne s'ouvraient guère qu'à une clientèle choisie, éminemment fine fleur, endroits où l'on était sûr, à quelque heure que ce fût, de ne pas coudoyer des gens que l'on n'eût pas aimé à rencontrer ailleurs, et qui étaient l'expression d'un temps où il y avait encore beaucoup de mœurs aristocratiques et beaucoup de distinctions sociales.

Telles étaient l'ancienne maison de Dolly, à deux pas du St-Lawrence Hall, celle de Gianelli sur la Place d'Armes, et deux ou trois autres qu'il est inutile de mentionner ici.

Il y avait encore, si l'on veut remonter à une trentaine d'années au moins, d'un genre plus bourgeois mais néanmoins très comme il faut, le vénérable hôtel du Canada, tenu par le père Séraphino Géraldi, lequel avait pour gérant Joseph Brault, nommé plus tard messager en chef de l'Assemblée Législative, lorsque la Confédération étendit sur les provinces de l'Amérique britannique son aile chargée de promesses et de perspectives luxueuses. Ah! le bon vieux temps! Et qui donc eût pu soupçonner alors qu'une ville canadienne pût devenir, en vingt-cinq ans, une des grandes métropoles du continent américain?...

Le soir, dans le vestibule de l'hôtel, se réunissaient, en un groupe grossissant d'heure en heure, les voyageurs arrivés de toutes les parties du district de Montréal. Il n'y avait là pour ainsi dire pas d'étrangers. On se racontait les affaires du jour autour d'un gros poêle ronflant et sympathique; on parlait un peu de son village, du grand-père mort la semaine précédente, de la vieille tante *tanée* par ses rhumatismes, de la récolte de l'automne, du prix des fourrures, des exploits des rats musqués dans les étangs, du nombre de lièvres pris au collet depuis le commencement de

131

l'hiver, etc., etc. Et il y en avait, il y en avait, et souvent cela recommençait. Les Canadiens d'alors, une fois leurs affaires finies, et ce n'était pas toujours long, leurs affaires, lorsqu'ils se trouvaient réunis, la pipe au bec, autour d'un bon poêle, ne pouvaient plus se quitter. Hélas ! Hélas ! Comme tout cela est loin ; et comme, lorsque je me reporte vers ces choses passées, je crois revoir en elles des épaves d'une existence antérieure, flottant sur un morceau de planète détaché de la nôtre et emporté à la remorque de quelque planète étrangère, fort embarrassée de savoir où loger ses Canadiens dans l'espace !

(R 16-19)

Démolitions et urbanisme

Transportons-nous maintenant aux années qui s'écoulèrent de 1864 à 1869 inclusivement, années pendant lesquelles nous occupâmes plus particulièrement la scène, et pendant lesquelles le Montréal moderne, brisant de toutes parts sa coquille, s'élançait vers l'avenir, déjà par enjambées gigantesques.

Ces temps ne sont pourtant pas bien éloignés, et, néanmoins, ils étaient si différents du temps actuel que les jeunes gens d'aujourd'hui s'y trouveraient comme dans un autre monde, tout ahuris, tout dépaysés au milieu des étudiants vieux modèle, dont nous avons été les derniers types.

Il y a de cela guère plus d'un quart de siècle. On a vite dit, on a vite écrit cela: «un quart de siècle». Un trait de plume, et c'est fait. Eh bien! Eh bien! Ça se passe encore plus vite. Impossible de s'illusionner là-dessus. Il n'y a pas de trait de plume qui soit aussi rapide que le passé.

Mais que de choses dans ce quart de siècle! Mon Dieu, que de choses! C'est à en devenir tout étourdi quand on se retourne pour regarder derrière soi ce laps de temps. Naïf serait-on de s'étonner que la jeunesse d'aujourd'hui soit tout différente de celle d'alors. C'est le monde entier qui est sens dessus dessous! La science, les découvertes, les progrès de

133

toute nature nous ont fait une planète qui n'a rien de commun avec l'ancienne. Par suite, les jeunes du temps présent ne peuvent avoir ni les habitudes, ni le genre de vie, ni le tempérament, ni la manière d'être de ceux d'il y a une trentaine d'années. L'ancien esprit, qui était la résultante des conditions d'un monde se rattachant au passé par mille liens, s'est comme entièrement métamorphosé. Des choses, auxquelles on tenait extrêmement naguère et qui constituaient le fonds principal de l'éducation, semblent aujourd'hui des mythes. On regarde un Canadien qui, il y a trente ans, possédait déjà un quart de siècle, comme une espèce d'apparition préhistorique. Nous avons presque toutes les allures d'une première moitié du siècle à la fin de la deuxième, et ce qu'il y a en nous de vivant a toutes les peines du monde à combattre ce qui y tient du fantôme ou du fossile en préparation.

Notre génération appartenait à l'époque de transition entre le Canada ancien et le Canada nouveau. Nous avons connu le vieux Montréal, celui que nous avaient légué nos pères, avec une physionomie qui se modifiait lentement et imperceptiblement par l'action d'un progrès mesuré et longuement prévu. Nous l'avons connu, habité et pratiqué à l'époque où il n'était pas encore question d'élargir une seule de ses rues, encore moins d'en faire une de ces énormes cités modernes où les hommes oublient la petitesse de leur planète. Nous avons ainsi formé le trait d'union entre une société qui s'éteignait et une société nouvelle qui s'annonçait avec des goûts, un esprit et un genre inconnus jusque-là. D'un côté nous tenions aux fusils à pierre, de l'autre nous chargions par la culasse.

C'était à l'aurore d'un monde encore vaguement entr'aperçu où l'illusion fait un dernier effort pour ne pas devenir la réalité et où les mille images d'un passé qui ne laissera bientôt plus aucune trace s'agitent encore dans l'esprit des hommes et essaient de retenir dans un lit trop étroit le fleuve qui veut s'épancher dans un vaste et profond bassin.

Ah! Il ne faut pas croire que Montréal ait toujours été la première ville du monde ni qu'elle ait eu de tout temps l'ambition parfaitement légitime d'englober dans son sein le continent tout entier, en le glissant d'abord par le chenal Saint-Pierre, creusé pour cette fin jusqu'aux entrailles du globe. Non, si Montréal avait alors les pressentiments de sa grandeur prochaine, elle n'en avait pas encore toutes les audaces ; elle avait encore quelque mesure dans ses témérités et il arrivait qu'on rencontrât de temps à autre un Montréalais qui consentît à marcher sur terre.

C'était au temps où l'on commençait les démolitions de la rue Notre-Dame, où l'on comblait le fossé de la rue Craig et les marais de la rue Sainte-Catherine, laquelle ne dépassait guère alors le Beaver Hall, du côté ouest, au temps enfin où la rue Saint-Denis comptait tout au plus une vingtaine de maisons, qui avaient l'air de se demander par quel hasard elles étaient plantées là.

En haut, sur la côte, qui n'avait pas encore été abaissée et domptée sous les tramways triomphants, se dressait, dans un isolement dédaigneux, la grande maison de M. Lacroix, maison hospitalière par excellence, dont la moitié était occupée par la famille d'un homme qui a été le plus aimé de son temps et le plus regretté de ceux qui ne sont plus, M. Wilfrid Dorion, dont il suffit de rappeler le nom pour que les souvenirs les plus agréables et les plus chers arrivent en foule au cœur de tous ceux qui l'ont connu.

(R 34-37)

Dans les rues,
dans les ruines de Québec

« Il y aura des pluies, des grincements de dents et du vent de nord-est durant toute l'éternité. Et le vent de nord-est ayant soufflé pendant quarante nuits et quarante jours, tous les Québécois auront le rhume de cerveau et le nez comme une citrouille. » (Paroles de l'*Apocalypse*, chapitre II, livre X[e]).

Cette prédiction s'accomplit à la lettre ; peut-être que les impies de *La Minerve* n'en croient rien, mais les Québécois qui, depuis une semaine, ont les deux mains pendues à leur nez comme à une navette qu'ils tordent, savent qu'il n'y a plus de raison pour que ça finisse et qu'ils iront dans l'autre monde en éternuant. Jamais, de mémoire d'homme, on a vu pareille boue ; les pavés ont disparu et la ville est un cloaque. Si Québec n'était pas un promontoire, il serait englouti. On dit que les patates pourrissent dans la terre ; c'est bien le moins ; les maisons elles-mêmes pourrissent, l'eau y suinte par tous les toits dans toutes les mansardes et, de là, arrive dans le nez qui sert de dalle. C'est un spectacle inouï que cinquante mille âmes se mouchant à la fois pendant toute une semaine.

Ce qui m'étonne, c'est que plus le nez se vide, plus il grossit; c'est donc un réservoir infini qu'une tête humaine et il n'y aurait pas de melon plus juteux au monde! Connaissez-vous rien de plus humiliant qu'un rhume de cerveau ni rien qui témoigne mieux de la faiblesse humaine? Être pris tout à coup d'un éternuement obstiné, opiniâtre, et être obligé d'y céder sans relâche, c'est tout ce qu'il y a de plus irritant et à la fois de plus instructif. La philosophie du nez, quelle découverte! et, comme presque toutes les grandes découvertes, elle sera due à un accident. Je mets en fait qu'un nez qui éternue, c'est tout un monde d'illusions envolées et que l'homme, le roi des animaux, en devient le plus bête avec le coryza. De là je conclus que le rhume de cerveau est une affection essentiellement nationale.

Comment après cela bâtir des théories sur cet organe si nécessaire à la sécrétion cérébrale? Que va devenir la nasomancie, science chérie de M. Bué, devant ce déluge qui confond tous les nez dans un seul type, celui de la pomme cuite? Avant les pluies torrentielles qui ont changé la ville en un vaste égout collecteur, il y avait encore, même à Québec, des nez qui faisaient rêver et des nez de rêveurs; maintenant il n'y a plus que des nez de pochards endurcis.

Renifler sans cesse était autrefois l'indice d'un caractère moqueur et caustique; aujourd'hui, n'allez pas croire que votre interlocuteur, lorsque vous le verrez renifler, se moque de vous, mais éloignez-vous tout simplement de deux ou trois pas. Dire que nous voilà au vingt septembre, au mois des fruits, de la moisson et du feuillage doré, et que la pluie n'a fait que tomber, tomber sans cesse depuis le huit!

Douze jours d'arrosage consécutif, de clapotage et de crottage! Et remarquez que nous habitons une ville où il n'y a pas de pavés, une ville qui devient un marais à la première pluie et dont on laisse s'entasser la boue depuis l'époque de la Conquête. On a commencé au mois de juin à paver la rue Saint-Jean, principale artère de la haute-ville; cent cinquante pieds de macadam ont été couchés et maintenant l'ouvrage est suspendu. À la basse-ville, les goélettes viennent ancrer sur les trottoirs et chargent ou déchargent leurs cargaisons à domicile.

Là où se trouvaient les quais, il y a quinze jours, les navires jettent maintenant la sonde; avanthier, un bateau de la compagnie Richelieu, le *Montréal*, je crois, a dû mouiller au pied de la citadelle et débarquer ses passagers au moyen de poulies; tout le trafic se fait dans des chalands, les cochers ont ôté les roues de leurs voitures et le premier essai de chiens de Terreneuve, comme moyen de locomotion, vient d'être fait par un riche propriétaire dont les deux chevaux se sont noyés en traversant la rue Saint-Paul: quant à sa voiture, elle s'est trouvée placée sur un navire en partance pour l'Angleterre, et lui-même n'a pu rester dans la ville de Champlain qu'en sautant sur les remparts qui se trouvent à fleur d'eau. La chute Montmorency se décharge sur l'Île d'Orléans dont on ne voit que la cime indécise; enfin, le gouverneur a lancé une proclamation conviant tous les citoyens à se réfugier dans la citadelle, et le Conseil de Ville vient de décréter l'abrogation de la taxe sur l'eau.

Si ce tableau d'une catastrophe semblable à celle dans laquelle le monde fut englouti, il y a cinq mille ans, vous fait frémir, croyez qu'il n'est encore rien en comparaison de la réalité, puisque la réalité, c'est que, malgré le déluge qui nous inonde, il y a encore des feux dans la vieille capitale et des feux que rien ne peut éteindre. Des maisons prendre en feu dans l'eau, conçoit-on cela! Eh bien! c'est ce qui arrive; avant-hier soir, toute une manufacture a brûlé, malgré un immense concours de peuple qui regardait. Rien n'était plus saisissant à contempler que ces flammes jaillissant à travers les flots d'eau versés par les nues et les minces filets des pompes ajoutant leur impuissance à celle du ciel lui-même! Si une ville aux trois quarts engloutie n'est pas à l'abri du feu, où faudra-t-il donc se bâtir désormais et n'est-il pas à craindre que la simple sécheresse ait l'effet de réduire nos os en charpie?

Malgré le déluge, malgré les vents et les rhumes, Québec s'amuse; c'est un bal quotidien dans la chère et bonne vieille ville. Lord Dufferin est le plus galant, le plus aimable, le plus intelligent des gouverneurs que l'Angleterre nous ait donnés depuis Lord Elgin et de longtemps avant lui. C'est aux Canadiens français surtout qu'il donne ses prédilections, parce qu'étant un esprit cultivé, littéraire, amant des arts, il se porte de préférence vers la race qui a le plus de culte de l'idéal.

(...)

30 septembre

House to let or for sale, Shop to let — Maison à louer ou à vendre, Magasin à louer, voilà ce qui attire l'œil à chaque instant sous forme d'écriteau, dans les rues de Québec. Ô capitale! on prétend que nous sommes dans une époque de progrès: mille fois

139

non. Du temps de Champlain, il n'y avait pas autant de maisons abandonnées, autant de magasins vides. Il n'y avait pas ces amas de débris, ces rapiéçages et ces rafistolages de masures moisies, ces constructions qui s'affaissent subitement comme des octogénaires qu'un souffle emporte, ces trottoirs vermoulus qui se pulvérisent sous les pas, ces rues jonchées de torrents de pierres, inondées de boue, tous les délabrements, tous les écroulements, toutes les ruines.

Il y a des heures du jour où Québec semble une ville abandonnée dans une sorte de terreur mystérieuse; un repos sépulcral envahit les rues, quelques fantômes tournent çà et là des coins de maisons et se perdent; les magasins solitaires bâillent au passant qui a l'air de s'échapper; tantôt on entend une voiture qui se débat contre les pierres, saute de l'une à l'autre, cahote, bondit et retombe; tantôt, une chute saccadée, puis un bruit mat, c'est un caillou qui roule jusqu'à ce qu'il s'arrête sur un amas d'autres cailloux laissés là par les soins de la municipalité. D'autres fois c'est un clapotement flasque et des jets de boue qui vont frapper le nez, les yeux, la bouche des piétons indifférents; monter, descendre, plonger dans les ornières, se crotter des pieds à la tête, se rompre les orteils, se mettre à l'abri des maisons qui croulent ou menacent de crouler, voilà le sort de ceux que la fièvre ou le rhumatisme ne retient pas dans un foyer peuplé d'ennuis.

La semaine dernière une maison s'est affaissée sur elle-même. Songez-vous un instant à tout ce qu'éveille de pensées dans l'esprit le fait qu'une maison tombe de décrépitude en pleine ville, et que cela ne soit appelé qu'un simple accident auquel rien n'aurait pu remédier! Dans cet *accident* il y avait de quoi tuer trente personnes, trente victimes d'un état de société à demi barbare où l'on voit toutes choses laissées à l'abandon; aucunes lois municipales mises en vigueur, si ce n'est celles qui molestent ou fatiguent les citoyens; rien d'établi, ni même rien auquel on songe pour la sûreté ou simplement la commodité publique; enfin la négligence, le désordre, le mépris ou l'ignorance des lois les plus élémentaires d'administration civique, une population habituée au laisser-faire le plus sauvage, et un corps municipal siégeant dans l'impuissance!

Une maison écroulée! ce n'est pas tout. À deux pas de là, dans l'escalier qui mène à la basse-ville, c'est-à-dire dans une impasse large de dix pieds tout au plus, où montent et descendent chaque jour des centaines de personnes, une autre maison allait choir, ses pierres s'ébranlaient, le toit s'enfonçait, le ciment gémissait et s'échappait en débris sur la tête des passants. C'est à la dernière heure, au moment où la maison allait sombrer et bloquer l'impasse sous ses ruines, qu'on s'est décidé à lui appliquer des étais; mais les étais, eux-mêmes chancelants, ne rassuraient pas les citadins nerveux. Alors, on a commencé à démolir le toit; c'était un suprême effort, aussi s'y est-on arrêté. Maintenant, la maison béante entrouvre au ciel ses profondeurs meurtries, et l'orage s'y engouffre avec des gémissements accusateurs...

(CHC 228-231, 234-236)

Québec, «nid dépouillé»

Québec a cependant quelques avantages dont il faut lui tenir patriotiquement compte; c'est l'endroit du Canada qui retient le mieux ses habitants, et cela pour plusieurs raisons. D'abord, l'hiver, on n'en peut pas sortir; ensuite, au printemps, il y a énormément de morts subites causées par les glaçons qui tombent des toits en toute liberté, les pierres ou les briques qui se détachent des maisons en ruines, la transition violente du chaud au froid entre des rues où il y a quatre à cinq pieds de neige et d'autres voisines où l'on étouffe dans des flots de poussière, par les bouts de trottoirs qui sautent à la figure et assomment sur place, par les accidents de toute sorte au milieu d'un tohu-bohu de pavés, dernier débris du chaos antique, d'ornières et de fossés où l'on plonge et où l'on saute comme si tout le monde était pris d'attaques de nerfs, par l'impossibilité de traverser les rues sans recevoir dans les narines d'énormes jets de boue qui vous asphyxient en deux minutes, enfin par la compagnie du gaz qui conspire avec le climat et avec la corporation pour démolir aux citoyens les quelques membres que le rhumatisme leur a épargnés, par la compagnie du gaz, dis-je, qui a fait un contrat avec la lune sans tenir compte des nuages qui la couvrent, des pluies qui la ternissent, enfin, des mille caprices de cet astre inconstant qui refuse ses rayons aux endroits impassables, vraie coquette gesteuse qui ne veut que briller à son aise et qu'on admire, au moins dans de grandes rues, quand elle se montre dans son plein.

Tout est contre ces pauvres habitants de Québec, jusqu'aux astres; ils n'ont pas de soleil l'hiver, et l'été, la lune leur ménage autant d'inquiétude que la lumière. Évidemment, ils ont conservé beaucoup de l'héroïsme et de la ténacité de leurs ancêtres pour n'avoir pas émigré déjà tous ensemble à la Colombie anglaise, ce pays unique qui, à peine né, trouve dans son berceau un chemin de fer de mille lieues, quand nous, qui sommes de beaucoup ses aînés, ne pouvons obtenir que par une lutte acharnée, presque sanglante, le chemin de colonisation du nord qui n'a que cinquante lieues, et qui n'a rien à craindre des buffles ni des Sioux.

Et pourtant, c'est un cher et beau petit nid, dans son désordre et dans sa pauvreté, que Québec, nid dépouillé, nid de feuilles flétries, soit, mais qu'on ne quitte jamais sans en être arraché et où l'on revient toujours ramené par son cœur.

(CV 54-55)

Un «bouquet» sur le roc

Revenons dans la ville, puisqu'il n'y a pas moyen d'en sortir. Cette ville, elle est grande comme le creux de la main, on y tourne avec peine sans s'accrocher, elle est sur le dos d'un cap comme une plaie sur la croupe d'un cheval; on y est pris, serré, rétréci, eh bien! cette petite ville a de délicieux endroits, des petits parcs tout faits qu'on trouve le moyen d'interdire au public. Voyez cette oasis touffue, cette charmante retraite qui est, je crois, ce qu'on appelle le jardin militaire, près de la porte monumentale de Saint-Jean; si vous vous arrêtez près de cette énorme palissade de pieux qui la protège contre vos pas, mais qui ne peut tout à fait la protéger contre vos regards, vous apercevez un jardin séculaire, le plus beau de tous nos jardins, fait sur un plan à peu près comme celui de la ville, avec des allées qui vont où elles peuvent, mais abritées par des arbres déjà antiques, au feuillage serré, à l'ombrage épais et paternel, aux rameaux libres, respectés de l'émondeur; la verdure, molle, ondulante, qui n'a pas subi l'apprêt du ciseau, s'abaisse sous le pied qu'elle repose et caresse, semblable à ces riches fourrures qui flattent la main qui croit les flatter; il y a là des fourrés, de petits berceaux à demi submergés par l'ombre, des coins mystérieux, d'une tranquillité sereine et douce, qui appellent le poète et le penseur solitaire; l'horrible vue des remparts d'alentour y est cachée par ce feuillage généreux qui comprend son utilité et qui prodigue ses bienfaits; ce jardin a je ne sais combien d'étendue, mais il suffirait à l'élite des promeneurs qui n'ont d'autre refuge que l'éternelle terrasse Durham de six pieds carrés, à laquelle on propose d'ajouter trois pieds de plus depuis vingt ans, mais sans y réussir; et là même, à côté de cette terrasse Durham d'où la vue embrasse peut-être le plus beau panorama du monde entier, n'y a-t-il pas aussi un admirable jardin qui est la propriété du public et auquel le public n'a aucun droit?

Tout le monde se plaint de l'exiguïté de la plate-forme, et, à côté d'elle, il y a une promenade délicieuse où personne ne peut pénétrer, quoiqu'elle appartienne à la ville, et quand il serait si facile de tout concilier, les appétits de l'École Normale comme le droit des citoyens, en prolongeant la plate-forme jusqu'au glacis, ce qui n'entamerait que la lisière du jardin du gouverneur.

Oh! quelles enivrantes soirées on passerait ainsi sur cette plate-forme allongée d'environ six fois la longueur actuelle! Concevez-vous rien d'aussi merveilleux qu'une pareille promenade? Et dire que pour quelques milliers de dollars seulement que cela coûterait, nous tâtonnons, nous lésinons, et nous hésitons depuis un quart de siècle à nous donner le plus enchanteur des spectacles! Notre ville est un Éden; c'est un bouquet épanoui sur la cime d'un roc, et nous ne l'arrosons pas! Satisfaits de la prodigalité de la nature, nous ne faisons rien pour reconnaître ses largesses et combler ses rares lacunes; nous sommes habitués à l'admiration des étrangers et nous nous en contentons, sans songer que l'admiration se lasse vite comme tous les sentiments vifs, et que si Québec a assez de grandeur en lui-même pour captiver à jamais tous les yeux, nous lui rendons par une négligence honteuse le centuple de ce qu'il nous donne en splendeur.

(AQ 19-20)

Portes

(...) Et nos portes maintenant. Ah! Les portes, les portes! Pour elles, du moins, la question est réglée. Il est entendu qu'elles doivent être éternelles, puisque nous avons pris la peine de les reconstruire, après les avoir démolies. Nous avons construit entre autres la porte Saint-Jean. Voyez ce monument impérissable. Contemplez-moi un peu cette architecture municipale et dites-moi s'il n'y a pas là de quoi attirer des légions d'étrangers.

Il y avait là autrefois une vieille porte renfermant un seul passage de dix pieds de largeur environ, où les voitures ne pouvaient se rencontrer, bien entendu, et une sorte de tanière, ouverte aux deux bouts, par où se glissaient les piétons. Cette vieille porte, toute noire et repoussante qu'elle fût, avait du moins, elle, un cachet et voulait dire quelque chose. On l'a remplacée par cette espèce de cercueil de pierre à l'usage des vivants. Ah! voilà où nous pouvons nous vanter d'avoir réussi et d'en avoir eu pour notre argent! Dire qu'il n'en a coûté que trente-cinq mille dollars pour édifier cette quadruple arcade où défilent voitures et piétons, et qui offre dans toutes les saisons un abri sûr, avec cette variété singulière

147

que, lorsqu'il fait très beau au dehors, il pleut invariablement sous la porte Saint-Jean!

Les architectes de cet incomparable morceau n'avaient pas un instant songé que l'eau de pluie, traversant presque sans interruption l'épaisse couche de terre qui recouvre la porte, arriverait au ciment qui rattache les pierres et le traverserait à son tour, pour tomber ensuite goutte à goutte, et le plus innocemment possible, sur la nuque des passants. Les conseillers de ville, habitués à toutes les finesses, eurent un jour l'idée de remédier à ce petit inconvénient, et ils firent appliquer une voûte en fer-blanc à l'une des arcades de piétons, mais à une seule, remarquez-le bien, en sorte que si l'on veut recevoir un bain de gouttes calculées, même par le temps le plus sec, on n'a qu'à passer par l'autre arcade, qui se trouve précisément du côté du marché principal de la ville, par où vont et viennent le plus grand nombre de gens, à certaines heures de la semaine.

Il y a un peu plus de vingt ans, nous avions encore les vieilles portes, ces espèces de trous noirs, cintrés et voûtés, dans lesquels voitures et piétons semblaient disparaître et être engloutis, quand ils y entraient. Et pourtant on les a enlevées! Et pourtant ces vieilles portes représentaient bien autre chose que les remparts actuels! Est-ce que tout le monde n'est pas content aujourd'hui de leur disparition? Notre glorieux passé en a-t-il souffert? Cette amputation indispensable a-t-elle diminué en quoi que ce soit l'originalité, le prestige et le cachet de notre ville? Au contraire, elle les a beaucoup augmentés, en ouvrant librement la vue sur les plaines d'Abraham, sur le chemin Saint-Louis jusqu'à Sillery, et sur la vallée de la rivière Saint-Charles jusqu'aux premiers contreforts des Laurentides.

Jadis, le mur qui surmonte l'arête du cap, le long de la rue des Remparts, entre l'Université Laval et la Côte du Palais, avait douze à quinze pieds d'élévation, et il était percé, à mi-hauteur de la Côte de la Sainte-Famille et de celle du Palais, de deux infectes portes avec leurs corps de garde noirs et chassieux, qui donnaient à la ville une physionomie renfrognée et l'aspect d'un deuil sale. On ne pouvait rien apercevoir au-delà de ce mur, si ce n'est les sommets les plus élevés des Laurentides. Est-ce que c'était bien pittoresque, cela?

On a réussi, après force instances et remontrances, à faire abaisser ce mur d'une dizaine de pieds, en sorte qu'il n'en a plus maintenant que trois environ de hauteur. On a posé un trottoir au pied de ce mur, ce qui permet aujourd'hui d'aller tout le long des remparts jusqu'au Palais, chemin jadis impraticable. On a tellement diminué le monticule qui se terminait en escarpement au bout de ce chemin qu'aujourd'hui on s'aperçoit à peine de la légère déclivité qui subsiste, et puis on a ouvert au regard tout l'immense panorama qui s'étend de l'Ancienne Lorette à Sainte-Anne de Beaupré.

Quelqu'un prétendra-t-il que le pittoresque et le cachet de notre ville n'ont pas énormément profité de cette amélioration?

(...) S'il est une nécessité qui s'impose aujourd'hui et qui renversera avant peu toutes les résistances possibles, c'est celle de la circulation libre, c'est celle de toutes les rues des faubourgs se plongeant sans obstacle jusqu'au cœur de la ville.

Il n'est pas nécessaire pour cela, vous le comprendrez, de démolir entièrement les remparts. Oh! non, personne d'entre nous ne serait capable d'un pareil sacrilège. Mais qu'on les éventre, qu'on leur

fasse de larges brèches, qu'on élargisse la porte
Saint-Louis au moins à l'égalité de la Grande Allée,
qu'on jette à terre sans un pleur la porte Saint-Jean
— elle en a assez fait couler, sans compter ceux
qu'elle verse sur nos têtes depuis vingt-cinq ans —,
qu'on ouvre, en face du Palais Législatif, une large
avenue, plantée d'arbres, qui aboutira à la rue d'Au-
teuil. (...)

(Q 49-51)

Middle West

Quatre cents lieues de désert lorsqu'on a déjà le désert en soi, lorsqu'à la solitude infinie de la nature s'ajoute la solitude mortelle du cœur! Trois jours et trois nuits au milieu d'une désolation dans laquelle on avance sans cesse et qui sans cesse s'agrandit devant soi! Toujours, toujours la même étendue jaune, la même mer de sable endormie, les mêmes petites taches d'herbe sèche, roide, dévorée par le soleil, semblables à ces flocons d'écume salie qui flottent après l'orage sur la mer calmée; on regarde, on regarde encore; en vain l'on voudrait fermer les yeux, on est pris par le vertige de l'espace, et, même lorsque la nuit a descendu ses longs voiles du haut du ciel muet, il plane encore sur ces plaines sans bornes une sorte de clarté dure, semblable aux lueurs qui sortent des sépulcres, et l'œil continue d'en interroger encore les mornes profondeurs.

Aucun écho ne retentit jamais dans ces sourdes étendues livrées à l'éternel sommeil; le sifflet de la locomotive ne rend qu'un son mat, aussitôt disparu que jeté dans l'air, et le bruit furieux du train roule sur un sol muet qui le reçoit sans y répondre. L'antilope frappe en vain de son pied léger, dans sa course gracieuse et rapide, cette terre inanimée, il ne fait que soulever un peu de poussière qui se confond aussitôt avec les souffles éphémères que sa course seule agite. Le chien de prairie, semblable à l'écureuil, debout sur sa petite meule de sable, dont le relief parsème seul l'aride et interminable plaine, regarde d'un œil qui n'est plus stupéfait cette tempête de bruit et de feu qui nous emporte ; lui aussi participe à l'immobilité de la nature où il a cherché un asile ; un vent affaibli fait seul parfois rouler un petit tourbillon de sable autour du trou qu'il habite, mais ce tourbillon ne dure qu'un instant et il s'affaisse comme une fumée qu'absorbe la flamme. D'autres fois, c'est un marais isolé qui se trouve dans ce désert on ne sait par quel oubli ou quel caprice de la nature ; la vue, même de cette eau croupissante, soulage déjà le regard et l'on peut voir de temps à autre quelque héron solitaire s'élever avec effort des bords de ce marais où depuis de longues heures il restait pensif ; son vol lourd et mesuré agite pendant quelques minutes l'accablante tranquillité de l'espace ; puis, bientôt il a disparu, on n'entend plus le battement prolongé de ses longues ailes et l'œil ne voit dans l'étendue béante qu'un point noir qui disparaît, disparaît, s'efface et s'abîme enfin dans le néant qui l'engloutit ; et au milieu de ce silence immense, de ce désert vide d'où les trois règnes de la nature semblent s'être enfuis, la pensée, qui ne sait pas où se prendre, retombe sur elle-même comme accablée de son propre poids.

(CV 87-89)

Le Nord

(...) Le Nord, ce Nord immense, jadis impénétrable, aux proportions colossales, sombre et souvent terrifiant dans ses aspects, autant que d'autres fois il déborde de douceur et de mélancolie, semble avoir gardé l'empreinte primitive d'une grandeur à lui propre, toute spéciale, qu'on ne retrouve nulle part, grandeur souveraine qui défie l'imagination, qui repousse comme une témérité inexcusable, comme une profanation puérile toute tentative d'en reproduire une image même affaiblie.

On ne peut ni le saisir ni l'embrasser dans un cadre. Ses horizons sont trop vastes; et pendant que le regard cherche à le fixer et à le retenir, il grandit incessamment devant lui, s'élève et gagne de plus en plus la nue, comme une lente et solennelle gravitation de notre planète vers un espace toujours reculé. Les vagues de ses forêts, de ses collines et de ses montagnes flottent et montent dans un ciel sans limites, vers des rivages dont nul ne voit la trace, et dont la ligne de l'horizon lointain ne peut donner qu'une illusion passagère.

Quand, le soir, les grandes ombres descendent des montagnes, s'avancent comme une mer de ténèbres, épaississent et mêlent les forêts, jettent sur l'abîme sans fond des lacs une moire sombre et intense qui engloutit en quelques instants les dernières et confuses images du jour, on dirait qu'une planète inconnue, et cependant sœur de la nôtre, descend doucement des hauteurs infinies pour la couvrir de son aile et protéger son repos. Immuables, muettes, coupant le ciel de leur longue ligne azurée, se dressant de plus en plus, et toujours reculant dans leur immobilité, à mesure que l'on croit approcher d'elles, les hautes et silencieuses montagnes, énormes et tranquilles fantômes, amoncelant la nuit autour de leurs cimes, ressemblent à des sentinelles de l'espace accomplissant sans lassitude et sans murmure une consigne éternelle...

Oui, l'immense et superbe Nord, espoir, grandeur, force et gloire future de notre patrie, n'apparaissait encore en ces temps-là qu'à travers un immense voile de brouillards, comme la région du mystère et de l'impénétrable. On se le figurait à peu près de même qu'on se figure aujourd'hui les côtes les plus lointaines du Labrador, où les Esquimaux s'élancent à la poursuite des phoques et des ours blancs, sur des champs de glace éternels. Et moi aussi, comme tant d'autres, à cette époque encore si récente, je croyais que tout le Nord, à partir du 49e degré, plus ou moins en deçà ou au-delà, n'était qu'une vaste contrée inhabitable, inculte, livrée à une solitude farouche et à un silence sans fin. Je croyais que le domaine utilisable de l'homme finissait à la latitude des lacs que forme en s'élargissant l'Outaouais supérieur, ou tout au moins à la ligne de faîte qui sépare les eaux du Saint-Laurent de celles de la baie d'Hudson; et quand, parfois, mon imagination se portait vers ces lointaines, profondes et vagues étendues, toujours ignorées, et qui sem-

154

blaient attendre le premier regard de l'homme, je m'y plongeais ainsi que dans un rêve, et mon esprit s'emplissait de visions fantastiques, grandioses, et j'oserai dire prophétiques. Oh! c'est que rien n'est aussi terrifiquement grand que cette large et puissante assise du continent américain, qui forme notre empire à nous, habitants du Dominion. Le monde finit là où s'arrête ce prodigieux et formidable domaine. Nous allons jusqu'aux extrémités de la terre connue; au-delà, le globe, étouffant sous l'étreinte des glaces éternelles, ne donne plus signe de vie que par des convulsions. Il secoue tous les ans l'épaisse muraille qui l'enveloppe, avec des craquements effroyables dont au loin la terre gémit. Les rivages hérissés, formés d'énormes entassements s'ébranlent, et les banquises qui les encombraient, de la base au faîte, surprises par ce choc, s'entrouvrent en découvrant des abîmes, se disloquent avec un bruit qui couvrirait la voix de la foudre, et s'engouffrent de tout leur poids dans le sombre Océan. Des montagnes de vagues, lancées dans les cieux par cette terrible chute, s'entrechoquent en faisant jaillir des milliers d'étincelles qui illuminent l'abîme béant, puis vont s'abattre sur les rochers, sur les falaises et sur les pics qui bordent toute la rive, comme ces énormes raz-de-marée du Pacifique qu'un tremblement de terre précipite sur les rivages de l'Ouest américain, et qui engloutissent dans leur débordement furieux jusqu'aux campagnes les plus lointaines.

(OS 6-7, 17-19)

Ciel d'automne

(...) C'était l'heure où, à cette époque de l'année, les premières voiles du crépuscule, encore indécises, descendent sur la terre, l'une après l'autre, toujours de plus en plus épaisses, comme pour l'endormir doucement et graduellement. Un ciel d'automne sans couleur et sans chaleur jetait sur la terre dénudée des torrents de mélancolie et l'inondait de reflets ternes et mats, comme l'atmosphère d'un astre mourant. Les bois dépouillés n'avaient plus ni voix ni ombrages, ni asiles pour les oiseaux depuis longtemps envolés sous des cieux plus riants; seuls les sapins et les épinettes dressaient leurs silhouettes raides et droites, comme des flèches que le sol eût lancées vers la nue; seuls ils donnaient à la forêt ce qui lui restait d'ombre et cette ombre était silencieuse, immobile et noire comme la nuit sur les tombeaux. (...) L'espace muet était déserté de tous ses hôtes, si ce n'est par le sinistre corbeau, dont l'aile noire passait comme une raie, aussitôt effacée que découpée sur la nue immobile; les petites rivières, çà et là, tiraient péniblement leurs eaux déjà pesantes et engourdies; partout le silence, une atmosphère regorgeant de tristesse, une sorte de saisissement de la nature entière, dans lequel toute vie s'était arrêtée soudain, et le crépuscule épaissi, donnant à tous les objets d'alentour des formes de spectres et de fantômes, qui fuyaient épouvantés devant le souffle brûlant et le jet de feu sanglant de la locomotive.

(CV 173-174)

«C'était par une nuit terne et crue...»

C'était par une nuit terne et crue; l'atmosphère était pleine de gelées indécises; on se demandait s'il allait neiger ou pleuvoir; toutes les étoiles avaient un feutre, et des brouillards gris couraient dans le ciel qui semblait peuplé de saules pleureurs. La Baie était nue et les rivages, recevant les gémissements de ses flots, semblaient se plaindre avec elle; de temps à autre, la lune s'amusait à jeter des lueurs sur les raies boueuses et les longues flaques d'eau du chemin; pas un passant, pas même un hibou éclairant la savane de ses deux yeux ronds comme des calus de lave; seul, le quac, ce gibier morose, éternel vieux garçon qui hante les grèves à la tombée du jour, lâchait par intervalles le cri sec et dur qui lui a valu son nom. Les cieux, la mer, les champs, tout était désert; tout s'était réfugié, pour garder la chaleur et la vie, dans les entrailles de la nature; et, dans cette immensité froide, sous ce firmament transi d'où tombaient déjà les longs fils glacés qui couvrent la terre d'un réseau de frimas, seul, le chroniqueur du *National* s'avançait, de ce pas de géant qui le distingue, vers l'hôtel du père Chalmers, situé à vingt et un milles de Bathurst.

Il était onze heures du soir lorsque le poing formidable et gelé du chroniqueur frappa à la porte de l'hôtel et que son talon, plein de terre glaise, retentit sur le perron du vestibule. Sarah était encore debout. Sarah, c'est la fille et la nièce des géants, c'est la reine de la Baie, une femme de cinq pieds huit pouces, souple, veinée, aux muscles frémissants, comme la cavale d'Arabie qui fait cinq lieues à l'heure.

Le père de Sarah est un homme de soixante-seize ans, qui a six pieds trois pouces. (...)

(CHC 278-279)

La maison Robin à Paspébiac

Nous étions arrivés à Paspébiac jeudi, le 10 octobre, à trois heures de l'après-midi. Il faisait un temps à égayer des croquemorts et à faire chanter des corbeaux ; le ciel était resplendissant, la mer légèrement ondulée par la brise. Dans le port, *La Canadienne*, tirant des bordées, voletait comme un oiseau-mouche sur les flocons de lilas ; quelques navires blanchissaient à l'horizon ; d'autres, mouillés, attendaient leur cargaison de bois ou de morue sèche pour les Antilles, tandis qu'une centaine de bateaux-pêcheurs se balançaient sur les flots dans toutes les directions.

Nous fûmes accostés par deux énormes barges qui vinrent prendre le fret et les passagers. L'opération dura une heure et demie, pendant laquelle nous pûmes examiner à loisir la physionomie de l'endroit éloigné de nous d'à peu près un demi-mille. À part le site qui est charmant, je dirais presque suave, tant il y a de douceur agreste dans les longues collines qui viennent se baigner à la mer, ce qu'il faut remarquer avant tout à Paspébiac, c'est l'immense établissement de la maison Robin qui constitue à lui seul une petite cité.

La maison Robin emploie environ six cents hommes à la seule préparation de la morue; ces six cents hommes demeurent tous dans l'enceinte de l'établissement qui est divisé par rues et par quartiers, et qui contient des boutiques de menuisier, de charpentier, de tonnelier, de forgeron, de mécanicien... tout ce qui est nécessaire à une exploitation considérable. Il y a là jusqu'à des petits docks et des chantiers pour la construction des navires; l'entrepôt général s'élève sur pilotis dans la mer même, et en arrière s'échelonnent les diverses rues qui fractionnent l'établissement.

Une particularité de la maison Robin, c'est qu'aucun de ses commis n'a le droit de se marier; s'il en est qui ont ce malheur, il faut que leurs femmes vivent au loin et qu'ils n'aillent les voir qu'une fois tous les deux ans. Il y a loin de là au mormonisme.

Un jeune homme qui entre comme commis dans la maison Robin doit faire six années d'apprentissage à vingt-cinq louis par an, puis deux autres années à cinquante louis, puis, successivement de cette façon, jusqu'à ce qu'il finisse par avoir une part dans la société.

Cet établissement célèbre remonte à l'époque même de la Conquête. Son fondateur, un Jersais, vint, dans ce temps-là, établir un petit entrepôt de pêche sur les côtes de la Gaspésie, et, depuis lors, toujours graduellement, ses successeurs ont étendu la société jusqu'à ce qu'elle ait eu des comptoirs dans tous les ports du Golfe. La maison Le Bouthillier, qui rivalise avec la maison Robin, ne compte guère, elle, que trente à trente-cinq ans d'existence et emploie à peu près la moitié autant de monde. M. Le Bouthillier, qui est mort conseiller

161

législatif, il y a quelques mois à peine, avait d'abord été commis de la maison Robin, jusqu'à ce qu'il fût élu pour représenter l'immense comté de Gaspé, vers 1838. Ses patrons n'ayant pas trouvé conforme aux règlements de la maison que le premier employé s'occupât d'affaires publiques, il se sépara d'avec eux et fonda l'établissement rival, connu aujourd'hui sous son nom, et dont quatre fils sont maintenant les héritiers. De même que les Robin, les Le Bouthillier ont des entrepôts partout ; le plus considérable d'entre eux est sur l'Île Bonaventure, en face de Percé.

(CHC 259-261)

La Pointe-à-l'Orignal

La Pointe-à-l'Orignal est située à deux lieues environ de chacune des deux églises de Saint-Denis et de la rivière Ouelle, et peut être regardée comme le site le plus désert, le plus sauvage, mais en même temps le plus pittoresque, le mieux dégagé de tout ce qui pourrait modifier sa physionomie naturelle, et le mieux disposé pour offrir une vue d'ensemble de toute la côte qui s'élève en face de lui. Singulier endroit que cette Pointe-à-l'Orignal! Encore plus étrange l'attrait irrésistible, la véritable fascination qu'il exerce sur l'âme de ceux qui y sont restés quelques jours! Endroit par excellence pour la rêverie, pour la contemplation et pour l'admiration en présence du gigantesque panorama qui se déploie devant le regard!

Il y a trois *cottages* seulement, un hôtel qui n'a pas changé depuis quinze ans, et un hangar où l'on prépare l'anguille qui abonde dans les pêches avoisinantes.

Le propriétaire de cet hôtel est un vieux kalmouck, une vraie tête bretonne, aussi récalcitrante, aussi obstinée qu'un clou poussé jusqu'à la tête dans le bois humide. Depuis quinze ans son hôtel regorge

de monde; sans se lasser, les mêmes familles reviennent; on s'est évertué à lui faire comprendre qu'il
avait une petite fortune à réaliser en agrandissant sa
maison et en lui donnant tout le confort moderne; on
lui a démontré que deux ou trois *cottages* de plus ne
seraient pas trop pour contenir les familles qui ne
peuvent manquer de se rendre de plus en plus chaque
année à la Pointe-à-l'Orignal... il n'entend rien. Renfermé dans la pêche à l'anguille à laquelle il donne
tous ses soins, il ne voit rien en dehors de cela, pas
même aujourd'hui que la Pointe, *sa* Pointe, comme il
l'appelle, se trouve reliée au Grand-Tronc par un
omnibus et à la rive nord par une ligne quotidienne
de bateaux à vapeur. Impossible de le séparer de
l'anguille; il ne voit et n'entend que marée et salai-
son.

(PC 91-92)

Kamouraska*

Kamouraska, où l'on arrive après une heure de bateau, en partant du quai Saint-Denis, est un des anciens rendez-vous d'été de la province. On y est allé
de tout temps, depuis qu'on va à l'eau salée. Kamouraska avait son personnel de familles amies qui s'y
rendaient tous les ans, avant qu'aucune des places
d'eau aujourd'hui célèbres ne fût même connue.
C'était un rendez-vous d'élite, sans mélange, gardant dans sa pureté les manières et les usages d'autrefois ; le premier venu ne s'y montrait pas, et il n'y
avait pas comme aujourd'hui cinq ou six établissements, moitié hôtels, moitié maisons de pension, qui
se disputassent la clientèle des voyageurs. C'était
une chose entendue alors qu'on allait invariablement
passer ses vacances à Kamouraska ; les autres endroits ne comptaient pas, et quand les familles de la
ville arrivaient, elles trouvaient, pour les recevoir,
une élégante et joyeuse société qui avait préparé
d'avance des pique-niques, des danses et des parties
de plaisir variées pour toute la saison.

Ah ! quel bon temps c'était que celui-là, et
combien une place d'eau d'alors ressemblait peu à
celles qu'on voit aujourd'hui encombrées de gens de

toute espèce, venus de partout, sans cohésion, sans affinité, sans aucun point de contact ou de sympathie possible entre eux, gens qui ont bouleversé la physionomie des lieux favoris de la villégiature, en ont changé les mœurs, ont relégué dans un intérieur inaccessible les bonnes familles qui les habitent, détruit tous les charmes de la campagne et remplacé les bonnes, les réjouissantes et solides fêtes de jadis par des pique-niques grotesques, des danses maniérées, du vacarme, de l'esbrouffe et du clinquant! Nos places d'eau modernes sont des vrais capharnaüms, des bouzi-bouzins où l'on va s'étaler, se grimer, se contorsionner pour acquérir des airs, où l'on va faire le plus de train possible et vider le plus de flacons, bêtement, sans entrain, sans joyeuseté, sans camaraderie, tandis qu'avant l'invasion des endroits à la vogue, nos places balnéaires étaient de véritables rendez-vous assignés tacitement par l'usage entre un certain nombre d'amis qui avaient l'habitude de se trouver toujours ensemble pour passer l'été.

De tous ces lieux de rendez-vous, Kamouraska était, je viens de le dire, le plus fréquenté et le plus connu. Une ancienneté plus haute et de nombreuses traditions s'y rattachaient. De grandes familles et des hommes célèbres y avaient demeuré; on y raconte même encore des drames émouvants et trop réels, qui sont restés dans la mémoire de deux générations. Le manoir, un des plus anciens de la rive sud, dans le bas Saint-Laurent, avait reçu pendant un quart de siècle tout ce que le pays renfermait d'hommes éminents dans la vie publique, ou distingués par la naissance ou la position; enfin, Kamouraska, comparé aux autres places encore naissantes, avait tout le prestige d'un passé plein d'intérêt et d'un présent plein d'attraits, qui l'enveloppait d'une sorte d'auréole magnétique en laissant l'ombre sur tout le reste.

Mais, de nos jours, il n'est pas d'endroit qui ait autant changé, qui ait subi davantage les atteintes brutales d'un état social devenu tout différent, presque sans transition. On y cherche en vain les nombreuses familles si joyeuses, si hospitalières, si vraiment canadiennes d'autrefois; à peine en reste-t-il deux ou trois, affaiblies, démembrées, qui n'ont plus les mêmes ressources ni les mêmes goûts, qui se trouvent dépaysées dans cette variété de voyageurs composée, chaque année, d'éléments de plus en plus divers et mal assortis, et qui, enfin, préfèrent vivre dans une retraite de leur choix qu'au milieu d'un monde qui ne leur convient plus.

(PC 96-98)

Cacouna*

Cacouna, situé à cinq milles plus bas sur le fleuve, est un endroit assommant, fort à la mode jusqu'à ces années dernières, aussi insignifiant, aussi désagréable qu'un endroit à la mode peut être, embelli, il est vrai, par un grand nombre de *cottages* et même parfois de véritables châteaux que les étrangers y ont bâtis ; assez près du fleuve pour qu'on puisse s'y baigner sans avoir trop de chemin à faire et assez loin pour qu'on en perde l'envie ; possédant un immense hôtel, six fois trop grand, et aussi ennuyeux qu'il est long ; élevé sur un coteau qui ne manquerait pas de charme s'il était livré à sa nature sauvage, au lieu d'être tailladé, dépecé en parterres, par l'élégante civilisation qui a voulu rendre joli ce qui était beau ; rempli, surchargé de maisons de pension de toute nuance, construites en vue de recevoir des étrangers qui, de plus en plus, s'en vont ailleurs... voilà Cacouna, le *resort* élégant d'autrefois, si vanté, si recherché qu'on y allait quand même, parce que c'était comme une flétrissure que d'ignorer l'endroit à la mode, et que l'on passait presque pour un barbare quand on n'en revenait pas fou d'enthousiasme et littéralement éreinté par une saison de danses et de veilles orageuses.

Aujourd'hui, c'est bien changé: «Voir Cacouna et aller ailleurs...»

C'est là tout ce qu'on en peut dire maintenant.

(PC 105-106)

Rimouski*

Rimouski est l'endroit par excellence au point de vue des tempéraments; il convient à tous les caractères et à tous les états, à toutes les conditions de l'esprit et du corps. Grâce au cadre qui l'entoure, il combine un air remarquablement doux et tempéré avec l'air âcre et vigoureux de la mer, en sorte que les poitrines robustes et les poitrines délicates s'en accommodent également. Il convient aux gens de la ville qui ont besoin de mouvement, qui veulent sentir la vie autour d'eux, parce que, de toutes les petites villes du Canada, il n'y en a pas une où il y a autant d'animation et de va-et-vient qu'à Rimouski. Là, tout le monde est sur pied, allant et venant au dehors, foulant à toute heure un magnifique trottoir de cinq pieds de largeur et de deux milles et demi de longueur en ligne droite, trottoir unique, qu'on parcourt sans fatigue et avec reconnaissance pour le maire actuel de l'endroit, M. Louis Gauvreau, homme fort intelligent, homme de progrès, qui connaît le monde et qui n'a accepté sa charge qu'à la condition qu'on le laissât compléter sans délai tout ce qui manquait encore pour faire de Rimouski une véritable petite ville moderne, propre au citadin aussi bien qu'au touriste.

On ne saurait s'imaginer combien il est ravissant de se promener par un beau clair de lune, et à marée haute, sur ce long trottoir qui suit le cours du fleuve et en reçoit les émanations pénétrantes mêlées à la brise parfumée du soir. Tout le monde vient aspirer avec délices cette atmosphère pleine de mâles et vivifiantes caresses. Celui qui a travaillé tout le jour ou qui a calculé pour l'avenir, qui a médité, pensé de longues heures et pleuré peut-être, vient y livrer son front soucieux et chargé de regrets; la nature, cette grande consolatrice, le calme, le réconforte et lui apporte de nouvelles espérances. Le jeune homme rêveur, qui a encore l'illusion, cette touchante bêtise du cœur où l'on puise une foi sans limite en ce qu'on aime, y vient chercher des inspirations et des secrets merveilleux qui le conduiront à l'âme dont la sienne est éprise. Les jeunes filles, essaim bruyant, peu songeur, volant d'amourettes en amourettes comme l'oiseau de branche en branche, sans se poser nulle part, et pour qui le «doux esclavage» est une métaphore imaginée à leur profit, les jeunes filles aussi y viennent en troupe nombreuse, en troupe redoutable, essayer de discrètes séductions sous le regard bienveillant de la lune et la complicité sereine des étoiles. Les grandes ombres de l'Île Saint-Barnabé qui sommeille au large, celles des pointes, qui se projettent de chaque côté de la ville assoupie, et des collines qui étagent au loin leurs crêtes boisées, se rassemblent comme pour jeter une teinte mélancolique sur le ciel scintillant. On croit les voir s'approcher et vous envelopper, et cependant elles gardent, immobiles, leur forme indécise, vaguement flottante, comme les voiles étendues d'un grand navire qui attend les premiers souffles du vent.

(PC 111-114)

Campagnes

Et pourtant, quelle chose suave, adorable, limpide, purpuréenne et azurée que la campagne! Voyez: c'est maintenant le crépuscule; les grands, les moyens et les petits bœufs reviennent avec leurs compagnes des limites des champs; ils reviennent pensifs, en songeant à l'avenir de leur race; le soleil gigote parmi les derniers nuages qui s'étalent à l'horizon; il s'en échappe des reflets de toutes les couleurs qui s'ébattent un instant parmi les épis, les herbes et les foins; la lune arrive déjà, prête à disputer au soleil endormi l'empire du ciel qui nous attend dans une vie meilleure; au loin, de longues clôtures, qui ont souvent besoin d'être réparées, s'étendent parallèlement jusqu'aux concessions, images et limites de la propriété. Ailleurs, à côté, ce sont les moutons qui arrivent, parfois courant, parfois broutant, mais toujours ensemble. Je ne sais si c'est par patriotisme, mais je me reconnais un amour particulier pour ces douces et innocentes bêtes qui ne se séparent jamais, qui ont un air ministériel à les confondre avec les majorités conservatrices, qui ne raisonnent pas, qui subissent tout ce que l'on veut avec une résignation que rien n'altère et qui bêlent absolument comme on vote pour le Pacifique.

Les bêlements de moutons! quels accords bucoliques, quelle harmonie champêtre! Ils se ressemblent tous, c'est ravissant! Pas d'opposition, pas de discordance possible chez la race ovine. Quand un mouton saute, tous les autres sautent au risque de sauter les uns sur les autres; et quand l'un bêle, c'est un concert universel et uniforme qui vous transporte en plein parlement provincial. Vous direz ce que vous voudrez, mais j'affirme qu'on ne peut voir un mouton à l'étranger sans ressentir une sombre nostalgie et sans voir accourir en foule comme dans un rêve tous les souvenirs des campagnes électorales.

(CHC 385-386)

Histoire, politique, polémique

République et monarchie

Si *rien ne travaillait* contre les républiques, il est évident qu'elles dureraient toujours. Mais je vais vous dire pourquoi plusieurs d'entre elles n'ont pas duré. C'est que la république est le gouvernement des hommes et que la monarchie est celui des enfants. Les peuples capables de se conduire par eux-mêmes n'ont pas besoin de rois; aux peuples en tutelle, ceux-ci sont nécessaires.

Les peuples qui ont tour à tour proclamé la république dans les temps modernes n'y étaient pas préparés. Sortis brusquement de longs siècles d'oppression, de misère, et d'une servitude qui les réduisait à l'état de brutes, ils étaient incapables d'exercer judicieusement et longtemps des droits qu'ils avaient conquis sans les comprendre.

Le plus frappant exemple en est donné par le peuple français qui a fait 89, mais qui ne tarda pas à retomber sous le joug, parce que les trois quarts de ses enfants ne savaient pas lire.

La liberté est une école, et sans l'éducation politique, sans la science du droit populaire, les républiques sont impossibles.

(...)

La république est l'aspiration constante, universelle des hommes. Semblable à un but éloigné, mais qu'on poursuit toujours, tantôt avec des défaillances, tantôt avec une ardeur nouvelle, la république apparaît comme le terme de leurs espérances, comme le seul gouvernement où la liberté ait des garanties inviolables, où le peuple soit maître de ses destinées.

Dira-t-on que les hommes tendent à l'éternisation de leur dépendance plutôt qu'à la jouissance de la liberté? Dira-t-on qu'ils aiment mieux obéir qu'exercer eux-mêmes leur volonté dans la souveraineté nationale? Voilà pourtant ce que vous prétendez.

Interrogez l'histoire depuis qu'on l'a écrite pour l'enseignement des générations.

Que fit Rome lorsqu'elle s'affranchit des Tarquins? Elle fit la république. Cette république dura cinq cents ans; tant qu'elle fut vertueuse, elle mérita d'être libre. Plus tard elle se corrompit, et c'est alors qu'on vit surgir les maîtres, les despotes, les empereurs en un mot. La corruption des mœurs engendre toujours les tyrans, de même que l'eau stagnante produit la boue.

(...)

La république, ou la liberté, n'est pas aujourd'hui ce que les peuples la croyaient autrefois. La liberté moderne est inséparable de la fraternité. On ne la veut pas seulement pour un peuple, mais pour tous les peuples. On veut effacer les frontières et voir tous les hommes dans la recherche du bien commun.

Voyez ces associations d'ouvriers qui se rencontrent sur un point donné de l'Europe, mais qui viennent de tous les pays à la fois. Ces ouvriers déclarent qu'ils sont frères et que les gouvernements ne les forceront pas à se battre les uns contre les autres. Voyez ces congrès pacifiques qui se réunissent à Genève. C'est le premier pas vers la fusion des races et l'harmonie des droits populaires.

Voyez l'Angleterre elle-même, la constitutionnelle Angleterre. Elle marche à grands pas vers la république. Sa reine n'est plus qu'une femme respectée et aimée; mais ce n'est pas une reine, c'est un souvenir. Le prince de Galles sera probablement le dernier des rois anglais. Quand on aura renversé l'Église établie qui est le principal soutien du trône, et que le suffrage aura atteint ses dernières limites, alors il n'y aura plus de raison pour conserver un fantôme de Majesté.

(L 71-72)

La race saxonne

(...) On a beau dire que l'avenir du monde appartient
à la race saxonne; il se dit bien d'autres absurdités!
Autant vaudrait prétendre que la Terre est le domaine
d'une classe d'êtres spéciale, et que l'infinie variété
des produits de la nature ne convient qu'à une seule
espèce. Au contraire, plus l'homme se perpétuera et
multipliera, plus augmentera le nombre, la diversité
des types humains. Le développement actuel de la
race saxonne n'est autre que la prédominance du
progrès matériel; il est utile, il est nécessaire au
progrès général, mais seulement pour une période
plus ou moins prolongée. Dans le mouvement ascen-
sionnel, indéfiniment multiple de la grande famille
humaine, quelle race peut prétendre longtemps à pri-
mer toutes les autres? Déjà la race saxonne donne
elle-même des signes d'affaiblissement manifestes;
dans les pays où elle se propage, en dehors de son
foyer propre, elle a déjà reçu des modifications profondes, tandis que les peuples nombreux, encore jeunes, ne font que poindre à l'horizon de l'avenir, à
peine initiés aux splendeurs scientifiques du monde
moderne.

   La race saxonne, par elle-même, est très peu
productive; elle n'a pas une grande vitalité, et il lui

manque l'élasticité, la souplesse qui se prêtent à toutes les formes ou qui se les assimilent. Elle couvre le monde, parce qu'elle s'est répandue partout, mais elle ne multiplie guère, et, quand elle aura accompli son œuvre, déjà aux deux tiers parfaite, il faudra qu'elle fasse place à d'autres. L'avenir du monde appartient en somme à l'idée, à l'idée qui est la mère féconde, la grande nourrice de tous les peuples, et dont le sein est intarissable ; l'avenir du monde appartient à la race dont la langue, mieux que toute autre adaptée aux démonstrations scientifiques, pourra mieux répandre la science et la vulgariser.

L'élément saxon, proprement dit, s'efface rapidement, lorsqu'il est placé au milieu de circonstances qui le dominent ; l'élément latin, au contraire, ne fait qu'y puiser une énergie et une vitalité plus grandes ; c'est que l'homme des races celtes et latines porte en lui les traits supérieurs de l'espèce humaine, ses traits persistants, indélébiles ; c'est qu'en lui la prédominance morale et intellectuelle, qui donne sans cesse de nouvelles forces à l'être physique, en fait bien plus l'homme de l'avenir que ne l'est celui de toutes les autres races. Je suppose la France amoindrie de moitié, réduite aux anciennes provinces qu'elle avait sous Charles VII ; je suppose qu'elle ait perdu son prestige politique, sa prépondérance dans les conseils de l'Europe, aura-t-elle perdu pour cela la prépondérance de l'idée ? Que les nombreux essaims saxons envahissent l'Amérique ; qu'ils se répandent dans l'Australie, dans l'Inde, dans la Malaisie, dans la Polynésie, ils ne s'assimilent pas les populations et ne communiquent aucun de leurs traits particuliers, tandis que le Français, par son caractère d'universalité et sa nature sympathique, attire aisément à lui tous les éléments étrangers.

Les peuples civilisés ne disparaissent jamais, quelque petits, quelque faibles qu'ils soient, parce que leur concours est nécessaire aux modes variés du perfectionnement humain. Les plus petits ne sont pas toujours ceux qui ont le moins d'action sur la marche de ce progrès, et la race saxonne aura beau avoir encore pendant longtemps le nombre, elle n'aura jamais l'ascendant réel, l'ascendant intellectuel et moral sur le reste des hommes.

Réjouissez-vous donc, descendants des Normands et des Bretons qui habitez l'Amérique, en face de cette perspective splendide. Pendant un siècle, vous êtes restés intacts; rien n'a pu vous entamer, parce que vous étiez supérieurs, comme types, à toutes les atteintes; vous avez multiplié admirablement; faites-en autant pendant un siècle de plus et vous serez les premiers hommes de l'Amérique. Il est à cela toutefois une condition, une seule, bien simple et très facile:

Apprenez à lire.

(CV 35-37)

Dominion Day

On a beau faire, tant que le Canada ne sera qu'une colonie, il n'y aura pas de nationalité canadienne : il y aura des races française, anglaise, écossaise, irlandaise, qui, toutes, se réclameront de leur mère-patrie respective, mais elles ne se fondront pas dans l'appellation commune de Canadiens, parce qu'il ne peut exister une nation canadienne là où il n'y a pas d'état canadien indépendant.

Voilà ce que je me disais hier en observant dans les rues de Québec les particularités de la célébration du *Dominion Day*. On a voulu faire de ce jour la fête générale de la Confédération, on a tenté d'instituer une fête commune, essentiellement nationale, indifférente à toutes les sympathies d'origine, également propre à toutes les races, eh bien ! on n'a pas réussi à en faire autre chose qu'une fête anglaise. Non, les Canadiens français ne reconnaîtront jamais d'autre fête nationale que la Saint-Jean-Baptiste. Ils admettent parfaitement l'autorité de l'Angleterre, ils lui sont très soumis, ils obéissent volontiers aux lois qu'elle sanctionne pour ses provinces d'Amérique, mais à ce caractère exclusif se bornent leurs relations avec elle ; en dehors du lien politique, il n'y a plus de rapprochement, encore moins d'affinité. En outre, le Canadien français ne comprend pas qu'on puisse lui imposer une autre fête nationale que celle qu'il a établie lui-même, que celle qu'il a choisie; il se regarde avec raison comme le véritable habitant du Canada; lui seul y a des traditions; c'est là qu'est son histoire, ce sont ses pères qui ont fondé et peuplé ce pays maintenant soumis à un pouvoir étranger; c'est lui seul qui s'appelle Canadien tout court, et il est uniquement et essentiellement ce qu'on le nomme, pendant que les habitants des autres races ne veulent être absolument que des Anglais, que des Écossais ou des Irlandais. Il n'a pas seulement un caractère qui lui est propre; il n'habite pas le Canada au même titre que les races étrangères qui l'entourent, il y est de par tous les titres réunis qui constituent une nationalité et la rattachent au sol; appartenant à cette nationalité qui, seule, est réelle, qui, seule, est constituée par l'histoire et les traditions dans l'Amérique anglaise, il n'est donc pas prêt à admettre pour le Canada une autre fête nationale que celle qui est sienne, et, en bonne justice, on ne saurait l'exiger de lui.

Le *Dominion Day* reste donc, pour la province de Québec, une fête essentiellement anglaise, c'est une célébration politique et non pas nationale, et on le voit clairement à chaque pas qu'on fait dans les rues de nos villes; les banques sont fermées, il est vrai, de même que les bureaux publics dont le caractère est officiel, parce que le *Dominion Day* est un jour légal; les magasins anglais sont fermés aussi, mais les magasins canadiens ne le sont pas, si ce n'est par exception. Voici un exemple extrêmement piquant de ce fait; je l'ai remarqué tout à coup en passant par la grande allée Saint-Louis où se construisent côte à côte deux grands édifices; l'un est élevé par un entrepreneur canadien, l'autre par un entrepreneur anglais; au premier, les ouvriers travaillaient absolument comme d'habitude; au second il y avait silence de tombe, absence complète, pas une figure humaine.

Tout le *Dominion Day* était là.

(PC 36-38)

Villages canadiens-français et dispersement acadien

Nous sommes, nous, un peuple ancien. Tout est vieux en Canada, les villes, les campagnes, les mœurs, le langage; tout y est pénétré de l'antique et a la senteur lointaine d'un monde dès longtemps disparu. Nous parlons et nous vivons comme nos ancêtres; en maints endroits, des souvenirs déjà séculaires attestent une vie, une histoire, des traditions dont nous n'avons fait qu'hériter, et qui sont maintenues par des coutumes pour ainsi dire invariables. Quand on parcourt les campagnes canadiennes, le plus souvent on respire comme la poussière d'une civilisation éteinte; des ruines, déjà vieilles de cent ans, jonchent le sol dans bien des villages; il y a des églises et des demeures que le moindre souffle du vent ébranle, et qui remontent au temps de la régence d'Orléans. Des cités entières même, comme Québec, s'enveloppent dans des manteaux de débris et semblent souffrir toutes les atteintes d'une vieillesse trop longtemps prolongée.

Le Bas-Canada est le vieux monde dans le nouveau, le vieux monde resté passif au milieu des secousses modernes, lézardé, mais immuable, sillonné de moisissures et jetant au loin l'odeur des nécropoles. Depuis plus de deux siècles, bien des champs ont la même apparence, bien des foyers ont entendu les mêmes récits des vieux, morts presque centenaires ; les générations se sont succédé comme un flot suit l'autre et vient mourir sur le même rivage, et c'est à peine si, depuis une quinzaine d'années, des mains hardies se sont mises à secouer le linceul sous lequel les Canadiens avaient enseveli les légendes de leur passé et les beautés de leur histoire.

Il y a chez nous des classes sociales, des aristocrates, débris de l'orgueil et de l'ignorance féodales ; il y a des vieilles familles qui se détachent de la masse et qui conservent intactes des mœurs et des manières surannées ; il y a les parvenus, il y a les enrichis, les petits bourgeois et les ouvriers, tous gens se tenant à part les uns des autres ; il y a des pauvres bien-nés et de gros marchands qui reçoivent dans des palais, et qu'on pourrait atteler avec des bœufs de labour ; il y a à part cela la classe d'élite, fière de sa valeur, dont l'exclusivisme n'a rien d'arrogant, qui se mêle volontiers à toutes les autres et dont les prédilections s'abaissent maintes fois jusqu'aux rangs les plus obscurs, c'est la classe des hommes de l'esprit et de l'étude. Mais ici, dès que l'on met le pied dans la baie des Chaleurs, et dans tout le reste des provinces maritimes, les distinctions sociales disparaissent ; il n'y a plus que des égaux.

Les communautés sont petites, jeunes et formées invariablement des mêmes éléments. On n'y connaît pas plus la mendicité que les grandes fortunes, et si les hommes en général n'y travaillent pas avec l'ardeur et l'âpreté que nous mettons dans nos entreprises, du moins ils font tous quelque chose. Prenez l'un après l'autre tous les groupes isolés d'habitations, auxquels on a donné le nom de villes, le long de la Baie et sur le littoral du Nouveau-Brunswick, et vous retrouverez, non seulement la même physionomie extérieure, mais encore les mêmes mœurs et les mêmes occupations.

Ce pays n'a pas de passé, pas de coutumes établies; il n'y a là, pour ainsi dire, pas de lien, pas de solidarité; chacun y vit de sa vie propre, affermit, développe, élève et embellit son existence comme il l'entend. Les chaudes amitiés qui datent de l'enfance et qui remontent aux vieilles liaisons de famille, sont inconnues. C'est que les hommes, en petit nombre encore, y sont tous dispersés sur une étendue considérable; pas de paroisses, pas de villages nulle part; seulement, çà et là, des centres de commerce appelés villes, et qui ne ressemblent en rien à ce que nous sommes habitués à appeler de ce nom.

En parcourant les rivages de la baie des Chaleurs, vous verrez paraître inopinément un clocher au milieu d'espaces vides, comme ces calvaires qui, dans notre pays, se dressent tout à coup sur les routes solitaires; c'est la chapelle protestante ou catholique; mais, autour d'elle, rien de ce rassemblement qui rappelle aussitôt l'idée du troupeau réuni sous la main du pasteur. Les habitations sont disséminées sur la grande route, parfois quelque peu rapprochées, assez suivies, le plus souvent clairsemées; aucun endroit ne tire son nom d'un village ou du saint auquel il est consacré, mais d'une configuration de terrain, d'une petite rivière, d'un souvenir fortuit, d'un accident et même d'un hasard. On dirait que l'homme est arrivé sur cette terre comme une paille emportée par le vent, qu'il s'est arrêté tout à coup et a planté sa tente sans s'occuper de ce qui l'entourait, ni de son passé désormais perdu dans l'oubli.

Dans une pareille contrée, les mœurs sont nécessairement quelque peu dures. Chacun, renfermé dans une individualité semi-barbare, a peu de notions de la réciprocité sociale, des égards mutuels. On sent que les hommes y ont l'habitude de vivre séparés; aussi sont-ils défiants les uns des autres. La loi, quand il y a lieu, reçoit son application la plus rigoureuse; pas de tempéraments, pas d'adoucissements.

Dans une civilisation qui a pris son développement complet, tous les membres de la société sentent qu'ils se doivent mutuellement protection; on observe moins la lettre que l'esprit de la loi, on l'élude même par mille fictions qui, en somme, ne font que démontrer combien chacun se repose plus sur les mœurs générales que sur les ordonnances, combien on s'en rapporte plus à l'intérêt de tous, dans l'ordre des choses établi, qu'à la contrainte imposée par des textes inflexibles. Mais ici, l'on dirait que la loi, loin d'être faite pour les hommes, est faite contre eux, et qu'il n'existe pas d'autre sauvegarde mutuelle que dans une application draconienne de ses obligations.

(CHC 256-259)

Cléricalisme, colonialisme

Ah! nous en sommes bien encore au temps où le clergé forçait Copernic à dire que le soleil est immuable, parce que Josué l'ayant arrêté, il n'était pas dit qu'il l'eût fait repartir, et où il emprisonnait Galilée pour avoir prétendu que la terre tourne. Et il en sera ainsi du clergé de tous les temps, parce que la science démolit l'échafaudage théocratique, amas de légendes et de puérilités qu'ont détrôné Newton, Kepler, Laplace, et Cuvier.

Voilà des noms qu'on ignore dans les collèges, parbleu! Mais en revanche, on y passe les deux tiers de la vie en prières, l'autre tiers à apprendre les racines grecques et à maudire les philosophes.

Oh! les philosophes! on n'en connaît qu'un, Voltaire; il est vrai qu'on ne le connaît que de nom, mais c'est assez pour le maudire.

Eh bien! c'est une chose poignante et terrible qu'un état de société comme le nôtre. Quoi! nous sommes aussi vieux que les États-Unis, et où en sommes-nous? Quand je descends dans cet abîme, je reste épouvanté. Mais je ne craindrai pas d'y descendre encore davantage, parce que je veux vous le montrer dans sa nudité béante, je veux te le faire voir, à toi, jeunesse endormie du Canada, à toi, peuple, qui jouis de la servitude.

Je viens plaider aujourd'hui, devant l'histoire et devant la civilisation, la cause du peuple canadien, peuple vigoureux et intelligent, dont on essaie en vain de faire un troupeau stupide. Je la plaide devant les Anglais qui en sont venus à nous mépriser, ne pouvant s'expliquer comment nous aimons à ce point la soumission.

Remontons dans le passé de notre abaissement; nous pouvons aller loin; toutes les tyrannies, hélas! ont des dates anciennes, la liberté seule n'a qu'un passé récent.

Lorsque les colonies, nos voisines, s'affranchirent et proclamèrent leur immortelle déclaration des droits de l'homme, elles firent d'éloquents appels aux Canadiens de se joindre à elles.

Mais nous n'écoutions alors, comme aujourd'hui, que la voix des prêtres qui recommandaient une soumission absolue à l'autorité. En vain Franklin vint-il lui-même, en 1775, offrir au Canada d'entrer dans la confédération américaine, lui garantissant telle forme de gouvernement qu'il lui conviendrait d'adopter et une liberté de conscience absolue, les mêmes lois et la même constitution que les États-Unis, il ne fut pas même écouté.

En même temps, le Congrès envoyait au Canada une invitation pressante et l'engageait à élire des députés qui le représenteraient dans l'assemblée générale de tous les États; le comte d'Estaing, qui commandait un flottille au service de la cause américaine, nous écrivit de son côté une lettre chaleureuse où il disait que nous n'avions qu'à vouloir être libres pour le devenir... tous ces appels, toutes ces sollicitations à l'indépendance parvinrent à peine aux oreilles des Canadiens, ou furent étouffés sous les sermons et les mandements dans lesquels on ne prêchait qu'une chose, l'obéissance passive.

Ainsi la cause du peuple n'était déjà plus celle du clergé, et c'est lui cependant qui a osé se dire jusqu'à ce jour notre protecteur et notre défenseur !

Uni à la noblesse, le clergé conspira l'extinction de tous les germes d'indépendance nationale qui se manifesteraient. Ces deux ordres étaient tenus de servir obséquieusement la métropole, pour que rien ne fût enlevé aux privilèges ecclésiastiques ni aux privilèges féodaux.

Jouissant d'une influence incontestée, d'un ascendant sans bornes sur la population, ils s'en servirent pour enchaîner leur patrie. Ils déployèrent dans cette tâche une activité infatigable ; le clergé surtout, comprenant que tout son prestige s'effacerait si le Canada, uni à la république américaine, avait des écoles libres où l'instruction religieuse fût formellement interdite, a fait depuis quatre-vingt-dix ans aux États-Unis une guerre de calomnies et d'injures qui, heureusement, sont si ridicules qu'elles perdent le plus souvent de leur portée.

Plus tard, lorsque le monde retentit de révolutions, que la France souffla à l'oreille de tous les peuples ses principes humanitaires, que les colonies espagnoles se soulevèrent contre un joug ténébreux, les Canadiens seuls, entretenus dans l'ignorance, reçurent à peine un écho de toutes ces grandes choses. Les philosophes qui ont affranchi l'humanité n'avaient pas même de nom chez eux ; le livre, cette puissance du siècle, était proscrit ; chaque message des gouverneurs, chaque mandement des évêques retentissait d'imprécations contre le peuple français qu'on appelait l'ennemi de la civilisation, parce qu'il conviait les peuples à briser leurs fers sur les trônes des rois.

En 1838, ce même clergé, ennemi traditionnel de tout affranchissement, anathématisa les patriotes déjà voués au gibet. Depuis, il a écrasé le parti libéral qui, en 1854, tenta de soulever contre lui la conscience publique ; il a étouffé toute manifestation libre de la pensée, non seulement dans le domaine de la philosophie, mais encore dans les choses les plus ordinaires de la vie.

Vint enfin 1866 qui trouva les Canadiens français tout à fait ignorants de l'immense changement politique qui allait s'accomplir dans l'Amérique anglaise, qui les trouva incapables de se former une opinion à ce sujet.

C'est là le résultat de l'obscurantisme érigé en système, depuis l'origine de la colonie.

Pour n'avoir appris que cette phrase sacramentelle mille fois répétée, cet adage traditionnel inscrit partout «Les institutions, la religion, les lois de nos pères», pour n'avoir voulu vivre que de notre passé, nous y sommes restés enfouis, aveugles sur le présent, inconscients de l'avenir.

(L 138-140)

Obscurantisme

(...)

«Ah! vous venez voir un peuple jeune, plein de sève et d'avenir; vous venez contempler la majesté des libertés anglaises chez des colons de l'Amérique; vous venez admirer le spectacle d'un peuple, jouissant à son berceau de tous les droits et de toutes les franchises de l'esprit que les nations d'Europe n'ont conquis qu'après des siècles de luttes et avec des flots de sang... eh bien! le plus affreux et le plus impitoyable des despotismes règne sur nous à côté de cette constitution, la plus libre et la plus heureuse que les hommes puissent jamais rêver. C'est lui, c'est ce despotisme qui abaisse toutes les intelligences et déprave tous les cœurs, en les armant sans cesse de préjugés et de fanatisme contre la liberté et la raison. C'est lui qui est cause qu'aucune conviction libre et honnête ne puisse se déclarer ouvertement, et que tant d'hommes politiques, par la crainte qu'il leur inspire, luttent entre eux de duplicité et de servilisme, préférant dominer avec lui en trompant le peuple, que de se dévouer sans lui en éclairant.

«Ah! vous frémiriez, vous, Français, si je vous disais que le nom de la France, si cher au peuple canadien, que cette nationalité pour laquelle il combat depuis un siècle, et qu'il a payée parfois du prix des échafauds, ne sont, entre les mains de ce pouvoir et des politiciens qu'il façonne à son gré, qu'un moyen d'intrigues et de basses convoitises. Vous frémiriez d'apprendre que ce mot de nationalité, qui renferme toute l'existence d'une race d'hommes, n'est pour eux qu'un hochet ridicule avec lequel on amuse le peuple pour le mieux tromper.

«Ainsi, c'est ce que le peuple a de plus glorieux et de plus cher que l'on prend pour le pervertir, ce sont ses plus beaux sentiments que l'on dénature, que l'on arme contre lui-même; on l'abaisse avec ce qu'il a de plus élevé, on le dégrade avec ce qu'il y a de plus noble dans ses souvenirs. Vous voulez conserver la nationalité? eh bien! rendez-la digne de l'être. Vous voulez continuer d'être Français? eh bien! élevez-vous par l'éducation, par l'indépendance de l'esprit, par l'amour du progrès, au niveau de la race anglaise qui vous enveloppe de tous côtés; enseignez aux enfants l'indépendance du caractère, et non la soumission aveugle, faites des hommes qui sachent porter haut et ferme le nom de la gloire de la France, faites des hommes, vous dis-je, et ne faites pas des mannequins.

«Mais il va y avoir une réaction... et cela peut-être avant longtemps, continua M. d'Estremont avec un accent d'une énergie croissante, et comme si son regard perçait de sombres profondeurs de l'avenir, il y aura une réaction terrible. On ne peut pas éternellement avilir un peuple; et la conscience humaine chargée d'infamies les vomira avec horreur. Le despotisme clérical se tuera par ses propres abus, de même qu'autrefois, pour inspirer aux enfants des

Spartiates l'horreur des orgies, on leur faisait voir des esclaves ivres de vin.»

Le mot de cette énigme redoutable était donc enfin lâché. Je compris tout, et je pensai à la France de Charles IX, de Louis XIV, à l'Espagne de Philippe V, au Mexique de nos jours, à la pauvre Irlande, à toute cette chaîne lugubre de calamités humaines enfantées par l'ignorance et le fanatisme.

M. d'Estremont était devenu tout à coup sombre et rêveur. Il se promenait à grands pas, la tête baissée, parfois faisant un geste d'impatience ou de dédain, parfois relevant la tête comme avec un noble orgueil de ce qu'il venait de dire. Puis soudain, par un des mouvements brusques de sa nature impétueuse, s'approchant vivement de moi :

— Monsieur, me dit-il, moi qui vous parle, je suis profondément chrétien ; et c'est parce que je suis chrétien que je veux que la conscience des hommes soit respectée. Toutes ces choses que j'ose à peine vous dire chez moi, à vous qui êtes étranger, bientôt peut-être on les dira en face de tout le peuple. Oh ! il y aura des hommes ici comme ailleurs qui se feront des martyrs de leurs convictions, et qui se voueront à la haine publique pour sauver leur patrie ! Je ne vivrai peut-être pas pour voir le fruit de ce glorieux dévouement ; mais du moins, je veux être un de ceux qui l'auront préparé ; je veux que ma vie entière soit un holocauste au triomphe de l'avenir !

Comment peindre ce que j'éprouvai ? Je regardais cette imposante figure de M. d'Estremont, illuminée par l'enthousiasme, et qui semblait déjà revêtir les splendeurs du martyre politique. Puis, je reportais ma pensée sur le peuple canadien, cet autre martyr si longtemps immolé aux intrigues ambitieuses de ses guides.

Mais tout à coup une idée vint frapper mon cerveau ; n'y avait-il rien d'exagéré dans ce sombre tableau d'abjections et de prostitution intellectuelle ? La parole ardente de M. d'Estremont, depuis long-temps comprimée, ne l'avait-elle pas emporté au-delà de sa pensée elle-même ? Était-il possible qu'il y eût tant d'aveuglement chez un peuple entier, jouissant d'une constitution libre ? Pouvais-je admettre *a priori*, sans autre témoignage que le dé-goût d'un homme intelligent, mais peut-être aveu-glé, que le secret de tant de maux fût tout entier dans le despotisme exercé sur les consciences ? N'y avait-il pas d'autres causes ? des circonstances politiques ou étrangères n'avaient-elles pas influé sur l'esprit et sur la condition sociale du peuple ? Je commençais à douter, mais je ne voulais pas que le doute restât dans mon esprit, à moi qui étais venu chercher la lumière. Je savais du reste que mon hôte, s'il pouvait se laisser entraîner par la passion, céderait du moins toujours au plaisir de dire la vérité et de se réfuter lui-même, pour rendre hommage à la raison. Je m'adressai à lui sans hésiter ; je lui exposai mes doutes, en l'assurant d'avance que j'ajouterais foi à tout ce qu'il m'apprendrait de plus, quand il devrait corroborer ce qu'il venait de dire.

Il me serra la main avec effusion, et continua ainsi : « Je vous remercie de votre confiance. Vous avez raison du reste d'en appeler à mon honnêteté contre les entraînements de mon caractère. Que je suis heureux de trouver quelqu'un qui me com-prenne !... Je vous ai ouvert mon cœur ; il est temps que je vous parle le langage de l'histoire et de l'in-flexible impartialité.

« Vous ne devez pas croire, reprit-il, après quelques instants de recueillement, que cet état de choses que je vous révélais tout à l'heure ait toujours duré. Oh non! il y a eu aussi dans notre histoire une époque grande et mémorable, un temps d'héroïsme où les hommes qui guidaient le peuple étaient de vrais patriotes, de sincères et éloquents amis de toutes les libertés humaines. La corruption ne s'était pas encore glissée dans notre sein; et le clergé, confondu avec les vaincus dans la Conquête, était assez porté à les défendre. Alors, les mots de nationalité et de religion étaient prononcés avec respect; c'étaient de puissants leviers pour soulever le peuple contre ses oppresseurs; on rappelait nos ancêtres, et l'on poussait la jeunesse aux vertus mâles et patriotiques, à la défense de ses droits. Si l'ignorance et la superstition régnaient, du moins on ne les employait pas à un but odieux, à l'asservissement général de la population. On n'avait pas encore appris à corrompre les plus purs instincts du peuple et à flétrir toutes les gloires nationales. Il y avait entre les colons et leurs chefs sympathie d'idées, d'aspirations, d'espérances; ils étaient unis pour la poursuite du même but, ils souffraient des mêmes persécutions, et se réjouissaient ensemble des rares triomphes qu'obtenaient les libertés populaires. C'était une grande famille dont le clergé était l'âme, les hommes politiques l'instrument, et le peuple l'appui. Aujourd'hui, le clergé, les hommes d'État, et le peuple sont séparés; le premier veut dominer tous les autres, ceux-là le servent par ambition, et celui-ci, privé de ses guides désintéressés, se laisse aller au courant sans savoir où il le conduira.

«Ce fut un jour malheureux où le clergé se sépara des citoyens; il avait une belle mission à remplir, il la rejeta; il pouvait éclairer les hommes, il préféra les obscurcir; il pouvait montrer par le progrès la route à l'indépendance, il aima mieux sacrifier aux idoles de la terre, et immoler le peuple à l'appui que lui donnerait la politique des conquérants. Il y a à peu près un demi-siècle, l'évêque Plessis demandait uniquement à la métropole qu'on voulût bien garantir le maintien de la foi catholique en Canada. Dès qu'il l'eut obtenu, et que l'Angleterre vit tous les moyens qu'elle pourrait tirer pour sa domination du prestige que le clergé exerçait sur les masses, le Canada fut perdu. Les prêtres ne demandaient qu'une chose, la religion catholique, et ils abandonnaient tout le reste. Dès lors, ils se joignirent à nos conquérants et poursuivirent de concert avec eux la même œuvre. Ils intervinrent dans la politique, et crurent bien faire en y apportant les maximes de la théocratie; ils n'y virent qu'une chose, l'obéissance passive; ils n'y recommandèrent qu'une vertu, la loyauté absolue envers l'autorité, c'est-à-dire envers la nation qui nous persécutait depuis 50 ans. Ils abjurèrent toute aspiration nationale, et ne se vouèrent plus qu'à un seul but auquel ils firent travailler le peuple, la consolidation et l'empire de leur ordre.

«Tout ce qui pouvait indiquer un symptôme d'indépendance, un soupçon de libéralisme, leur devint dès lors antipathique et odieux; et plus tard, au nom de cette sujétion honteuse qu'ils recommandaient comme un devoir, ils anathématisaient les patriotes de "37", pendant que nos tyrans les immolaient sur les échafauds.

«En tout temps, ils se sont chargés de l'éducation, et l'ont dirigée vers ce seul but, le maintien de leur puissance, c'est-à-dire l'éternelle domination de l'Angleterre.

«En voulez-vous des preuves? Ils n'admettent dans l'enseignement que des livres prescrits par eux, recommandés par leur ordre, c'est-à-dire qu'ils n'en-

seignent à la jeunesse rien en dehors d'un certain
ordre d'idées impropre au développement de l'esprit. Tous les divers aspects des choses sont mis de
côté; l'examen approfondi, les indépendantes recherches de la raison qui veut s'éclairer sont condamnées sévèrement. On ne vous rendra pas compte
des questions, on vous dira de penser de telle manière.»

(LC 17-20)

Le Moyen Âge au XIXe siècle

Montréal, 9 février 1867.

Mon Ami.

J'ai longtemps tardé à vous écrire : j'ai voulu voir et connaître. J'ignorais, hélas ! que le désenchantement, que le dégoût viennent bientôt remplacer la curiosité dans l'examen des sociétés dégradées par le romanisme ; j'ignorais combien il est vrai que tous les vices découlent de l'ignorance, et j'ai ressenti tant d'horreur de cette milice de jongleurs sacrés qui se sont adjugé l'âme humaine comme un hochet ou comme une pâture, que j'ai presque oublié la pitié que je devais aux malheureux qui en subissent aveuglément l'oppression.

Est-ce donc là l'histoire des peuples depuis que les peuples existent ? Les hommes ne se sont-ils réunis en société que pour s'exploiter les uns les autres ? Donc, toujours le privilège. Au peuple, à la grande masse, l'avertissement moral après que les insurrections et le progrès ont détruit l'asservissement des corps ; à quelques-uns la domination, la domination par le préjugé, par le fanatisme, par la misère, par l'ignorance, à défaut de pouvoir politique. Hommes! il vous faut des jougs à bénir, et des oppressions que votre aveuglement consacre. Vous aimez l'autorité qu'on appelle sainte; et quand la liberté vient à vous, c'est toujours avec des bras ensanglantés, et comme une furie plutôt qu'une libératrice.

Ah! je comprends aujourd'hui les excès des révolutions; je comprends les bouleversements que fait un rayon de pensée franchissant cette masse d'obscurités de toutes sortes épaissies par les siècles; je le comprends à la vue des abominations qui se commettent tous les jours sur cette terre infortunée du Canada. J'excuse, non, plutôt j'absous ces déchaînements populaires, furieux et impitoyables, dont le souvenir reste longtemps dans l'âme des oppresseurs, échelons sanglants, mais ineffaçables sur la voie du progrès. Si c'est une condition fatale pour l'humanité de ne pouvoir atteindre à ses destins que par des crises, eh bien acceptons-en la salutaire horreur, les barbaries nécessaires, moins odieuses que ces despotismes prolongés d'âge en âge qui font bien plus de victimes, quoique dans l'ombre, et qui ne servent qu'à perpétuer le règne de toutes les impostures.

Habitué dès mon enfance à vivre sous l'éclatante lumière de la civilisation, je croyais à peine aux crimes, aux forcenneries des siècles qui nous ont précédés; je faisais une large part de l'imagination des auteurs... Hélas! je me trompais; je devais voir au Canada, en plein dix-neuvième siècle, autant d'indignités monstrueuses, autant d'absurdités que l'histoire en rapporte du Moyen Âge, moins les supplices, les autodafés, les tribunaux ecclésiastiques toujours ruisselants de sang ou de larmes.

Mais l'Inquisition! elle règne ici, elle règne souveraine, implacable, acharnée; et elle règnera encore longtemps, compagne inséparable de l'ignorance. Elle n'a plus de bûchers qui engloutissent des milliers de vies, mais elle corrompt et avilit les consciences. Elle ne contraint plus à l'obéissance par des tortures, mais elle exerce cette pression ténébreuse qui étouffe le germe de la pensée comme la liberté d'écrire ce qu'on pense; elle manie et rédige partout ces instruments terribles, ces agents insaisissables qui attaquent les réputations, qui détruisent les caractères, et accablent sous la calomnie tout homme qui veut parler librement. Ne pouvant dompter la pensée, elle l'a pervertie. Ne pouvant faire taire cet immortel instinct qui est au fond de l'âme, et qui n'a d'autre aliment que la vérité, elle l'a faussé dans son essence, a détourné ses élans, l'a étouffé sous les appétits grossiers de l'intérêt individuel. Voilà ce qu'elle a fait et ce qu'elle fait tous les jours. Incapable d'atteindre les corps, elle persécute les âmes, elle brise les carrières, elle apporte la misère et le découragement aux penseurs trop hardis qui veulent s'affranchir du méphitisme intellectuel où tout se corrompt.

Maintenant, qu'un homme s'élève, suffoquant de dégoût ou de honte; qu'il se dresse en face de ce dieu des ombres, et, avec la conscience de la vérité, ose la dire au troupeau d'hommes qu'il tient asservis, aussitôt les anathèmes pleuvent; son nom est livré à l'horreur, à la haine, sa vie entière à la rage du fanatisme, et son foyer, seule retraite où il cherche l'oubli des persécutions, retentit encore du bruit des imprécations qui le suivent partout.

Que de fois, poursuivi par le sombre tableau que m'a fait M. d'Estremont, et cherchant à m'arracher à l'affreuse réalité, je laisse errer mon imagination exaltée d'espoirs insensés, de visions fantastiques. Je jette, en rêvant, mes regards sur cette terre immense où, il y a deux cents ans, on ne sentait partout que le silence farouche des vastes solitudes. Des lacs sauvages, où l'image de l'infini se mêlait aux profondeurs muettes des vagues, gisaient au milieu des forêts, couchés sur le large flanc des montagnes, berceaux grandioses où passait le souffle de Dieu dans les orages. Une race d'hommes indomptables, au cœur de chêne, mêlés avec la nature et restés sauvages comme elle, marchaient en rois sous les ombrages des forêts séculaires, respirant l'espace, fiers comme la liberté, inflexibles dans la mort.

Ils ne sont plus... Qui donc aujourd'hui les a remplacés? Cette création gigantesque, suprême effort de la nature, n'est-elle donc plus pour un peuple de Titans? Regardez au loin ces campagnes immobiles, enfouies dans le repos, où nul souffle n'arrive, d'où aucun souffle ne part. Le bonheur et l'aisance semblent y habiter... mais ce bonheur, cette tranquillité apparente, sait-on bien à quel prix on les achète? Il y a des pays où l'ordre règne par la tyrannie des baïonnettes; il y en a d'autres où la paix s'étend comme un vaste linceul sur les intelligences. Ici, point de révolte de la conscience ou de l'esprit brutalement subjugué; point de tentative d'émancipation, parce qu'il n'y a ni persécution, ni despotisme visible. Les hommes naissent, vivent, meurent, inconscients de ce qui les entoure, heureux de leur repos, incrédules ou rebelles à toute idée nouvelle qui vient frapper leur somnolence. Dans ces pays, le bonheur pèse sur les populations comme la lourde atmosphère des jours chauds qui endort toute la nature. Ce calme est plus effrayant que les échafauds où ruisselle le sang des patriotes, car il n'est pas d'état plus affreux que d'ignorer le mal dont on est atteint, et, par suite, de n'en pas chercher le remède.

Oui, depuis vingt-cinq ans, une léthargie écrasante s'est appesantie sur les consciences: tous les fronts se courbent sans murmure sous la terreur cléricale. Pas une classe d'hommes qui ne soit dominée par la crainte; aucune œuvre intellectuelle; chaque essai de littérature tournant pitoyablement en flagorneries au clergé; la presse épeurée, craintive, isolée quand elle veut s'affranchir, rampante et hypocrite quand elle peut conserver l'appui du pouvoir théocratique.

Ce spectacle ne se voit nulle part. Dans l'impériale Russie, les hommes se baissent sous le knout; un mot du czar omnipotent peut armer des milliers de bourreaux... Chez les Mogols, le Grand Lama, pontife et souverain, dispose à son gré des âmes et des corps. À Rome et dans l'Espagne, la catholique Espagne, vouloir s'affranchir du clergé, c'est s'insurger contre le gouvernement, ces deux choses étant inséparables, comme elles l'étaient pour toute l'Europe il y a trois cents ans; et l'on vous jette dans les oubliettes, ou l'on vous fusille, ou l'on vous déporte; par la crainte de la mort, des supplices, les hommes se soumettent. Mais en Canada, sous un gouvernement libre, dans ce pays où toutes les croyances sont légalement admises, où toutes les opinions ont droit de se produire, où tous les abus civils, politiques, cléricaux, peuvent être signalés et attaqués sans restreinte, rien ne saurait expliquer la couardise et l'arrogante hypocrisie de la presse obscurantiste, si l'on ne savait le charme qu'offre aux natures basses le pouvoir exercé au moyen de l'ignorance et de l'apathie de la masse.

Et cependant on se demande comment il existe une pusillanimité si générale, si profonde, si incurable. Quoi! les flétrissures des hypocrites et des cagots sont donc maintenant ce qui arrête les esprits libres dans l'accomplissement du devoir? Quoi! tout l'objet de la vie doit consister à ne pas se compromettre, à céder à l'envie, à redouter au lieu de combattre les méchants et les lâches! Vous qui par vos lumières pouvez diriger l'opinion, vous préférez la suivre, quand elle est égarée, inconsciente, obscurcie! Mais alors quelle est donc votre œuvre et votre but si vous pliez sous les menaces de vos adversaires, si vous évitez la lutte, si vous leur laissez le champ libre pour corrompre à l'envi l'intelligence du peuple? Ignorez-vous que les concessions et les atermoiements sont autant d'armes contre vous-mêmes, en présence d'ennemis qui ne triomphent que par l'occulte terreur qu'ils répandent dans les âmes?

Vous le savez. Il n'y a qu'une chose vivante en Canada, c'est le clergé; il absorbe tout, politique, éducation, presse, gouffre immense et si profond que le désespoir s'empare des penseurs patriotiques. Eh bien! il faut y descendre, il faut plonger la main dans l'abîme, et non pas s'arrêter sur ses bords. On ne transige pas avec l'absolutisme clérical, avec un ennemi qui ne vous épargne qu'à la condition que vous ne soyez rien devant lui. Mais on l'attaque de front, il faut savoir mourir quand on ne peut vaincre.

Vous dites «à quoi bon se casser la tête contre un mur?» À quoi bon? le voici. À ouvrir la voie à ceux qui, venus après vous, l'auraient renversé. Mais vous n'avez vu là qu'un effort inutile, qu'une tentative insensée: vous avez craint le sacrifice, et vous l'avez réservé à la génération qui vous suivait, bien plus douloureux, bien plus difficile à accomplir.

N'est-elle pas en droit de se plaindre ? Aujourd'hui, recueillez le fruit amer de ce funeste effroi d'une lutte sans trêve comme toutes les luttes de la vérité. Voyez : de tous côtés vos ennemis triomphent ; voyez l'affreux état d'une société que vous n'avez pas su protéger contre le jésuitisme. Partout trônent l'hypocrisie, l'intrigue, la malhonnêteté, le mensonge, toutes les turpitudes récompensées, toutes les abjections exaltées et glorifiées.

Mais ce n'est pas le moment de vous plaindre, petit groupe d'esprits ardents et convaincus qui voulez la lutte ; vos amis se sont trouvés dans des temps difficiles... À vous d'aller de l'avant, d'attaquer le mur par la base. Qu'il s'écroule sur vous, s'il le faut ! mais du moins vous aurez frayé le chemin à la jeunesse qui demande des exemples.

Aujourd'hui, il n'est plus qu'une chose qui puisse sauver le Canada ; c'est le radicalisme ; le mal est trop grand et trop profond, il faut aller jusqu'aux racines de la plaie. Des demi-mesures n'amèneront que des avortements... Eh quoi ! ne sentez-vous pas, vous qui respirez à côté de la grande république, qu'il y a en vous une intelligence et un cœur, qui ne peuvent être l'éternelle proie des tyrans de la conscience ? Ne sentez-vous pas que l'humanité a une autre voie à suivre que celle où la jetait le Moyen Âge, qu'il y a d'autres noms à évoquer que celui de l'Inquisition, une ambition plus noble à nourrir que celle de sycophante des vieux préjugés ? Préférez-vous être les instruments dociles d'un ordre ambitieux à la gloire de guider votre pays ?...

Mais que disais-je ?... où retentira cet appel suprême peut-être étouffé déjà sous les imprécations ?... hélas ! il n'y a plus de jeunesse en Canada. Je regarde autour de moi, je vois des visages froids qui s'observent, qui s'épient, qui se masquent, physionomies déprimées où règne l'empreinte d'une lassitude précoce, où se lisent les convulsions de la pensée qui cherche à se faire jour, et qui meurt dans l'impuissance.

Vous voilà, jeunesse canadienne, telle que vous ont faite les jésuites et leurs suppôts depuis vingt-cinq ans. À force de vous prêcher la soumission, ils en sont rendus à vous la faire bénir ! Impatiente de leur joug, vous le défendez, vous l'exaltez dans les journaux, cherchant un sourire du maître que vous vous êtes donné vous-même, au lieu de braver sa haine qui serait impuissante, si vous saviez vouloir.

(LC 33-37)

Décadence d'un peuple

Notre peuple est profondément abaissé et humilié, parce que ce sont ces hommes-là qui ont fait son éducation. Ils lui apprennent à être faux, craintif, oblique, à employer toute espèce de petits moyens, de sorte qu'il ne peut employer les grands, quand il le faut, et qu'il se voit d'un grand bout dominé par les autres races.

Nous sommes des moutons et, qui le veut, peut nous tondre.

On ne nous prêche que deux choses, l'obéissance et l'humilité, l'obéissance surtout, dont on fait la première des vertus.

Mais l'obéissance n'est que l'école du commandement et non pas une vertu en soi.

Et l'humilité, telle qu'on nous l'enseigne, n'est autre chose que l'humiliation.

La vraie vertu des nations n'est pas l'humilité, c'est l'orgueil, c'est la conscience de leur force qui leur fait faire de grandes choses.

(...)

Nous étions autrefois un peuple fier, vigoureux, indomptable. Nous luttâmes un siècle contre la puissante Albion. Plus tard, vaincus, mais glorieux du passé, nous restâmes seuls, à l'écart, nourrissant l'âpre amour de la nationalité, grandissant et espérant.

Mais depuis un quart de siècle, nous rapetissons et nous n'espérons plus.

Si vous aviez fait des hommes, ces hommes eussent fait un grand pays, aujourd'hui libre, mais vous avez préféré enseigner l'obéissance, gardant pour vous le commandement; et maintenant, façonnés à ce joug, nous sommes tellement avilis, tellement bafoués, que nous éprouvons comme une humiliation d'être appelés Canadiens français.

(...)

Dans ce pays qui compte 1 200 000 habitants, dont 300 000 à peine d'origine étrangère, quels sont les dominés, les méprisés, les incapables? C'est nous.

Qui nous a fait un peuple sans caractère, sans opinions, sans idées, sourd et rebelle à l'enseignement? C'est *l'ignorance systématique dans laquelle le clergé nous a maintenus.*

(...)

Nous n'avons pas toujours été un peuple flétri; mais nous fûmes toujours un peuple d'enfants, tondable, exploitable à discrétion, et tondu et exploité.

(...)

Le Canada offre un fait unique dans l'histoire. C'est le fait d'une grande majorité des habitants possédant le sol, écartée presque entièrement et dominée par une petite minorité d'hommes venus de l'extérieur.

L'histoire montre bien des nations entières opprimées et décimées par une poignée de conquérants, réduites au dernier degré d'abjection, mais on ne vit jamais une nation jouissant de droits égaux

210

avec ceux qui la conquirent appelée comme eux à l'exercice de toutes les libertés publiques, à participer à tous les bienfaits de la civilisation, se condamner elle-même à l'absorption et à une déchéance qui équivaut à l'anéantissement. Qu'une occasion se présente, les Canadiens n'oseront se faire valoir, mais ils brailleront pendant un mois si on le leur reproche.

Ils savent très bien se rendre aux neuvaines, aux confréries, mais ils ne savent pas aller là où les attendent la rivalité, la lutte des autres races, l'occasion de s'affirmer, de se signaler, de manifester leur caractère propre, à côté des Anglais, des Irlandais et des Écossais.

Cependant, toute leur éducation de collège leur a été donnée en français ; les prêtres n'ont cessé de se représenter à eux comme les sauveurs de notre *nationalité* ; ils leur ont fait entendre ce mot sous toutes les formes ; dans les élections, sur les hustings, les conservateurs n'ont cessé de le crier aux habitants des campagnes ; d'où vient donc que cette nationalité n'est guère qu'une dérision ?

Quoi ! je vois des Irlandais venir ici d'outremer, pauvres, déguenillés, et en peu de temps, par leur énergie et leur esprit national, se produire au grand jour, se faire une place à part dans les événements de la politique, être courtisés par tous les partis, tenir le gouvernement en émoi par leurs moindres gestes, tandis que nous, Canadiens français, premiers habitants et presque seuls possesseurs du pays, nous ne pouvons même pas former une société nationale qui se montre à un lever du gouverneur !

Allez voir ce qu'est devenue notre nationalité à la Nouvelle-Écosse, cette ancienne colonie de la

France. Dans aucun centre populeux on n'y parle le français.

Et vous croyez pouvoir conserver ici cette nationalité sans la nourrir par les idées du progrès, sans l'illustrer par la vaillance et le génie de ses enfants !

(...)

Par quelle suite de chutes, par quels abaissements successifs, par quelles déchéances de plus en plus profondes, en sommes-nous venus à ne plus compter sur notre propre sol, à n'être plus rien, même à nos propres yeux ?

Pourquoi ? Voilà le mot répété bien des fois depuis quelques années ; grand nombre de gens soupçonnent le *parce que*, mais il leur fait peur.

À moi il appartient de le dire.

Nous ne sommes plus un peuple, parce que depuis un quart de siècle nous avons abdiqué entre les mains des prêtres toute volonté, toute conduite de nos affaires, toute idée personnelle, toute impulsion collective.

Cette abstraction de nous-mêmes a été poussée si loin qu'aujourd'hui elle est devenue notre nature d'être, que nous n'en concevons pas d'autres, que nos yeux sont fermés à l'évidence, que nous n'apercevons même pas le niveau d'abaissement où nous sommes descendus, et nous considérons comme une bonne fortune unique de n'avoir plus la charge de nos destinées.

(L 81, 95-97, 260, 283)

Jeunesse étouffée

Nos jeunes gens ont perdu l'ambition de l'aplatisse-
ment; il en est qui sont restés avec vous; ceux-là
n'ont plus la force de se relever; captifs endormis, ils
regardent leurs chaînes d'un air hébété, ne sachant
même plus qu'ils sont esclaves. D'autres s'agitent,
mais ils retombent, vaincus par le poison que vous
avez versé dans leur intelligence.

Ils font pitié à voir; aussi je les regarde sans
dédain. Caractères avachis, cœurs étiolés, fantômes
sournois, on les aperçoit qui passent, l'œil terne, ne
voyant plus d'avenir, bornés à l'ombre qui les entoure.

Une triste lassitude règne dans ces âmes abat-
tues avant d'avoir pris leur vol. Partout ailleurs la
jeunesse a des élans; ici, elle n'a que des craintes.

Vous avez étouffé en elle la source généreuse
du patriotisme et de l'abnégation. Cette soif de liberté et de lumière qui s'abreuve et s'augmente à la fois
par l'absorption des grandes idées, qui seule est
l'instrument du progrès humain, dont les désirs toujours croissants accusent l'intarissable fécondité de
l'esprit, vous l'avez étouffée sous les capuchons de
l'Union Catholique, comme on étouffe un feu dévo-
rant que l'eau ne peut éteindre.

213

Non, vous n'aviez pas assez d'eau bénite pour nous noyer dans le marais. Il vous a fallu des ressources inouïes contre cette jeunesse livrée à vous sans défense, fréquentant vos collèges, ignorant que le monde partout marchait, tandis qu'elle seule reculait.

(...)

Comprendrez-vous enfin, jeunes gens, comprendrez-vous qu'entre les mains du clergé, vous ne pouvez être qu'un instrument de circonstance qu'il brise dès qu'il n'en a plus besoin, qu'en croyant vous faire de lui un allié, vous vous êtes donné un maître qui exploite à son profit unique tout le bien que vous pouvez faire avec vos talents et votre énergie, qu'en persistant à ne pas vous arracher à vos chaînes, vous perdez de plus en plus le sentier de l'avenir, que vous vous rendez inhabiles aux conditions nécessaires de notre prochain état de société, et que vous vous trouverez avant longtemps peut-être isolés au milieu d'un monde qui aura marché sans vous?

Mais combien de temps encore devrai-je prêcher dans le désert?

(L 95, 205)

Travail noir

La concurrence est une chose licite et louable : elle favorise le progrès industriel. Les religieuses l'ont si bien comprise et la pratiquent si bien qu'elles font aux pauvres femmes du peuple, qui travaillent pour les magasins, une concurrence qui les met sur la paille, ce qui est mauvais dans cette saison-ci.

Grâce à cette concurrence, les femmes du peuple ne trouvent plus d'ouvrage, mendient, ou...

Qu'une industrie prospère ou débute, dans notre ville, avec de belles perspectives, de suite vous voyez arriver les émissaires de certaines congrégations qui demandent qu'on leur cède la besogne, et qui offrent de la faire en rabais.

Naturellement, l'industriel livre le travail. Alors vient l'ouvrière qui, apprenant que les religieuses font l'ouvrage pour tel prix, l'accepte pour le même prix, plutôt que de n'en pas avoir.

À leur tour, les religieuses reviennent et offrent de faire l'ouvrage à plus bas prix encore.

La pauvre ouvrière, qui n'a pas les avantages qu'ont les congrégations dont je parle, qui n'est pas nourrie, chauffée, éclairée par la charité publique, renonce à faire l'ouvrage à perte, et la voilà sans ressource.

Chacun est libre sans doute d'entreprendre un travail à aussi bas prix qu'il le veut; et le marchand, qui ne consulte que son intérêt, cherche à réaliser le plus de profits possible sur ses ouvriers.

Ce n'est pas là la question. Une concurrence ne saurait être louable, ni même légitime, si elle n'est faite à moyens égaux. Mais que les congrégations, qui vivent de la piété crédule et de la charité du peuple, viennent enlever le pain aux pauvres femmes de ce peuple, aux ouvrières, mères de famille souvent, qui n'ont qu'un métier pour vivre, c'est un de ces petits supplices arrosés d'eau bénite, comme on en tient en réserve pour précipiter plus vite dans le paradis les gens qui ont la vie dure.

Il est fort heureux qu'il y ait des sœurs qui entendent le commerce. Sans elles, on vivrait trop longtemps dans cette vallée de larmes.

(L 85)

Les saints du calendrier*

«Sainte Agnès», d'un seul mot fit tomber raide mort un jeune homme qui s'était montré audacieux; mais elle lui rendit la vie à la prière de son père.

«Sainte Agnès» fut martyre, condamnée à être brûlée, dit «saint Ambroise»; mais les flammes refusèrent de la consumer, et le juge la fit tuer d'un coup d'épée.

Il y a environ soixante martyrs dont on raconte la même chose, sans expliquer davantage pourquoi la puissance divine qui les préservait des flammes ou des bêtes féroces ne pouvait pas ou ne voulait pas les préserver du glaive.

Je citerai seulement:

«Sainte Julienne», dont on raconte sans aucune preuve et sans vraisemblance qu'un juge ordonna de lui arracher les cheveux avec la peau de la tête.

Cela ne lui causa aucun mal.

Il ordonna de la faire rôtir dans une fournaise.

Cela lui fut indifférent.

Alors il la fit frire dans l'huile bouillante.

Ce qui sembla la rafraîchir (textuel).

Mais lorsque ce même juge ordonna de lui trancher la tête, Dieu ne s'y opposa pas.

On maria saint Aubert et sainte Angradesme. Saint Aubert refusa net de consommer le mariage ; de son côté, sainte Angradesme obtint de Dieu d'avoir le visage couvert d'ulcères. Les deux époux, alors au comble de leurs vœux et si bien d'accord, ne s'occupèrent plus que de leur salut.

Saint Benoît n'avait rien trouvé de mieux pour faire plaisir à Dieu, dit saint Grégoire, que de se rouler tout nu dans les orties.

En parlant de sainte Radégonde (cette reine qui aimait tant les puanteurs) j'ai oublié un détail curieux ; «elle feignait des nécessités, dit saint Grégoire de Tours, pour quitter la nuit le lit où elle reposait à côté de son mari, et aller se coucher sur la terre nue et prier».

Pour lui il se mit dans un petit coin et s'y tint debout pendant quarante jours sans s'asseoir ni s'agenouiller, sans user de pain ni d'eau, et mangeant seulement quelques feuilles de chou cru le dimanche.

Entre les autres austérités que l'on rapporte de saint Macaire, on dit que, «l'esprit d'impureté le pressant par de violentes tentations», il s'en alla dans un marais où il y avait des «moustiques et des cousins gros comme des guêpes, et où il s'établit tout nu pendant six mois. Or, ces moustiques avaient des aiguillons si pénétrants que la peau même des sangliers n'était pas à l'abri de leurs piqûres».

(...)

Sérieusement, la vie de ces saints est-elle un bon exemple ? À l'exception de saint Vincent de Paul, et peut-être d'un ou deux autres, quels sont ceux dont la mémoire se recommande par un véritable service rendu à l'humanité ou à la société ? Quels sont ceux qui ont montré dans leurs inutiles et puériles austérités un autre sentiment qu'un froid égoïsme sacrifiant devoirs et famille à la crainte des supplices de l'enfer et à l'espérance d'une félicité éternelle pour eux-mêmes, dont ils rêvaient d'étranges détails.

Sérieusement, un homme qui fend du bois pour nourrir sa famille, ou bêche la terre pour faire croître un brin d'herbe, une femme qui fait la soupe pour son mari et ses enfants et leur tricote des bas, sont plus agréables et plus obéissants à Dieu, et d'un meilleur exemple pour les hommes, que ces fainéants, ces hallucinés et ces hystériques que l'on propose et parfois que l'on impose à la vénération.

Ne fera-t-on pas quelque jour un almanach où chaque jour on lira le nom d'un de ceux qui ont été les bienfaiteurs et si souvent les martyrs de l'humanité ?

(L 146, 297)

Tartuffes

Le clergé n'a pas *demandé la suppression de La Lanterne*, comme l'a prétendu un journal de Québec. Le clergé ne demande rien en Canada. Quand il veut quelque chose, il l'ordonne.

Il a commandé à M. Chapleau, libraire de la rue Notre-Dame, de ne plus vendre *La Lanterne*, mais ne le lui a pas *demandé*.

Maintenant c'est au tour de M. Perry qui refuse de la vendre.

Voilà les moyens qu'on emploie. Et l'on dira que le clergé est fort en ce pays ! Quoi ! voilà un ordre qui se prétend dépositaire de la vérité absolue, et il n'est pas seulement capable de la défendre, et il a à lui presque toute la presse, il a ses organes attitrés, quotidiens, et pour combattre un pamphlet qui ne paraît qu'une fois par semaine, il en est réduit à faire peur aux libraires qui le vendent ! C'est là une puissance !

Si vous étiez réellement forts, craindriez-vous les attaques d'un simple citoyen comme moi, et ne m'auriez-vous pas écrasé déjà par des réfutations indiscutables, puisque vous avez avec vous la vérité ?

Vous avez fait peur aux libraires ; mais vous avez bien plus peur qu'eux, vous, puissance.

J'ai tort ou j'ai raison. Si j'ai tort, montrez-le. Si j'ai raison, pourquoi vous opposez-vous à la raison ?

Vous croyez que vous allez me vaincre, moi, comme vous avez fait de tant d'autres qui n'ont pas eu le courage de vous braver et qui vous croyaient trop forts, tandis qu'ils n'étaient, eux, que trop faibles.

Vous croyez que les moyens ordinaires d'intimidation, que les persécutions, que la pauvreté, que les intrigues dans les familles, que l'exécration de mon nom, que toutes ces lâchetés de la force réussiront contre moi... non, non, jamais !

Je suis prêt à tout, j'ai fait le sacrifice de tout, de mon repos, de mon avenir pour dire la vérité, et je la dirai.

Venez maintenant m'arracher ma *Lanterne*. S'il n'y a plus de libraires pour la vendre, il restera toujours un homme pour l'écrire et un public pour la lire.

(...)

Je vous fais la guerre ouverte, je m'expose à vos coups ; vous me faites la guerre des embûches, des intrigues ; c'est bien ! mais vous ne me vaincrez pas.

Il serait trop beau, vraiment, que vous eussiez encore ce triomphe ; que, par ma défaite, le libéralisme fût rejeté encore de dix années en arrière.

Non, vous ne l'aurez pas, ce triomphe.

S'il faut une victime aux idées libérales, que cette victime soit moi. Que mon nom soit flétri, j'y consens, mais que le peuple soit enfin arraché à l'odieuse domination, à la succion cléricales.

221

Ce qui me bouleverse, ce qui m'horripile, ce qui me met tout à l'envers, c'est qu'il existe une classe d'hommes qui se soit donné pour mission de dégrader et d'abrutir leurs semblables, qui ait le courage de poursuivre ce but, qui s'en fasse gloire, et qui exerce avec passion ce monopole qu'il suffit de nommer pour faire frémir, l'ignorance des peuples.

Chez toutes les nations, un groupe d'hommes s'est formé pour le malheur des autres, qui s'est dit le dépositaire de la vérité, le sanctuaire de la science. Aucun mortel ne pouvait franchir la porte du temple mystérieux; l'ignorance, nuit épaisse, enveloppait les peuples agenouillés. Les prêtres riaient et priaient; ils offraient de nombreux sacrifices, mais jamais d'eux-mêmes, ni de ce qui leur appartenait. Tout à coup un rayon de soleil éclate sur le front de la multitude; la voix d'un mortel audacieux s'est fait entendre, il a déchiré le voile, le temple s'écroule, les dieux séculaires tombent mutilés sur leurs autels en ruines, et le mystère apparaît dans toute sa nudité abjecte, amas de supercheries et de monstruosités.

Mais à quoi cela a-t-il servi? Une erreur détruite en fait naître deux autres; la mort est une mère féconde qui enfante parmi les ruines. À une imposture dévoilée succèdent d'autres impostures, d'autres mensonges, d'autres dupes: l'homme ne se lasse point de tromper ou d'être trompé.

(L 55-56, 116)

Interdictions et censures*

(...)

J'avoue, pour ma part, que je m'occupe assez peu du péché de luxure chez les membres du clergé. Il est encore à l'état d'exception et le sera longtemps, — du moins j'aime à le croire. Ce n'est pas là qu'est le danger, je veux dire le danger public. Mais ce qui a été le malheur et la perdition de toutes les sociétés où le clergé était le maître, c'est «l'orgueil» ecclésiastique. Oh! l'orgueil ecclésiastique! Tous les autres péchés réunis, et seraient-ils innombrables, ne seraient que poussière, comparés à ce péché-là. C'est l'incommensurable dans l'infini. Ça n'a ni borne ni terme. On sait un peu où ça commence, mais on ne voit nulle part où ça finit. Vous piquez légèrement l'épiderme d'un ecclésiastique de première année. L'Église tout entière se gonfle, éclate et fulmine. Regarder un bedeau de travers n'a pas encore été décrété sacrilège, mais on sent qu'il n'y a que la formule qui manque.

Faire acte d'autorité à tout propos, en toutes choses et sous tous les prétextes, vrais ou faux, puérils ou sérieux, voilà ce qui devient l'essence même de tout homme qui entre dans les ordres. Il ne peut plus vivre sans défendre tous les jours une chose ou une autre, et sans prononcer une interdiction ou une censure sur un sujet quelconque qui le gêne, sur une personne qui ne plie pas suffisamment, sur une publication qui n'est pas de son goût ou qui n'a pas l'odeur prescrite d'orthodoxie.

Tout jeune vicaire, qui aspire à une cure lucrative, rêve jour et nuit au nombre d'interdictions qu'il aura la chance de prononcer un jour. Tout jeune curé qui entre en fonctions commence d'abord par chercher tout autour de lui s'il n'a pas quelque livre à prohiber, quelque journal à proscrire. Et s'il est un mois sans en trouver, il devient absolument désenchanté sur son propre compte et perd toute ambition légitime de faire un jour un évêque sérieux.

Aussi, des interdictions, il en pleut à tout bout de champ, non pas seulement dans les chaires et dans les mandements — celles-là sont pour les grandes occasions —, mais à propos même des choses ordinaires de la vie où il plaît au dictateur religieux de mettre le nez. Tel jour, par exemple, un évêque ou un archevêque aura subitement l'idée d'interdire la lecture du *Courrier des États-Unis*. Cette idée lui est soufflée par quelque petit vicaire ou par quelque gros chanoine qui n'a pas la moindre idée de ce journal. Mais là n'est pas la question. Il ne s'agit pas d'avoir des raisons, il s'agit d'interdire quelque chose, et, quant aux raisons, on en trouvera une aisément pour le public, à qui l'on dira, par exemple, que le *Courrier des États-Unis* publie un feuilleton immoral.

(...)

C'est un fait reconnu partout que la tyrannie morale engendre tous les vices. On ne peut comprimer les intelligences et les cœurs sans les rendre propres à recevoir les plus fatales empreintes. Quand les hommes éclairés acceptent un pareil joug, c'est qu'ils ont perdu toute vertu; quant à ceux qui s'y soumettent par ignorance et par incapacité de s'élever jusqu'à la conception de la destinée humaine, il n'y a pas à compter avec eux. Ils ne représentent qu'une force passive et inerte, jusqu'au jour où cette force se traduit en un déchaînement aveugle et violent de toutes les aspirations trop longtemps étouffées.

L'esprit humain embrasse tous les mondes, toutes les causes et tous les effets: il est impossible que vous puissiez l'astreindre indéfiniment à des sujétions qui empêchent son développement, qui refoulent ses élans naturels, ses libertés légitimes; il est impossible, enfin, que vous lui imposiez indéfiniment une conscience factice, dont tous les ressorts ne sont mus que par l'idée de soumission, une conscience qui ne juge jamais par elle-même et qui n'agira jamais que d'après des dictées et des prescriptions. Par un entraînement irrésistible vous êtes amenés à abuser de plus en plus d'une autorité qui, exercée avec discrétion, pouvait produire d'excellents résultats; la logique des choses et la fatalité de la nature humaine vous condamnent irrémédiablement à courir de fautes en fautes et de catastrophes en catastrophes, jusqu'à ce que l'édifice déjà trop chargé s'écroule sous son propre poids; jusqu'à ce que le torrent, grossi par des obstacles follement entassés, déborde, en emportant jusqu'aux digues salutaires qui devaient diriger et mesurer sa course.

À vouloir trop gouverner les hommes on les pousse à la révolte; et quand une fois l'esprit de révolte a soufflé, c'en est fini de toute contrainte morale. L'esprit cherche d'autres voies, et s'il aboutit à l'erreur, du moins il y est entraîné librement; la faute n'en est à personne; et comme il est de l'essence de la liberté de guérir ses propres maux, cette erreur ne peut être que passagère.

(...)

Il n'y a pas d'exemple dans l'histoire d'un pouvoir parvenu à son apogée, devenu capable de tout oser et de tout imposer à la fois, qui n'ait vu son déclin commencer avec ses excès mêmes.

Partout vous avez poussé les peuples à des révolutions inévitables. Partout on a été obligé de recourir à des commotions sociales pour secouer un joug devenu pire que celui des despotes, parce qu'il s'exerce encore plus sur les intelligences et sur les consciences que sur les corps. Mais nous ne serons pas appelés à passer par ces violentes épreuves. Nous ne les désirons pas non plus, attendant beaucoup plus du travail lent, mais sûr, qui se fait dans les esprits, que des transformations plus promptes, mais pas assez mûrement préparées, qui renferment en elles tous les germes de réaction. Nous attendons tout enfin du progrès désormais assuré des Lumières, nous voyons germer le grain mis en terre, et l'espérance qui monte, qui monte toujours, nous apportant les consolantes visions de l'avenir que nous aurons préparé.

(«Interdictions et censures», *Canada-Revue*, IV, 11 fév. 1893, p. 86-87, 90)

À contre-courant

Sous un ciel plus propice, j'aurais pu donner l'essor à mon admiration des grandes choses, à mon amour ardent des sciences et des lettres.

Mais on ne pardonne pas aux âmes de s'élever, là où tout est plat et servile.

Pourquoi mesurer l'espace de ses ailes, quand on reste cloué sur un sol dévoré par des jésuites et des Robert Macaire en soutane?

Faire des œuvres purement littéraires en Canada! mais où donc seraient mes lecteurs? où mes critiques? où mes juges?

La presse inepte, barbare et esclave, foisonne d'éloges pour les âneries de *L'Union Catholique* et de *L'Écho du Cabinet de Lecture*. Elle trouve admirables d'éloquence l'intarissable mendication de l'évêque de Montréal, et les réponses des curés à leur paroissiens qui viennent leur offrir de l'argent.

Mais les productions libres et méritantes n'ont pas même droit à la critique. Tout ce qu'on peut faire pour elles, c'est de les accabler d'injures, ou de feindre de les ignorer.

Eh bien! j'ai entrepris de remonter ce courant, de refouler l'infamie dans son lit.

Admirer ce qui est beau et chercher à le peindre, certes ce n'est pas là un travail difficile. Mais
arracher les hommes à l'imposture, rejeter dans la
nuit les oiseaux de proie, relever les caractères dé-
chus, sauver enfin tout un peuple d'une ignominie
sans nom et de l'abîme fangeux où l'entraîne sa
décadence, voilà qui est digne d'être tenté, voilà
peut-être qui est plus grand, et comme tout ce qui est
grand, ne s'élève que par la souffrance.

(...)

On peut me salir avec des crachats, mais on ne
m'entamera point.

Je n'ai pas un regard pour ceux qui rampent,
mais je regarde avec une pitié, avec une tendresse
amère, ce pauvre peuple qui n'a rien fait pour être
victime, et qui passe sa vie à nourrir et à payer ses
tourmenteurs.

Il ne s'agit plus seulement de donner la dîme,
il faut encore que la misère du peuple serve au luxe,
à la convoitise effrénée de ses maîtres.

(...)

Voilà la religion qui résiste à tout dans les
âmes, et le peuple ne se lasse point de payer pour être
exploité.

Devant cet abîme effrayant d'ignorance et de
perdition, on croira que je puisse m'arrêter au spectacle des splendeurs de la nature ?

(...)

Quoi ? la plus belle chose sortie des mains de
Dieu, n'est-ce pas l'homme ? Et quand je vois à mes
pieds tout un peuple avili, foulé par d'indignes char-
latans, courbé sous un joug d'autant plus terrible
qu'il l'ignore, quand ce peuple a la même patrie que
la mienne, je le laisserai sans défense aux griffes de
ses oppresseurs, me contentant de contempler les

hautes montagnes que les nues enveloppent et de promener mes rêves avec les murmures des vieilles forêts?

Non, non, tout homme a une mission à remplir envers les autres hommes, et il est coupable du jour où il l'oublie pour s'adonner aux pures jouissances de l'âme, aux extases stériles de la pensée.

(L 230-232)

Éteignoir sur *La Lanterne*

(...) *La Lanterne* (...) s'éteignit subitement, en pleine lumière, au plus fort de l'incandescence, sans qu'aucune cause apparente pût fournir une explication de ce terrible phénomène, de cet effrayant cataclysme. Assurément ce n'était pas un miracle. Nous n'oserions chercher si haut l'explication d'une si lamentable catastrophe. Allumée par des mains humaines, *La Lanterne* ne pouvait être étouffée que par des mains humaines; mais ce n'étaient plus les mêmes. Depuis plusieurs semaines, l'auteur luttait péniblement, isolément, non seulement contre les ennemis naturels et déclarés de son pamphlet, contre la propagande ouverte ou sourde, contre les moyens déguisés ou non, avoués ou secrets qu'on mettait en œuvre pour l'abattre, contre une hostilité formidable, formée d'éléments divers, toujours active et acharnée et bien au-dessus des forces d'un seul homme, mais encore, et ce qui était bien plus douloureux et plus dangereux pour lui que tout le reste, contre l'effroi qu'on était parvenu à répandre jusque dans l'esprit de ses meilleurs amis, de ses plus fermes soutiens. L'un après l'autre, les dépôts où *La Lanterne* se vendait lui avaient fermé leurs portes. Il n'en restait plus que deux ou trois dans la ville, et les acheteurs habituels n'osaient même plus la demander: ceux qui tenaient encore quand même à la lire l'envoyaient chercher par des commissionnaires inconnus. Proscrite, signalée partout à l'exécration des fidèles, elle ne pénétrait plus dans aucun foyer. On la lisait secrètement et on se hâtait de la détruire, après l'avoir lue; c'est pour cela qu'il n'en était resté que très peu d'exemplaires conservés religieusement par des partisans ou des adeptes sans peur et sans reproche.

(«Article posthume», 20 octobre 1884, L 334)

Essais

Cataclysme préhistorique au Saguenay[1]

La rivière Saguenay est un gouffre profond parfois de mille pieds, taillé en plein granit, au sein d'énormes entassements de montagnes, par un terrible cataclysme qui remonterait à des milliers d'années, si l'on peut s'en rapporter à l'attestation géologique, aux témoignages offerts par l'étonnante physionomie du sol, par l'image de bouleversements répétés, par les épaisseurs profondes d'alluvions, de terre végétale, jetées comme au hasard, en énormes amas, soulevées comme le sein même de l'océan dans la tempête, puis s'affaissant dans des ravins de cent, deux cents, trois cents pieds de profondeur, tout cela brusquement et comme simultanément, sans cause explicable, si ce n'est par un épouvantable choc dans les entrailles de la terre et par le déchaînement des éléments qui en fut la suite. Il n'est pas de voyageur qui ne se sente pris d'une sorte de frémissement, d'épouvante mystérieuse, à l'aspect de ce sombre fleuve et de ses formidables rives à l'heure où le

---

1. Sur cette «hypothèse» pseudo-scientifique, dont Buies prend prétexte pour dessiner un tableau à la Chateaubriand ou à la Victor Hugo, voir la note 44 de notre Introduction.

crépuscule grandissant s'épanche sur elles, à cette heure où le bateau à vapeur, chargé de touristes émerveillés, rendus subitement silencieux, charmés en même temps que dominés, s'avance lentement vers son embouchure que semblent garder avec un front menaçant de lourdes falaises où viennent s'obscurcir les dernières lueurs du jour. Chaque branche d'arbre frissonnant alors dans le vent du soir semble un sourcil qui se fronce et dont l'ombre se projette au loin sur les flots du Saint-Laurent lui-même. Ce large manteau noir, qui descend des sommets hérissés, encore tout pleins des longs roulements du tonnerre, remplit l'âme d'une terreur à laquelle l'imagination donne de l'intensité sans doute, en la grossissant d'un gros cortège de visions effroyables, mais il semble qu'à la vue de cette rivière presque insondable, enserrée, comme étreinte entre deux torses de montagnes qui ont l'air de se défier d'un bord à l'autre d'un infranchissable abîme, on se croit en face d'une dernière empreinte du chaos, d'un dernier essai, ébauche violente d'une formation arrêtée dans son cours, et qui gronde, et qui s'irrite de ne pouvoir jamais se compléter, d'attendre en vain l'œuvre patiente, mais sûre, du temps qui accorde son heure à tout ce qui existe.

Il y a comme du délire dans cette création. Les montagnes paraissent avoir été jetées là au hasard, comme dans une épouvantable mêlée où les combattants sont restés debout, foudroyés sur place. Dans ces entassements informes on respire comme un souffle encore tout récent de cataclysme, et bien des siècles encore passeront sans rien enlever à cette nature de son horreur tragique. Tout y tremble de l'entrechoquement, de la fureur des éléments repoussés dans leur essor ; on se sent, en pénétrant dans ce chaos immobilisé, aussi petit que l'atome, et l'on a comme une secrète terreur d'y être englouti sans retour.

Il semble qu'une main divine, pleine de colères, s'est abattue tout à coup sur ces énormes rochers et les a entrouverts avec fracas pour donner cours à un torrent furieux. Quand le Saguenay, jusqu'alors ignoré sur la carte du monde, s'est précipité pour la première fois dans cette gigantesque crevasse de mille pieds de profondeur, quand il entra pour la première fois dans ce lit bouleversé où les gouffres ne faisaient que de s'entrouvrir, ce dut être avec un bruit qui fit trembler au loin la terre ; il dut y plonger en bondissant, mugir avec des bruits d'abîme dans le chaos, et ses eaux, durant de longues, bien longues années, escaladèrent sans doute de terribles sommets avant de conquérir enfin un niveau assuré et tranquille.

(...)

Il faut voir par exemple le cours de la Belle Rivière, entre le lac Kénogami et la paroisse de Saint-Gédéon, sur le bord du Lac, pour se former quelque idée du travail fait par les eaux lors du grand cataclysme. Rien de plus sinueux ni de plus difficile à suivre que le cours de cette rivière serpentant parmi les mamelons de terre alluviale qui se dressent de tous côtés à des hauteurs diverses. La Belle Rivière ne savait pas où aller. Prise à l'improviste au milieu des monceaux de terre balayés et jetés au hasard par les torrents, elle se débattit au milieu d'eux, creusa un jour un lit, le changea le lendemain, revint sur elle-même, aperçut une issue, s'y enfonça, puis fut arrêtée net par quelque amoncellement de rochers, alors elle essaya de passer dessus ; impossible. Elle dut encore rebrousser chemin, recommencer, faire de nouveaux détours, et enfin elle finit par se caser tant bien que mal, comme un serpent exténué qui n'a pas la force de redresser ses membres après une course furieuse.

(...)

La crevasse qui s'est faite tout à coup dans les montagnes en donnant naissance à la rivière Saguenay n'a pas été, on le pense bien, un coup de ciseau délicat. Œuvre de violence, elle renferme tous les désordres; elle est pleine d'abîmes inattendus, de chocs, de résistances et de spasmes produits dans les entrailles de ce sol brusquement frappées; sa profondeur varie infiniment, suivant une foule de circonstances locales ou fugitives, et sa marche a été des plus irrégulières. Cependant, on peut constater et marquer jusqu'à un certain point des degrés dans la violence du cataclysme; son intensité n'a pas toujours été égale, et elle a diminué assez graduellement, si l'on veut bien ne tenir compte que de l'ensemble de sa marche, et non de quelques écarts profonds qui la troublent et qui dérouteraient toutes les hypothèses. Ainsi l'on peut dire en thèse générale que la crevasse n'a pas cessé de diminuer de profondeur et d'ampleur, depuis l'embouchure du Saguenay, son point de départ, jusqu'au lac Saint-Jean où elle est «arrivée» pour ainsi dire épuisée, à bout d'efforts.

(...)

Un mille plus haut, en suivant la rivière, on arrive à la fameuse chute Ouiatchouane, qui a 236 pieds de hauteur, et que l'on voit toujours, comme si on l'avait exactement en face de soi, à quelque endroit qu'on se trouve au nord du Lac. Avant le cataclysme, il n'y avait pas de chute Ouiatchouane; le Lac couvrait tout le plateau d'où elle descend et s'étendait même au-delà; la rivière, bien moins longue qu'aujourd'hui, coulait dans une gorge et venait se perdre tranquillement dans le sein du grand récepteur. Tout à coup les eaux du Lac se retirent violemment et d'effroyables profondeurs apparaissent à la lumière d'un jour d'épouvante; la rivière, ne trouvant plus le Lac pour la recevoir et terminer sa course, continue d'aller devant elle à la poursuite de cette mer qui lui échappe et où il faut cependant qu'elle finisse par se jeter. Son cours, de modeste et de tranquille qu'il était, devient rapide, il devient impétueux: inquiète, effrayée de tout ce qui l'entoure, la Ouiatchouane s'élance aveuglément pour trouver un refuge; elle, si paisible, devient éperdue, échevelée; elle bondit, jaillit, frappe les rochers stupéfaits, plonge dans les ravines, en sort par des bonds furieux, tourne brusquement, saute des obstacles encore à peine formés et mouvants, et elle arrive enfin au plateau qui domine le bassin où ce qui reste du Lac est étendu. Elle veut se faire un lit sur ce plateau et elle le creuse; elle lui fait une entaille de vingt-cinq à trente pieds de profondeur, et, le lit creusé, inopinément elle se trouve sur la crête d'un roc jusque-là caché par l'épaisse couche d'alluvions qu'elle vient de fendre de ses eaux. Ce roc s'élève droit, à pic, et il a 236 pieds de hauteur. Retourner en arrière est impossible. Alors la Ouiatchouane, comme le guerrier qui se précipite dans la mêlée ténébreuse, mesure le gouffre qui l'attend et s'élance... Ce fut son dernier bond; quelques pas plus loin, elle retrouva le Lac qui reçut ses ondes fatiguées et qui n'a pas cessé depuis lors de lui donner asile.

Si seulement la Ouiatchouane avait dévié quelque peu de sa course, elle aurait évité de faire cette chute énorme en évitant le rocher. D'ordinaire les rivières suivent les vallées, les gorges, ou courent la base des montagnes; et lorsqu'elles font des chutes, ces chutes sont naturelles, ce sont des entailles pratiquées dans leur lit même et elles n'ont qu'à s'y précipiter pour retrouver immédiatement après un cours normal et uniforme. Mais pour que la Ouiatchouane ait sauté ainsi par-dessus un rocher de 236 pieds de hauteur qui lui barrait le chemin, au lieu de le contourner et de se frayer tranquillement un lit en le longeant, il faut qu'elle ait été prise à l'improviste, qu'elle n'ait pas eu le temps de creuser son cours et qu'elle ait été emportée par une force irrésistible, aussi subite que violente; il faut qu'elle ait été précipitée au lieu d'être laissée à elle-même, et que, n'ayant pas eu le choix de son lit ni le pouvoir de le creuser lentement à son gré, suivant une pente naturelle, elle se soit jetée éperdument, soudainement, en bas d'un rocher de 236 pieds de hauteur, ce qui est contre toutes les lois de la physique du globe.

À cette dernière illustration nous bornons ce que nous avons à dire sur l'hypothèse d'un cataclysme survenu dans la région du Saguenay. Il ne nous appartient pas de faire une démonstration scientifique; nous avons simplement voulu donner l'éveil aux géologues et attirer l'attention du monde savant sur la justesse d'une théorie qu'il nous a paru indispensable d'exposer, parce qu'elle présuppose l'existence d'un fait qui a été soupçonné il y a longtemps déjà, mais qui n'a jamais été ni étudié ni discuté. (...)

(S 35-37, 268-269, 275-279)

Le «Teetotalisme»*

(...)

La défense de boire le dimanche n'est qu'un premier pas; on dirait presque que ce n'est qu'un prétexte pour arriver plus sûrement à l'interdiction de tout le reste. En effet, dès qu'un homme fait le sacrifice d'une habitude ou d'un goût, pendant vingt heures de la semaine, il peut bien en faire d'autres. C'est ainsi que se développe cette succession vraiment merveilleuse de suppressions et d'interdictions qui, si elles continuent, feront du dimanche un jour abhorré et en rendront une nouvelle définition nécessaire; on dira: «Le dimanche est un jour où l'homme est privé de tous ses droits».

Il y a bon nombre de villes américaines qui, grâce aux abstinenciers, sont devenues absolument ridicules, tout à fait inhabitables le jour du Seigneur. Les nôtres ne tarderont pas à l'être également, elles ont déjà bien commencé; voyez par exemple Ottawa; il n'y est même plus permis de se promener le jour où l'on a rien à faire, et les cochers sont tenus, de par injonction municipale, de laisser leurs stations désertes.

(...)

241

Après les prohibitions, qui sont purement négatives et qui consistent dans l'interdiction de faire certaines choses, viendra l'obligation positive, formelle, de faire certaines autres choses, comme de ne se montrer en public qu'aux heures de l'office divin, de faire sa cuisine avant le lever du soleil, d'être debout avec les coqs, d'empêcher son chien d'aboyer, de marcher en glissant, de se laver comme les chats afin de faire le moins de bruit possible, enfin, de n'ouvrir la bouche que pour chanter des psaumes n'importe sur quel ton.

Voilà le dimanche tel qu'il sera inévitablement dans cinq ans d'ici, pour peu que nous voulions avoir autant de vertu qu'il est possible d'en montrer. Aussi, il faudra voir alors comme les gens se jetteront tête baissée dans tous les excès, afin d'échapper à l'ennui, l'ennui, ce patient tentateur auquel ne résistent guère les vertus modernes.

Or, c'est là précisément ce que nous voudrions empêcher, et, pour cela, nous allons faire à notre tour un peu de morale, car nous supposons bien que c'est au nom de la morale que se font les prohibitions dominicales, et que c'est avec des arguments prétendus moraux qu'on tourne nos conseillers de ville en vrais Dracons promenant le fer rouge dans tous les gosiers. Voyons un peu.

Une loi, pour être respectée et avoir de l'autorité, doit s'appuyer sur une nécessité, sur un besoin, soit pour protéger des droits, soit pour sanctionner de bonnes habitudes ou empêcher des abus qui troublent l'ordre public. Toute loi faite uniquement pour imposer ou pour contraindre est vexatoire et immorale, immorale, oui, certes. Prenez pour exemple New York; depuis que la vente des liqueurs y est interdite le dimanche, on voit la foule, une foule énorme quitter la ville et se rendre à Holyhead et à Staten Island et y faire d'épouvantables orgies souvent accompagnées de rixes et de crimes. Le soir, tout ce monde-là revient à la ville, et il faut voir alors quel spectacle présentent les ferry-boats et les rues qui bordent les quais!

Cette conséquence est toute naturelle et il serait surprenant qu'il n'en fût pas ainsi. Laissez aux hommes l'usage ordinaire, quotidien d'une chose ou d'un droit quelconque, il est rare qu'ils en fassent un abus; la licence, dans ce cas, est exceptionnelle, et ce n'est pas pour l'exception qu'on doit faire les lois. La répression, qui est un châtiment, ne doit s'appliquer qu'aux délits; et on en fait ici une mesure générale qui atteint tout le monde. Pour justifier une loi comme celle qui interdit la vente des liqueurs le dimanche, il faut l'existence de graves abus de nature à troubler l'ordre ou la décence publics. Comment les abus sont-ils constatés? Par la plainte qu'on en fait ou par le cri général qu'ils soulèvent. Or, quels sont les citoyens paisibles, quelles sont les familles que la vente des liqueurs a troublés le dimanche plus qu'aucun autre jour de la semaine? Le commerce des liqueurs est mauvais en soi ou il est indifférent: s'il est mauvais, qu'on le supprime tout à fait; s'il est indifférent, en quoi peut-il l'être moins le dimanche qu'un jour quelconque de la semaine?

En vain l'on voudrait assimiler la vente des liqueurs au verre à celle de toute autre marchandise, on n'y parviendra pas. Ce n'est pas une question de commerce que nous examinons en ce moment; c'est une simple question de nutrition quotidienne, c'est un besoin qui se renouvelle tous les jours comme tout autre besoin physique, et dont on ne peut prévoir les exigences. On a souvent aussi bien besoin d'un

verre de cognac ou de vin qu'on a besoin d'un ros-
bif; alors, il vaut autant supprimer les restaurants et
les tables d'hôte que les buvettes.

(...)

Il est si déraisonnable de défendre aux gens un
usage convenable des boissons un jour plutôt que les
autres, que personne n'en attribue la prohibition au
sentiment de la décence ou de la morale publique; on
en cherche le motif dans un besoin pécuniaire et on
accuse les conseils de ville de chercher à se faire, par
des amendes faciles à imposer, une nouvelle source
de revenus. On dit que l'on compte sur la désobéis-
sance des hôteliers et sur celle du public pour faire
arriver de temps à autre quelques centaines de piastres dans le coffre municipal; pour ne pas décourager
complètement les hôteliers, on tolérera pendant plusieurs semaines qu'ils éludent la loi, comédie fort
pratiquée à Montréal, puis on les frappera tout à
coup, on les laissera ensuite se refaire de ce qu'il en
coûte, et l'on recommencera.

Au lieu de permettre un commerce légitime et
modéré, qui ne peut avoir qu'exceptionnellement de
mauvais effets et ne mener que rarement à des abus
passagers, on crée un grand mal pour en corriger un
petit et l'on inflige un remède mortel, car rien n'est
plus immoral qu'une loi que personne ne respecte, et
rien ne corrompt plus une population que l'habitude
de désobéir aux lois ou de les éluder.

Au mal de prendre un verre de boisson, puisque c'en est un, l'on ajoute celui de faire fi de la loi
qui le défend; il est donc facile de voir que, de
quelque côté qu'on l'examine, une pareille prohibition, loin de répondre à son objet, lui est directement
opposée et devient plus condamnable, plus immorale
que le vice même qu'elle prétend faire disparaître.

244

En voulant décréter l'abstinence, on donne à l'intempérance une impulsion plus grande et on lui fournit des excuses, car le bien même, dès lors qu'il est imposé, devient odieux. On ne peut pas condamner à la sobriété, parce que c'est faire de la sobriété un châtiment, c'est la dépouiller de toute vertu, c'est la rendre indigne d'être recherchée pour elle-même, et, par conséquent, enlever tout mérite à ceux qui la pratiquent. Dès lors que l'abstinence devient la loi, l'intempérance n'est plus qu'une contravention ; le principe moral est détruit, et une hypocrisie plus ou moins habile ne tarde pas à se glisser dans les actes, comme il en est toutes les fois qu'on veut imposer la vertu ; la contrainte n'amène que le relâchement et le dévergondage, sous des dehors trompeurs qui cachent une corruption plus profonde. Ce n'est pas avec des lois qu'on établit les mœurs, et les goûts et les habitudes seront toujours au-dessus de toutes les prescriptions ; il y a du reste, dans les mille moyens mis en œuvre pour éluder les lois prohibitives des boissons fortes, comme une protestation de la conscience gênée dans le choix libre de ses actions, et comme une réclamation déguisée de ceux qui savent modérer leurs goûts contre la tyrannie aveugle qui ne connaît pas de différences.

On n'a jamais raison d'entrer en lutte avec la nature, parce qu'un certain nombre d'hommes abusent de ses dons et tournent en maux ce qu'elle leur offre en bienfaits. Ce qui est un abus se corrige de soi-même ; dans tous les cas, les lois ne sont pas faites pour l'exception, et l'on ne peut priver le très grand nombre d'un usage légitime afin de punir la minorité de ses excès.

Non, mille fois non ; ce ne sont pas les lois qui corrigent les mœurs ; elles peuvent les contrarier, mais jamais les détourner de leur cours; et quand l'homme n'a plus d'autre frein que la loi, il ne tarde pas à en perdre le respect, parce que l'obéissance à la loi suppose avant tout un principe moral qui fait reconnaître en elle une sanction légitime et néces-saire, et non pas une simple mesure vexatoire. L'idée de traiter tous les hommes comme s'ils étaient des ivrognes est un peu trop monstrueuse pour conquérir les esprits, et l'on ne peut attendre d'elle que des effets aussi monstrueux que son principe.

L'abstinence et la tempérance sont deux choses bien différentes; la première est une violation des droits que Dieu nous a donnés d'user de ses dons; la deuxième est l'exercice même de ces droits dans la mesure qu'il convient à des êtres intelligents et rai-sonnables; or, on ne peut obliger à cette mesure en décrétant des lois farouches qui visent l'exercice légitime et modéré aussi bien que l'abus. C'est vou-loir réduire tout à un même niveau et ne voir dans les hommes, sans exception qu'un amas de brutes inca-pables de se gouverner, incapables de faire la moin-dre distinction dans les choses qu'ils doivent ou ne doivent pas faire; c'est leur enlever leur libre arbitre, et par conséquent toute responsabilité, et par consé-quent le principe moral qui les conduit pour le rem-placer par le fatalisme.

Voilà ce que veulent les Teetotalers, ces instru-ments d'un fanatisme nouveau qui prétend régénérer la société et apporter à l'homme la perfection en le rendant assez sec pour la combustion spontanée; despotes étroits et ridicules qui se croient appelés à refaire la création et qui travaillent, de concert avec le *phylloxera*, à faire disparaître la vigne, l'un des plus généreux dons de la Providence.

Qu'ils continuent leur œuvre, nous n'en avons souci. Il restera toujours quelque chose, avant la fin des siècles, pour arroser les pauvres humains à qui le Teetotalisme fait tirer la langue.

(PC[1] 137-138, 141-150)

---

1. Reproduit dans *Chroniques canadiennes...* (1884), p. 433-444. On trouve une première version dans *Questions franco-canadiennes*, p. 8-11.

Le préjugé

Voici le roi de l'univers. Devant lui tous les fronts s'inclinent. Souverains de tous les pays, chapeau bas! voici votre maître à tous: c'est le roi des rois, le seigneur des seigneurs. Justice, lois, institutions, tout cela passe ou change avec le temps, les mœurs ou les pays: lui seul, le préjugé, est universel, toujours absurde, souvent odieux, mais impérissable. Il y a bien quelque chose, comme le bon sens, pour lequel les hommes ont un culte idéal, qu'ils invoquent à chaque instant, mais, dans la pratique, ils n'en tiennent aucun compte.

Le préjugé ne connaît aucun obstacle, aucune résistance, aucune froideur; les plus sages et les plus vertueux des hommes lui obéissent; il a plus de prix que tous les liens, que tous les devoirs. C'est qu'il n'existe rien au monde, parmi toutes les choses qui portent des noms chers et vénérés, d'aussi profondément humain, je veux dire d'aussi contradictoire, d'aussi capricieux, d'aussi égoïste, d'aussi déraisonnable, d'aussi despotique que le préjugé. Il est le résumé de toutes les petitesses, de toutes les hypocrisies et de toutes les lâchetés, et voilà pourquoi il l'emporte sur les conseils de la raison, du devoir et du sentiment.

Anomalie, contresens, dérèglement monstrueux, d'où vient qu'il est irrésistible? Comment naît-il? quelle est sa raison d'être et surtout de durer? Pourquoi, lorsque la vérité est si facile, si accessible, à la portée de tous, pourquoi, lorsque le bon sens serait si commode, a-t-on recours à ce tissu de fictions, d'inégalités et d'injustices qui constituent le fond de toutes les sociétés humaines? Pourquoi, lorsque la pente naturelle s'offre d'elle-même, ouverte devant tous, sûre et facile, préfère-t-on prendre mille détours, s'égarer dans toute espèce de sentiers épineux et pleins d'embûches? C'est que l'homme, ce petit sot ridicule, ce fat incorrigible, veut toujours faire exception. Suivre la loi naturelle, ce serait être, et il suffit que tout le monde doive être ainsi pour que personne ne le veuille.

Sortir du commun, c'est là la source de tous les travers, de tous les ridicules, disons le mot, de tous les préjugés. D'un homme seul, le préjugé gagne souvent un groupe, une classe, un peuple, un pays, des pays tout entiers. De là viennent une foule d'usages, de manières de faire, de juger, de se conduire, qui sont aussi détestables qu'insensés. Eh bien! le croirait-on? Sans toutes ces bêtises, érigées en autant de maximes sociales, en code d'habitudes et de rapports mutuels, l'homme ne serait pas gouvernable.

C'est la convention qui est la règle commune. On la met en axiome, en proverbe, et, une fois devenue proverbe, qui oserait l'attaquer? Un proverbe! n'est-ce pas le résumé en quelques mots de la sagesse et de l'expérience des nations? Ce qu'on prend la peine de formuler avec une concision et une netteté dogmatiques, ce qui se transmet de bouche en bouche et d'âge en âge pendant des siècles, ce qui semble faire partie du fonds de vérités élémentaires commun aux hommes de tous les pays, les plus distants comme les plus différents entre eux, évidemment cela est incontestable, fondé en droit et en raison, appuyé de l'assentiment de tous. Il est convenu qu'il n'y a plus à en discuter, de même que de ces bonnes expériences physiques qui, répétées dans des lieux et dans des temps divers, produisent toujours les mêmes résultats.

Hélas! et dire que ce sont précisément les choses les plus anciennes, les mieux établies, qui sont presque toujours les plus fausses et souvent les plus injustes. Montrez-moi une grosse erreur, quelque grande iniquité, et je vous dirai qu'elle a l'âge du genre humain. C'est la vérité qui est récente; et la vérité, chose très claire, très évidente, très facile à découvrir pour des êtres qui sauraient conduire leur raison, devient introuvable par l'homme, si ce n'est à force d'études et de labeur. C'est sa simplicité même qui la rend difficile à établir; il y a tant de choses insensées et injustes, qui sont nécessaires, que le pauvre bon sens ne peut plus se faire une place.

Avant que les hommes se fussent décidés, il n'y a guère plus de trois siècles, à diriger l'étude scientifique par la méthode et par l'expérience renouvelée sur la matière, le préjugé avait envahi jusqu'à la science même.

La recherche assidue de la cause, l'examen persistant du fait semblaient être trop audacieux pour l'homme. Il devait s'incliner devant un pouvoir supérieur sans chercher à comprendre les lois qu'il avait établies, comme si elles étaient en dehors de son atteinte. Une nuit noire enveloppait le monde qui s'en rapportait au préjugé, c'est-à-dire à l'erreur érigée en doctrine. Il était convenu que le soleil tournait et non pas la Terre; il était convenu qu'il ne fallait pas disséquer un cadavre, et de même, dans toutes les branches possibles des connaissances humaines. L'expérience semblait interdite comme une profanation de la nature. C'était le secret de Dieu et l'homme n'y devait pas pénétrer. On ne savait rien de la chimie et la physique était pleine de tâtonnements puérils; la géologie était encore à naître, et personne n'eût même osé soupçonner la paléontologie qui a refait des mondes disparus.

Il en était de même dans l'ordre moral. L'histoire n'était guère qu'une suite de fictions et de légendes, et les plus ridicules récits étaient admis sur la foi d'auteurs qui se copiaient les uns les autres. On suivait dans cette branche importante les mêmes errements que dans tout le reste: dès qu'une chose était affirmée et écrite, elle prenait cours et personne ne se fût avisé de la contester. De là tant d'absurdités régnantes. Mais vint la critique, qui apporta dans l'histoire la méthode scientifique; elle y introduisit l'expérience, sans se soucier de la croyance générale et des opinions reçues; elle analysa le fait, le plaça en face des témoignages indépendants, l'étudia sur les lieux, appela à son secours la lumière des probabilités et des circonstances environnantes; elle le confronta avec la raison, et, non rassurée encore, elle s'aida de toutes les découvertes de la science. Ce fut comme une révélation, et l'histoire légendaire dut s'enfuir avec un cortège énorme d'enfantillages, qui avaient été jusqu'alors autant de choses reconnues, incontestées et incontestables.

Lorsque le grand Bacon, fatigué des incertitudes et des incohérences grossières au milieu desquelles se traînait péniblement la science, affirma qu'elle n'avancerait à rien sans la méthode et sans soumettre la nature entière à une expérience illimitée; lorsque Newton, se plaçant résolument en face d'un simple fait, peut-être le plus ordinaire d'entre tous, eut l'audace d'en rechercher la cause et qu'il y découvrit la grande loi universelle, celle de l'attraction; lorsque Galilée, faisant, lui aussi, de l'expérience indépendante des textes et du préjugé commun, trouva la marche de notre planète en arrêtant pour toujours le soleil, ils ne savaient peut-être pas, tous ces grands hommes, qu'ils enfantaient un monde infini, qu'ils donnaient naissance à une humanité nouvelle pour qui le merveilleux et la fiction, c'est-à-dire le préjugé dans la science, allaient disparaître pour toujours; ils ne savaient pas quelle impulsion ils donnaient tout à coup à l'homme lancé librement dans l'immensité, pouvant fouiller à son gré tous les mystères de la nature. Ils avaient relevé une loi; cette loi appliquée a fait découvrir un monde de choses qui épouvantent l'imagination: ainsi, le soleil, que l'on regardait comme le satellite de la terre et qui est douze cent mille fois plus gros qu'elle, le soleil, avec son énorme cortège de planètes, dont une, Uranus, roule à 732 millions de lieues de lui, sans compter les comètes qui se meuvent aussi dans sa sphère d'attraction et qui mettent des siècles à parcourir leur orbite (celle de 1680 n'achève sa révolution qu'au bout de 88 siècles et s'éloigne à trente-deux milliards de lieues), eh bien! le soleil, avec tout son système qui nous paraît à nous, pauvres humains, l'immensité même, n'occupe qu'un tout petit coin de l'espace; il n'est rien en comparaison d'une multitude infinie d'autres astres tous des milliers et des millions de fois plus grands que lui et dont la lumière, celle de certaines nébuleuses par exemple,

252

mettrait, en parcourant 77 mille lieues par seconde, cinq millions d'années à parvenir jusqu'à nous!...

Pour révéler à l'homme un pareil infini, pour lui faire comprendre et admirer la création, pour donner une idée exacte de la puissance et de l'immensité de Dieu, on voit qu'il valait bien la peine de détruire quelques préjugés, de placer la science dans sa voie véritable et de lui donner ensuite libre carrière.

Depuis lors, il est tombé une foule de choses, et l'échafaudage de puérilités arrogantes sur lequel la plupart des sociétés se basaient a été ébranlé de toutes parts. Les peuples, encore à l'état d'enfance, quoique les arts et les lettres eussent brillé d'un vif éclat chez quelques-uns d'entre eux — l'âge mûr de l'humanité étant celui de la science — les peuples, dis-je, avaient besoin du merveilleux pour être dirigés et contenus; ils ne se fussent soumis à aucune loi purement humaine; aussi les législateurs et les souverains se donnaient-ils presque tous une origine divine; les uns, même, se disaient fils de dieux et l'obéissance qu'ils réclamaient tenait du culte; d'autres prétendaient simplement exercer leur autorité en vertu d'un droit divin, d'une délégation directe de la divinité qui avait fait choix pour chaque peuple d'un homme unique et lui avait départi, à lui et à ses descendants, la possession absolue et éternelle de ce peuple.

Il ne reste rien aujourd'hui de ces tristes enfantillages qui ont coûté tant de larmes et de sang à bien des peuples; et le préjugé, banni de la science, de la philosophie et de l'histoire, s'est réfugié dans les mœurs, dans les habitudes, dans les goûts, dans la conduite, gardant encore un empire considérable dans les lois. Son domaine est partout dans les actes de la vie et dans les usages de chaque peuple, et tant que les hommes auront de l'imagination, le préjugé sera souverain. Sans lui, que de choses déraisonnables, mais charmantes, que d'absurdités délicieuses disparaîtraient! C'est à lui qu'on doit la plus grande quantité de poésie qui reste encore à la pauvre humanité: c'est à lui qu'on doit bien des héroïsmes et bien des dévouements qui font sourire la raison, mais qui exaltent et embrasent le cœur. Toutes les sublimes folies, qui produisent souvent de très grandes choses, viennent du préjugé, et c'est pour cela qu'il se maintient, malgré tout le mal qu'il a pu faire en revanche.

Le préjugé, c'est l'illusion; de là son charme, de là sa vertu, de là son empire universel. Il est plus nombreux que les sables de la mer, attendu qu'il se multiplie dans chaque homme qui est un membre de la postérité d'Abraham. Aussi, comment passer en revue cette armée innombrable? Il y a quelques préjugés pourtant que j'aimerais bien à attaquer de front, là, de suite, hardiment, puisque nous y sommes, et parce qu'ils sont bêtes, raison de plus pour être tout puissants:

«Il faut toujours prendre un juste milieu dans les choses», disent... toute espèce de gens. Ah! et indiquez-moi, s'il vous plaît, où vous en arrivez avec cela. La vérité est absolue; elle ne comporte pas de juste milieu, elle est à l'un ou à l'autre des extrêmes; tout le reste n'est que tolérance et convention. Pour vous former une idée exacte, une opinion que vous croyez saine, entre deux opinions diamétralement opposées, vous prenez un juste milieu! Vraiment, ceci dépasse toute sottise! De ces deux opinions, à coup sûr, l'une est juste et basée sur le fait tel qu'il s'est réellement passé. Votre juste milieu, tout arbitraire, tout idéal, n'est basé sur rien. Que diriez-vous d'un homme qui, placé entre deux chemins dont l'un mène directement à l'endroit où il veut se rendre, et dont l'autre conduit exactement à l'opposé, prendrait un troisième chemin entre les deux afin d'arriver plus sûrement ? C'est là le juste milieu, la plus sotte erreur qui ait jamais été imaginée, et l'une des plus dangereuses surtout, parce qu'elle se présente avec un caractère de modération et de conciliation qui attire et en impose. Le tout, dans la vie, est de savoir lequel des deux chemins mène au but qu'on veut atteindre ; pour cela, il faut bien des recherches, bien des obstacles renversés avant que l'évidence éclate ; mais on arrive presque toujours en se servant de sa raison, tandis que, par le juste milieu, on n'arrive jamais à rien.

Cet axiome, cependant, tout stupide qu'il est, a la prétention d'être sage ; être sage, c'est-à-dire être ni l'un ni l'autre. Il est surtout en grand honneur parmi nous, peuple de gens modérés, s'il en est. Et en quoi, je vous prie, le milieu est-il plus juste que les extrêmes ? Je voudrais bien savoir comment, flottant entre deux erreurs, je les rectifierais et je trouverais la vérité en me plaçant exactement entre elles deux. Ayez horreur du juste milieu comme de l'eau tiède ; soyez extrêmes ; il vaut mieux être complètement dans l'erreur que de traiter la vérité comme si elle se partageait. Ceux qui la traitent ainsi ne l'aiment pas, ne la cherchent pas, et ne peuvent ni la trouver ni la défendre.

Il y a un autre préjugé passablement ridicule et injuste, familier surtout aux gens de collège, ce qui n'empêche pas qu'il se répande aussi beaucoup dans le monde. « Un tel a beaucoup d'esprit, ou d'imagination, ou de mémoire, donc il n'a pas de jugement. »

Cette manière d'exclure la raison chez les hommes brillants me paraît un peu péremptoire. Parce que vous avez des dons agréables, il faut absolument que vous n'en ayez aucun de sérieux ! C'est bizarre et c'est prétentieux que de vouloir réformer ainsi l'œuvre de la création. Je ne sache pas, pour moi, que les facultés de l'esprit s'excluent entre elles, je ne vois pas qu'un homme d'un bon jugement soit fatalement lourd et obtus, ni qu'un autre, ayant l'esprit, l'imagination ou la mémoire en partage, soit un écervelé, un exalté, et qu'on ne puisse reposer aucune foi dans son bon sens. Il en est ainsi cependant, et vous vous trouverez invariablement victime de l'un ou l'autre de ces dons.

Je m'arrête ici, dès le commencement de cette revue des travers humains, pour ne pas me laisser entraîner sur une pente sans fin. Que de choses il y aurait à dire sur les préjugés de race, de secte, de classe ! etc. Beaucoup, beaucoup de choses... pour et contre : car si les préjugés sont des écarts de la raison, certaines conditions sociales étant données, ces écarts sont nécessaires, légitimes, louables même. Sans eux, les hommes ne s'attacheraient ni ne se dévoueraient à rien ; il n'y aurait plus ni patriotisme, ni conviction, ni amour, la plupart des vertus mêmes disparaîtraient, et l'humanité serait tirée au cordeau, scientifiquement dressée, mais tout prestige, toute illusion, tout charme en seraient bannis. Saint Paul disait : «Il est nécessaire qu'il y ait des hérésies» ; de même pouvons-nous dire : «Il est nécessaire qu'il y ait des préjugés». Bien des erreurs sont douces et chères ; et bien des travers, bien des ridicules apportent plus de joies et de consolations au pauvre genre humain qu'ils ne lui causent de souci.

Tant que nous ne serons pas parfaits, ayons des préjugés; mais efforçons-nous de les borner exclusivement au domaine des mœurs, des usages, des habitudes, et bannissons-les de celui de l'intelligence; attaquons surtout ceux qui se parent de la raison elle-même pour la défigurer et défions-nous bien des proverbes.

(CV 311-320)

La peine de mort

Si l'exécution par la main du bourreau n'était pas définitive, irréparable, je l'approuverais peut-être. Un homme casse la tête à un autre, on lui casse la sienne et on lui en remet une meilleure, très bien! Tête pour tête, c'est la loi du talion. Belle chose en vérité que cette loi-là! Ce n'est pas la peine, si la société, être collectif, froid, sans préjugés, sans passion, n'est pas plus raisonnable qu'un simple individu, ce n'est pas la peine qu'elle se constitue et se décrète infaillible. Vaut autant revenir à la justice par soi et pour soi, qui a moins de forme et tout autant d'équité.

Au Moyen Âge et plus tard, on trouvait que la mort ne suffisait point, qu'il fallait torturer et faire mourir un condamné des milliers de fois avant de lui porter le coup de grâce. La société moderne fait mieux ; elle admet les circonstances atténuantes, elle n'inflige pas de supplices préalables, elle s'est beaucoup adoucie, et c'est beau de la voir balancer un pauvre diable, pendant des semaines entières, entre la crainte et l'espérance, et lui accorder ensuite, s'il est condamné, plusieurs autres semaines, pour bien savourer d'avance toute l'horreur de son supplice.

258

Que penser de la loi qui impose à un homme pour fonction et pour devoir d'en tuer un autre? Il faut pourtant bien, dit-on, qu'il y ait un châtiment pour punir le crime. Eh! mon Dieu! si cela même était une erreur? D'où vient cette nécessité du châtiment? Pourquoi ne pas prévenir au lieu de punir le crime? En médecine, on dit qu'un préservatif vaut mieux que dix remèdes. Il en est ainsi dans l'ordre moral. Mais les sociétés, encore barbares, quoi qu'on en dise, plongées dans une épaisse nuit d'ignorance, en sont encore au moyen primitif de la répression, tandis qu'en faisant un seul pas de plus, elles toucheraient à la vraie civilisation, qui n'a pas besoin d'être armée, parce qu'elle n'a rien à craindre.

Ce qu'on a compris jusqu'à présent par la civilisation n'en est pas même l'image. Chaque peuple célèbre, qui a laissé des monuments de littérature et d'art, n'avait qu'une surface très restreinte, ne couvrant qu'un petit groupe d'hommes policés, pendant que la masse restait sauvage, brutale et toujours féroce. La véritable civilisation ne peut exister sans une égalité parfaite de lumières et de conditions qui détruit l'envie, cause commune de tous les crimes, qui élève et purifie l'intelligence.

Niveler, dans un sens absolu, est un mot destructeur et criminel; il faut le repousser sans merci. Aspirer doit être le mot des sociétés modernes; aspiration des classes inférieures, des masses au niveau conquis par le petit nombre d'esprits éclairés qui servent comme de phare à chaque nation. Qu'il n'y ait plus d'ignorance ni de couches sociales, mais que toutes les classes soient également éclairées et humanisées, et le crime disparaîtra.

259

Ce n'est pas en donnant le spectacle du meurtre qu'on peut espérer de détruire le crime; on ne civilise pas en faisant voir des échafauds, on ne détruit pas les mauvais instincts en faisant couler le sang, on ne corrige pas et l'on n'adoucit pas les mœurs en entretenant le germe fatal qui porte en lui toutes les passions criminelles. La société n'a plus aujourd'hui l'excuse des siècles passés qui ne savaient se débarrasser d'un criminel qu'en l'immolant; elle doit prendre sur elle le fardeau des principes qu'elle proclame et rendre efficaces les institutions qui ont pour objet de prévenir le crime afin de n'avoir pas à le châtier.

L'horreur des échafauds s'est inspirée de chaque progrès de l'homme dans sa réconciliation avec les principes de la véritable justice. La peine de mort pour les hérétiques, pour les magiciens, pour les voleurs, a disparu; la peine de mort pour les assassins mêmes recule de plus en plus devant la protestation de l'humanité. Les circonstances atténuantes ont marqué la transition entre une époque barbare et les efforts que la société a faits pour détruire ses vices; il ne reste plus qu'à accomplir le dernier triomphe de la civilisation sur les préjugés qui seuls arrêtent encore le progrès des mœurs.

Je dis que le châtiment, de même que le remède, est impuissant à guérir le mal tant que la cause de ce mal subsiste. C'est elle qu'il faut attaquer et détruire. L'ordre moral est analogue à l'ordre physique. Dans les pays où la fièvre jaune entasse ses victimes, si l'on ne faisait que soigner les sujets atteints, combien d'autres ne tarderaient pas à succomber au fléau? Mais ce qu'on cherche avant toutes choses, c'est de détruire les éléments corrompus de l'air; on combat l'épidémie dans ses causes permanentes, on dessèche les marais et l'on entretient la salubrité par tous les moyens connus de l'art. Souvent, ces moyens simples et faciles ne sont pas ou sont mal employés, parce que les préjugés, les discoureurs, les gens d'école et de routine s'y opposent au nom de l'usage et des procédés consacrés par le temps; il en est ainsi de l'état social où le mal subsiste, parce qu'on ne veut pas en reconnaître la véritable cause et parce qu'il y a toute espèce de classes d'hommes intéressées à ne pas le détruire.

«Quand un membre est gangrené, s'écrient les apôtres du talion, on le coupe; ainsi faut-il que la peine de mort délivre la société de ses membres corrompus.» Ah! si c'était là un raisonnement sans réplique, sont-ce bien les meurtriers seulement qu'il faudrait conduire à l'échafaud? Mais non; tant qu'il y aura une loi du talion et que la justice n'aura pas trouvé d'autre formule que celle-ci: «œil pour œil, dent pour dent»; tant qu'il y aura des lois de vengeance et non des lois de répression et d'amendement, la société n'aura rien fait pour se rendre meilleure et ne peut que consacrer par certaines formes ce qui redevient un crime quand ces formes disparaissent. Qu'on y songe bien un seul instant, en mettant de côté toutes les idées reçues, toutes les tromperies de l'éducation, et la peine de mort apparaîtra plus horrible que le plus épouvantable des crimes. La justice n'est-elle donc que l'appareil formidable d'un juge, d'un jury et d'un bourreau, ou bien est-elle ce sentiment profond, indestructible, éternel, de ce qui doit faire la règle des hommes?

Or, ce que je nie, ce que je nie avec toute l'énergie de la pensée, c'est que la société ait le *droit* d'élever des échafauds. Je dis le *droit*, le *droit* seul; je ne m'attaque pas à l'opportunité, aux effets produits, à une nécessité de convention, à l'exemple de l'histoire, toutes choses qui sont autant d'armes terribles contre la peine de mort, je n'invoque que le droit, exclusivement le droit, et voici sur quoi je m'appuie.

Personne, pas plus la société que l'individu pris à part, n'est le maître de la vie humaine ; elle ne l'est pas davantage sous prétexte de rendre la justice, car la justice des hommes ne peut aller jusqu'au pouvoir de Dieu. La société ne peut tuer non plus pour rendre au meurtrier ce qu'il a fait, car alors la justice n'est plus que la vengeance, et retourne à la loi rudimentaire et barbare du talion qui regarde le châtiment comme la compensation du crime. Or, toute compensation veut dire représaille : cela ne résout rien, car la compensation est arbitraire et relative. Vous voulez que le sang efface le sang ; les anciens Germains se contentaient d'imposer une amende à l'assassin ; d'un côté comme de l'autre, il n'y a pas plus de justice, car le châtiment ne doit pas viser à compenser, mais à prévenir le mal.

Voici un homme qui a commis un crime, deux crimes atroces ; il se trouve en face de la société vengeresse. La société vengeresse ! voilà déjà un mot qui étonne. Le penseur se demande si une société qui se venge a le droit de juger et de condamner : il se demande si la justice, qui est éternelle, peut bien aller de concert avec la loi qui n'est souvent qu'une convention fortuite, une nécessité qui emprunte tout aux circonstances et qui varie avec elles, parfois même au détriment de ce qui est juste.

Le criminel est en présence de son juge ; il a un avocat pour le défendre. Tout se fait dans les formes ; il a le bénéfice des circonstances atténuantes ; mais rien ne peut le soustraire au sort qui le menace. On va le condamner; à quoi? à la peine de mort. Il a tué; n'est-ce pas juste?

Un instant! Qui dit que cela est juste? Vous, vous-même, la société. Vous vous décrétez de ce droit qui n'appartient qu'à Dieu, et puis vous le proclamez, vous l'érigez en maxime, il fait loi. Vous ne voyez donc pas que vous vous faites juge dans votre propre cause? Et si cette loi, contre laquelle la conscience humaine aujourd'hui proteste, n'est qu'un manteau qui couvre votre ignorance ou votre impuissance à trouver les vrais remèdes, n'est-elle pas cent fois plus criminelle que la passion aveugle qui a poussé le bras dans un mouvement de colère irréfléchie? Le meurtre est un grand crime, c'est vrai: mais souvent ce crime n'est que l'effet d'une surexcitation passagère, ou de quelque vice de nature, le plus souvent même d'une éducation qu'on n'a rien fait pour corriger, et dont la société est la première responsable. Et cependant cette société, qui veut être juste, punit le criminel d'un long supplice qui commence le jour de son emprisonnement et finit le jour de son exécution!

Qu'on ne parle pas de l'exemple: c'est monstrueux. N'y eût-il qu'un seul crime commis sur toute la surface du globe en un siècle, que cela suffirait à démontrer l'impuissance de ce raisonnement. L'exemple des autres, hélas! est toujours perdu pour soi, et c'est une vérité douloureuse qu'on ne se corrige jamais, de même qu'on n'acquiert d'expérience qu'à ses propres dépens. Non, jamais, jamais la vue d'une exécution n'a servi d'exemple ni produit autre chose qu'une démoralisation profonde. Et pourquoi? C'est bien simple. La vue du sang inspire une horreur qui vient de la sensibilité, mais qui corrompt l'esprit, et l'on voit bientôt avec plaisir ce qui ne donnait d'abord que du dégoût. Toute exécution offre le spectacle hideux d'une foule avide que le sang allèche et qui se plaît à ce qui est horrible, parce que cela donne des émotions fortes que chacun aime à ressentir.

Une dégradante curiosité l'emporte sur la répugnance; chacun se presse pour voir comment mourra la victime sociale. On ne va pas devant l'échafaud pour apprendre à détester le crime, mais pour se repaître d'un criminel. L'exécution n'est un exemple pour personne, personne, parce que chacun se dit intérieurement qu'il ne commettra jamais un meurtre; l'assassin lui semble un être tellement à part, et la pendaison si éloignée de lui qu'il ne peut s'en faire la moindre application, et, du reste, ce n'est pas le souvenir fortuit d'une exécution qui arrêtera le bras du meurtrier dans un mouvement de colère ou dans l'ivresse de la cupidité. De plus, l'idée dominante de tout homme qui commet un crime délibérément est d'échapper à la justice; cette idée l'absorbe complètement et lui fait perdre le souvenir de toute autre chose.

Or, à quoi sert de donner un exemple, s'il ne doit être utile à personne?

Exécuter un criminel, c'est entretenir chez les hommes le goût de la cruauté; c'est donner toutes les satisfactions à cet instinct mauvais qui porte à suivre avec tant d'ardeur les convulsions de la souffrance; c'est contenter toutes les passions honteuses auxquelles cette satisfaction momentanée donne une excitation durable. Demandez à tous ceux qui voient le condamné se tordre dans son agonie de quitter ce spectacle d'horreur. Ils resteront jusqu'au dernier moment et le savoureront d'autant plus que la mort sera plus lente, le supplice plus atroce. Et c'est cela, un exemple ! Je dis que c'est de la férocité, que c'est de la barbarie convertie en justice, autorisée, appliquée par les lois, et que la société protège au nom de la civilisation.

Y a-t-il rien de plus horrible que de voir en plein soleil, sous le regard d'une foule immobile et palpitante, un homme assassiné froidement, donné en spectacle pour mourir, entre un bourreau payé pour tuer, et un prêtre qui prononce le nom de Dieu, ce nom qui ne devrait jamais descendre sur la foule que pour apporter la miséricorde et le salut ? Quoi ! vous donnez à un homme le pouvoir d'en tuer un autre ; vous lui donnez des armes pour cela, et vous voulez que sa conscience ne se dresse pas en lui menaçante, qu'elle ne fasse pas entendre les cris d'un éternel remords, et qu'elle lui dise qu'il a commis là une action légitime ! Et pourquoi, si cet homme rend la justice, inspire-t-il tant d'horreur, et ne peut-il trouver un ami qui serre sa main couverte de sang ou marquée encore de la corde du gibet ? Pourquoi cette réprobation de la société contre un homme qui la venge, et qui n'est que son instrument ? Pourquoi ne pas lui rendre les honneurs dus à l'accomplissement de tout devoir difficile ? Si la société a vraiment le droit de détruire un de ses membres, ce droit est sacré comme le sont tous les autres. Pourquoi alors ne pas respecter le bourreau qui ne fait qu'appliquer ce droit ? Pourquoi reculer d'horreur devant lui ? Ah ! j'entends le cri que lui jette la conscience humaine : « Si tu fais un métier de tuer tes semblables, est-ce à tes semblables de te serrer la main ? » Ah ! c'est en vain qu'on invoque un droit impie et une loi qui le consacre ; la nature et la vérité sont plus fortes que lui ; le sentiment universel l'emporte sur cette justice de fiction qui autorise le meurtre, parce qu'il est légal, et parce qu'il porte le nom de châtiment. La justice, la vraie justice, celle qui est au fond des cœurs, et que les codes n'enseignent pas, proteste contre le crime sous toutes les formes, et flétrit le bourreau par la haine et le mépris, ne pouvant pas l'atteindre avec les armes de la loi.

Qu'on n'invoque pas la parole du Christ: «Quiconque frappe avec le glaive périra par le glaive». La morale du Christ, toute d'amour et de pardon, n'enseigne pas la représaille. En parlant ainsi, Jésus n'avait d'autre idée que de prouver que la violence attire la violence; il ne voulait pas instituer par là tout un système de représailles sociales, ni consacrer le meurtre juridique. Il connaissait trop le prix de la vie humaine, lui qui était venu pour sauver les hommes; et s'il souffrit d'être exécuté lui-même, c'était pour offrir, du haut du calvaire, une protestation immortelle contre l'iniquité de la peine de mort. Si la violence attire la violence, comment peut-on appliquer cette vérité lugubre à la société qui tue froidement, sans passion, sans haine, et au nom d'une justice qu'elle méconnaît? Ces paroles du Christ, on ne les a pas comprises, et l'on a fait de la méconnaissance d'une triste vérité le fondement d'une continuelle injustice.

La peine de mort, comme tous les principes dont on commence à reconnaître la fausseté et le danger, a d'affreuses conséquences. On la maintient malgré les mœurs, malgré les protestations de la conscience publique et des esprits éclairés.

Aussi, quels effets produit-elle? elle multiplie les crimes, car rien ne séduit plus que l'espoir d'un acquittement, quand on sait qu'une peine n'existe que dans la loi et qu'elle répugne à ceux qui l'appliquent. Cette situation est profondément immorale, comme tout ce qui est composite et se contrarie en matière de principes. L'exécution est une chose si horrible que chaque fois qu'un homme a commis un crime atroce, évident, et qu'il ne peut échapper à l'échafaud, l'opinion s'émeut en sa faveur; on le représente comme une victime, on provoque des sympathies insensées qui ont le triste résultat de faire oublier le crime, et de pervertir le sens moral. Chacun acquitte le criminel au fond de sa conscience, et s'insurge ainsi moralement contre la loi. Il y a conflit entre la justice naturelle et l'autorité; il faut entourer le gibet de troupes; il faut arracher le condamné à une pitié menaçante, et risquer de finir par la violence ce qu'on a commencé avec toutes les apparences du droit.

Rien n'est plus facile, je le sais, rien n'est plus expéditif que de se débarrasser d'un criminel en le suppliciant. Aux temps où la justice n'avait pas de règles certaines, où les notions en étaient inconnues, oblitérées sans cesse par l'arbitraire qui gouvernait les peuples, comme au Moyen Âge; aux temps où la violence était une maxime sociale, et où le combat s'appelait le jugement de Dieu, je comprends que l'on cherchât le moyen le plus simple et le plus prompt pour rendre ce qu'on appelait la justice. Il n'y avait pas alors d'institutions qui réformassent le criminel; on ne songeait pas au perfectionnement des sociétés. Dans un état de violence, il ne fallait pas chercher le calme et la réflexion qui conduisent aux saines idées philosophiques; il ne fallait pas chercher la justice là où la force s'érigeait en droit, et s'affirmait tous les jours par de monstrueux attentats. Mais nous qui avons passé par toutes les épreuves d'une civilisation qui a coûté tant de sacrifices, devons-nous hériter des erreurs de ces temps malheureux? devons-nous les sanctionner et les maintenir? Ah! il a coulé assez de sang innocent durant ces longs siècles de barbarie et d'ignorance pour expier à jamais tous les crimes des hommes!

On ne peut prendre un jugement irrévocable que lorsqu'il est infaillible, parce qu'il faut toujours laisser place à la réparation quand on peut commettre une erreur fatale. Ne pouvant pas rendre la vie à un homme, on n'est donc pas en droit de la lui ôter.

Le châtiment n'a d'autre objet que d'amender. Or on ne corrige point un homme en l'immolant et l'on pervertit les autres hommes par le spectacle de cette barbarie. On les pervertit; des milliers de faits attestent la vérité de cette assertion; et c'est si bien le cas que pour échapper à l'inflexibilité de la logique, à une réforme radicale de la pénalité, on propose de rendre les exécutions secrètes. C'est donc le droit de pervertir les hommes que la société a réclamé jusqu'ici.

Dieu nous a donné le droit de nous protéger; c'est pour cela qu'il n'a pu nous donner celui de tuer un criminel qu'on a mis dans l'impuissance de nuire. Et comme corollaire, ajoutons que toute peine est injuste dès qu'elle n'est pas nécessaire au maintien de la sécurité publique.

La peine de mort n'est pas un droit, c'est une institution, et ce qui le prouve, c'est qu'elle s'est modifiée. Le droit, étant éternel, ne se modifie pas. Autrefois on condamnait à mort: pour vol, pour cause politique, on mutilait, on torturait; la société disait qu'elle en avait le droit. Aujourd'hui dans un bon nombre d'États, on n'exécute plus. La société aurait donc abdiqué un droit, et cela en faveur des criminels! Qui oserait le prétendre?

La notion du juste n'est pas encore acquise, parce que l'amour mutuel n'est pas encore répandu parmi les hommes. Quand on verra dans un criminel un malheureux égaré plutôt qu'un ennemi, alors il n'y aura plus de peine de mort.

On dit que la peine capitale a existé dans toutes les législations, et cela depuis que le monde est monde. Avant tout, quand on veut citer l'histoire, il faut comprendre. Or, s'il est un enseignement historique dont l'évidence éclate, c'est la complète impuissance de l'échafaud à réprimer les crimes. Quoi! voilà un châtiment que l'on inflige depuis six mille ans, il n'a jamais produit d'effet... et l'épreuve n'est pas encore assez longue! Quoi! les statistiques démontreront que partout où la peine de mort est abolie, où l'instruction publique est répandue, les crimes sont moins nombreux... et l'on continuera de se servir de ce moyen pour moraliser les masses! Étranges moralisateurs qu'une corde et un gibet! Et quand bien même l'histoire ne donnerait pas cet enseignement, est-ce que l'exemple de tous les siècles peut être invoqué contre la vérité qui est éternelle et imprescriptible? Ah! la peine capitale n'est pas le seul débris que nous ait laissé un passé ténébreux, et dont la civilisation et le progrès modernes se défont péniblement, pas à pas. La somme des erreurs transmises de siècle en siècle est immense; quelques vérités surnagent à peine, et l'on vient parler des enseignements du passé!

C'est la misère et l'ignorance qui enfantent les crimes; il n'y en eut jamais autant qu'au Moyen Âge et sous l'empire romain, époques où l'on mettait à mort sous les plus futiles prétextes. Or, on ne détruit pas l'ignorance et la misère par des spectacles horribles, mais par l'instruction publique qui est la condition du bien-être.

Les exécutions sont un non-sens dans une société civilisée, parce qu'elle a d'autres moyens de châtiment et de répression. Elles sont un reste de ces temps de violence où l'on ne recherchait pas à moraliser, mais à jeter la terreur dans les esprits. Aussi, de quels raffinements de cruauté s'entourait une exécution.

L'homme ignorait le droit dans l'origine, c'est pour cela qu'il en a faussé tous les principes. Il n'était qu'un être imparfait, rudimentaire, incapable de chercher la vérité que de grossières erreurs lui dérobaient sans cesse. Quand il forma un organisation sociale, ce fut au milieu des dangers; tout était un ennemi pour lui, la guerre et le carnage régnaient partout; il ne trouva d'autre remède que la mort, d'autre expiation que par le sang. Quand de grands crimes étaient commis, quand de grands malheurs frappaient un peuple, on prenait l'innocent et le faible, et on les sacrifiait aux dieux vengeurs. Mais à mesure qu'augmentait le nombre des sacrifices, l'esprit des peuples s'obscurcissait, et leur cœur devenait insensible.

On a fait l'histoire des siècles d'oppression et de barbarie; reste à écrire celle des temps civilisés. Dans cette histoire encore à faire, j'en atteste l'humanité et la raison, on ne verra pas ce mot affreux «La peine de mort».

(CV 38-50)

L'Homme

L'homme! — «Animal raisonnable», a dit un fou. — «Bête à deux pieds sans plumes», a dit Platon, voulant établir une différence entre l'homme et l'oie; d'où l'on ne peut toutefois conclure rigoureusement que l'homme est gorilla. — «Intelligence servie par des organes», dit un philosophe moderne qui croit avoir trouvé enfin la définition exacte. Vraiment! «Connais-toi toi-même», nous dit une philosophie plus sage et plus élevée. Oui, mais comment? Nous avons en nous des mondes d'idées, de sentiments, d'impressions et de passions. Comment saisir tout cela de façon à pouvoir le définir? L'homme renferme en petit en lui tout ce qu'il y a dans la nature entière... et l'on voudrait définir ce petit univers pensant!

Pour ne parler qu'au point de vue de l'histoire naturelle, connaît-on seulement toutes les espèces d'hommes qui existent? Non; les explorations géographiques en ont fait récemment découvrir de nouvelles, absolument inexplicables, absolument impossibles à rattacher à aucun type primitif, dans le centre de l'Afrique et au bout de l'Île de Ceylan. Et puis, quelle différence n'y a-t-il pas encore entre un homme et un autre! *Homo homini quid prœstat*?

Depuis des milliers d'années, depuis peut-être des centaines de siècles que l'homme a paru sur la terre, il en est encore à se demander lui-même ce qu'il est. Est-il une émanation directe de la divinité, analogue à d'autres émanations également répandues sur tous les autres globes ? Est-il simplement le plus haut degré de la création parmi les êtres de notre planète ? Éternel, éternel problème ? Nous aurons fouillé la nature dans ses abîmes, mesuré les astres, fixé leurs révolutions, défini leurs lois ; nous aurons connu parfois même jusqu'aux éléments qui les composent, et toujours l'homme, abîme plus insondable que les milliards de mystères qui l'entourent, défiera la raison et la science. Son histoire écrite remonte à quatre mille ans à peine ; mais il a une autre histoire, attestée par les découvertes géologiques, qui remonte bien au-delà. La philosophie s'est épuisée en hypothèses ; tous les systèmes ont cherché tour à tour à expliquer cette étrange merveille, mélange mystérieux d'intelligence et de matière, mais aucun n'a pu donner cette explication tant désirée, parce que c'est le propre des systèmes de ne démontrer que leur impuissance.

Tant que le champ reste ouvert à la science, les systèmes sont vains ; chaque progrès qui se fait les détruit un à un, et il ne reste debout que la preuve de notre présomption. La philosophie, mot prétentieux, n'est que la fumée de notre orgueil ; la science seule est la vraie philosophie, elle seule porte le flambeau dans la nuit qui nous entoure et nous apprend à ne pas juger l'être que nous ne connaissons pas, mais à l'étudier. Aussi l'on peut dire que la vraie philosophie, celle qui ne se borne pas à des spéculations oiseuses, à des hypothèses poétiques, à des conceptions gratuites, n'a que trois siècles d'existence ; elle est née avec Bacon qui indiqua l'expérimentation comme le seul moyen de nous éclairer, et elle a grandi avec Descartes qui a prescrit la méthode dans la recherche.

Mais hélas! L'expérimentation et la recherche n'ont fait que reculer les bornes de l'inconnu, et ont précipité l'homme en face de mystères sans cesse renaissants, qu'il n'eût même jamais soupçonnés avant d'avoir mordu au fruit fatal de la science.

Plus le malheureux sait, plus il s'aperçoit qu'il ne sait rien; plus il apprend, plus il s'aperçoit qu'il lui reste encore et toujours à apprendre. C'est l'infini, l'effroyable infini, qui se déroule devant lui au fur et à mesure qu'il y pénètre, et qui recule, recule de plus en plus à mesure que son regard embrasse davantage. Alors, à quoi bon apprendre si, à chaque pas que l'on fait, on est de plus en plus convaincu de son ignorance? Remonter éternellement le rocher de Sisyphe, toujours aspirer et ne jamais atteindre, quel lot que le nôtre et se peut-il qu'une aussi horrible destinée se continue indéfiniment sous d'autres formes futures?

Que peut acquérir de science la plus longue vie dont toutes les minutes sont employées? Que peuvent apprendre toutes les existences réunies? Plus l'homme comprend l'immensité, plus il se sent petit; quand il a employé, pour mesurer les distances de l'espace, des chiffres qui expriment des nombres incalculables, il est comme s'il n'avait rien fait. L'espace continue toujours devant lui, l'espace où des milliards de milliards de mondes, pour la plupart des millions de fois plus grands que la terre, s'agitent et tournent comme des grains de sable sans jamais se rencontrer. Et cependant l'homme, infiniment petit, sonde ces profondeurs infiniment grandes. Quoi! il les tient rassemblées dans un verre de lunette qui n'a pas même un pied de diamètre! À quatre-vingts millions de lieues du soleil, il en analyse l'atmosphère, et il a pu calculer des distances telles que la lumière d'étoiles placées au terme de ces distances mettrait cinq millions d'années à nous parvenir, en faisant 78 000 lieues par seconde. Et cela n'est rien.

Où donc est quelque chose? Là, dans cet insaisissable qu'on appelle l'esprit et qui se rend compte. Exister sans se rendre compte, c'est comme le néant. Voilà pourquoi la pensée est divine; voilà pourquoi l'intelligence est le souffle même de Dieu.

Mais quelles horribles profanations l'homme ne fait-il pas sans cesse de cet attribut divin? Il n'y a pas une chose, quoi! il n'y a pas un seul aspect des choses qu'il ne défigure, qu'il ne rende méconnaissable, auquel il ne prête, pour le dénaturer, toutes les violences qui s'agitent en lui-même, tandis qu'il serait si facile, en ne troublant pas la vérité qui fait l'harmonie universelle, de conserver l'union et la paix qui assurent le bonheur!

L'homme est son propre ennemi, parce qu'il veut constamment être celui de son semblable. Cette vérité, éclatante s'il en est, simple et nette, est la plus difficile à faire comprendre. De l'envie viennent tous les maux, toutes les animosités; les luttes pour le droit et pour le progrès elles-mêmes gardent à peine leur caractère transcendant au sein des rivalités et des ambitions de ceux qui s'en font les défenseurs, et c'est ainsi que même les plus grandes conquêtes de l'esprit sont souvent abaissées par l'égoïsme des mobiles.

Et pourtant, quel admirable et quel ravissant spectacle que celui de tous les hommes se donnant enfin franchement la main, et concourant ensemble à l'avancement des idées, au progrès général des sciences, à la lumière sur toutes choses! Du coup, quel effondrement de préjugés, de passions et d'intérêts imbéciles, qui sont dans le chemin de l'homme comme des montagnes qui s'entassent les unes sur les autres devant le lever du soleil! Qu'il soit compris une seule minute que l'intérêt momentané et exclusif, qui est la règle la plus commune des actions humaines, est aussi intelligent qu'il est mesquin, et de suite il se fait un effort général de toutes les volontés vers la concorde, cette cause féconde de tous les progrès.

(PC 157-162)

Critique

Un lycéen puriste

«Ne va pas croire qu'il soit facile d'écrire le français correctement. Les fautes les plus grossières passent fort bien au Canada, parce qu'on n'y sait pas le français; voilà pourquoi l'on y prend de si mauvaises habitudes, non seulement dans la conversation, mais encore dans le style. Je me fais corriger ici des tournures, des phrases, des expressions qui passaient pour superbes aux yeux de mes professeurs du Canada, et qui ne sont pas même françaises. J'ai une peine infinie à écrire le français correctement, non seulement à cause de mes mauvaises habitudes prises au Canada, mais parce que je n'ai pas bien le génie de la langue. Nous n'avons pas chez nous de langue maternelle, nous savons un jargon de langue; sois sûre que nous ne parlons pas du tout français; nous ne parlons pas non plus l'anglais; ce que nous parlons, c'est un galimatias des deux langues, un galimatias corrompu. Si les Anglais nous entendaient parler leur langue, ils nous prendraient pour des Scythes qui s'imaginent parler anglais; ceci va te surprendre, et cependant c'est vrai: nous ne parlons ni français ni anglais. Pour avoir le génie d'une langue, pour s'en servir sous toutes les formes qu'elle est susceptible de revêtir, il faut vivre au milieu du peuple qui la parle. Ce n'est pas en Allemagne qu'on apprend le français. On peut écrire une langue selon les règles de la grammaire, et n'avoir pas du tout le sentiment des variétés, des différents sens, en un mot, du génie de cette langue.

«Que diraient les Latins d'autrefois s'ils nous voyaient écrire le latin, s'ils voyaient les thèmes modernes, même les plus purs? Ils diraient: «Ce sont des barbares qui ont écrit cela». Qu'est-ce qui fait la langue? Ce ne sont pas tant les hommes que le pays, le caractère des lieux, les changements qui surviennent dans une nation, les circonstances, les caprices...»

(Lettre à sa sœur Victoria,
Paris, 29 avril 1858)

«Les parasites de la génération actuelle»: les conseils aux Jeunes Barbares

(...) Les parasites de la génération actuelle ont tellement affecté notre littérature qu'ils dévorent jusqu'aux germes mêmes, déposés en terre par nos prédécesseurs et cultivés par nous avec tant de soin et d'amour. Il est temps d'arrêter ce fléau; c'est là un devoir impérieux, si nous voulons mettre notre avenir à l'abri. Nous ne consentirons jamais, non jamais, à laisser outrager sous nos yeux, par de jeunes profanateurs, la plus vivante de nos traditions, la plus aimée de toutes, celle qui résume tout ce que nous sommes, tout ce que nous avons été et ce que nous espérons devenir. Que l'on commette contre notre bien-aimée mère, la langue française, toutes les gamineries, toutes les cruautés puériles même, soit, cela est de tous les temps, et la langue, toujours ancienne et toujours renouvelée, forme impérissable et toujours changeante, ne souffre pas de ces atteintes. Mais qu'on en fasse un objet de dérision, qu'on l'expose au mépris de ses ennemis invétérés, qu'on la déshonore par les plus grossiers abus, c'est ce qu'il faut empêcher sans retard, car elle est en péril imminent et de la main même de ses propres enfants.

Nous disons à ces «jeunes», qui n'ont aucun souci de nous ni de ce que nous leur avons conservé avec une si vive tendresse filiale, qu'ils ne s'imaginent pas avoir acquis libre carrière pour commettre leurs vandalismes, et que nous les traiterons à l'égal des barbares qui envahissent les pays civilisés. C'est déjà bien assez que tout ce qui faisait l'orgueil et la distinction des Canadiens d'autrefois, savoir-vivre, urbanité, courtoisie, bonnes manières, ait sombré sous un déluge de façons prétentieuses et triviales, conservons au moins la langue, aussi intacte, aussi inviolée que possible; défendons-la pas à pas, nous qui sommes ses gardiens, et sauvons-la de l'invasion de tous les insectes destructeurs.

Vous avez du temps devant vous, jeunes Visigoths! Eh bien! profitez-en pour ne pas écrire, ou du moins pour apprendre à écrire. Vous ne savez pas tout ce qui vous manque et tout ce que vous avez à apprendre. Quand bien même vous n'apprendriez qu'à douter suffisamment de vous-mêmes pour ne pas tomber dans les plus abominables excès, ce serait déjà quelque chose. Mais, tels que vous êtes, avec vos prétentions monstrueuses, édifiées sur des grains de sable, vous ne pouvez jamais commettre que des horreurs. Fussiez-vous d'incomparables génies, il vous manque encore l'étude, les connaissances, la pratique assidue, les leçons, la direction. On naît écrivain sans doute, de même qu'on naît artiste ou poète, mais personne ne naît avec l'intuition des règles de l'art ou du style. Plus on apprend et plus on découvre ce qu'on a à apprendre; bien plus, on ne se corrige jamais autant que lorsqu'on est le plus près de la perfection.

Quand bien même encore vous mettriez deux ou trois ans à apprendre comment exprimer convenablement vos idées, cela n'est toujours bien pas plus long qu'un apprentissage ordinaire, et vous en avez besoin, grands dieux! comme vous en avez besoin!

Étudiez non pas les «décadents», comme vous en avez évidemment l'habitude — les décadents sont des aliénés qui stationnent aux portes du sanctuaire et qui déroutent les néophytes —, mais étudiez les maîtres. Notre siècle si décrié, si calomnié, en compte peut-être plus que les autres. Jamais la langue française, malgré toutes les absurdités qui la compromettent journellement, n'est arrivée à une telle perfection dans les détails et à une expression aussi parfaite des plus délicates et des plus difficiles nuances. C'est ce qui en fait aujourd'hui l'ornement du peuple le plus civilisé du monde.

Pénétrez-vous de la clarté lumineuse du génie français, de la méthode et des procédés des maîtres. Vous trouverez peut-être que c'est dur de commencer par le commencement; mais on n'arrive à rien en commençant par le milieu. Hé! mon Dieu! Qu'est-ce que c'est que quelques années bien employées quand on est jeune? Vous vous rattraperez vite.

Appliquez-vous avant tout à avoir du bon sens. Le bons sens, c'est la qualité par excellence du français.

(JB 103-105)

«Précipices sur précipices...»

«*Précipices sur précipices...*[1]» On s'arrête effaré...
Quoi! C'est comme cela que la Malbaie commence!
Quoi! j'arrive à la Malbaie, moi, touriste ingénu,
et... crac! la première chose que je fais est de tomber
dans un précipice de quinze cents pieds de hauteur!
Et encore si c'était tout! Mais me voilà qui dégrin-
gole de ce premier précipice dans un autre, qui bon-
dis d'abîme en abîme en me demandant si jamais il y
a un bout? C'est qu'une fois tombé là-dedans, on ne
s'arrête plus qu'au centre de la Terre. Il n'y a rien de
tel que les précipices pour avoir l'esprit de corps; à
peine arrive-t-on au fond de l'un qu'un autre est là
qui attend, tout prêt à vous relancer à l'abîme qui le
suit et qui, à son tour, vous jette à son voisin, comme
si ça n'était pas de vos affaires.

Mais, envoyons fort. «*Gorges impénétrables
dans la saillie des rochers*»... Ce sont les précipices
qui devraient être impénétrables. Un beau gras de

---

1. Buies cite et commente ici les pages 355-358 (sur la Malbaie)
    de *L'Album du touriste* de J. M. Le Moine, une de ces «plain-
    tes destructives» qui envahissent le champ de la littérature et
    «nous anglifient en français» (PC 83-83). L'ouvrage avait été
    imprimé à Québec par Augustin Côté et Cie en 1872.

jambe en vérité pour le pauvre diable arrivé à trente mille pieds sous terre, au fond du vingt-huitième précipice, avec *L'Album* sur son cœur, que de savoir qu'il y a dans la Malbaie des gorges impénétrables! Il trouve qu'il a assez pénétré comme cela. Cependant, nous oserons demander à M. Lemoine dans quelle *saillie de rochers* il est allé prendre ses gorges impénétrables (comme si l'on allait chercher des enfoncements dans des bosses), où en a-t-il vu, même de pénétrables, dans cette pauvre Malbaie chargée de tant d'horreurs? Ah! nous comprenons. Comme il n'y a pas de gorges du tout dans ce pays, il est évident qu'elles sont impénétrables. Qu'on est heureux de pouvoir deviner!

«*Pics qui se perdent dans la nue...*» Allons, arrêtez-vous, morbleu! Vous faites de la Malbaie un endroit absolument impossible, une création insensée qu'on ne rêverait pas même dans le délire. Jusqu'à présent ce ne sont que des précipices, des gorges impénétrables, des pics qui se perdent dans la lune... Mais qu'en restera-t-il donc? Que restera-t-il au touriste et sur quoi pourra-t-il mettre pied, s'il ne trouve en arrivant que des précipices qui s'entassent, des gorges où l'on ne pénètre pas et des pics qui se logent au firmament? D'autres, heureusement, que l'auteur de *L'Album* ont découvert que la Malbaie ne renferme que des montagnes très ordinaires, qui ne se perdent nulle part et n'ont aucune prétention à escalader les nues.

«Une nature byronienne, *entassée dans le nord*, loin des sentiers de l'homme civilisé...» Allons, voilà que la Malbaie n'est plus même un lieu quelconque, qui existe réellement, malgré les formes fantastiques dont on la revêt, c'est une *nature* et une nature loin des sentiers de l'homme civilisé! Mais alors, comment y arrivez-vous donc à cette Malbaie, s'il n'y a même pas de sentiers qui y mènent? Comment avez-vous pu pénétrer, vous, M. J. M. Le-Moine, jusqu'à cette nature *entassée dans le nord*? Y êtes-vous arrivé par les gorges impénétrables, ou bien l'aigle de Jupiter vous a-t-il porté de pic en pic perdu jusqu'à cet énorme paquet septentrional?... Dire que cet entassement de cataclysmes, effroyable comme le chaos, est tout simplement le chef-lieu d'un comté! Qui ne comprendrait que *l'influence indue*[2] doive avoir beau jeu dans un endroit pareil?

Perdu dans les précipices sur précipices de cette nature byronienne, l'auteur de *L'Album* ne s'est plus rappelé que l'homme civilisé de nos jours a des chemins de fer et des routes carrossables, et qu'il laisse d'habitude les sentiers au pauvre sauvage, enfant des bois, qui n'a besoin que de pouvoir poser un pied devant l'autre pour aller où bon lui semble. Mais le lyrisme dédaigne tant le simple bon sens et la réalité des choses!

«Dans le voisinage de *certain* volcan [certain volcan!] qui secoue les environs, de manière à causer de *piquantes* surprises, mais sans danger aucun pour les *romanesques* habitants...» Quand un volcan vous secoue dans les environs, cela vous donne de piquantes surprises; on en devient *romanesque. Piquantes* est le mot juste pour exprimer ces sortes de surprises-là. «*Selon les uns*, pour *jouir* en toute plénitude de ces austères beautés, il faut être à une époque privilégiée de la vie...» Ils n'ont vraiment pas de chance, ceux qui ne sont pas encore ou qui ne sont plus à cette époque-là.

---

2.   Allusion à l'intervention du clergé en politique.

Pour les gens sérieux, il y a quelque chose de si *austère* à être secoué dans les environs par un certain volcan, selon les uns, qu'il leur est bien pénible assurément d'avoir dépassé l'époque de la vie qui leur en donne le privilège. Quant à la piquante surprise, je crois qu'elle est ici bien plutôt pour le lecteur qui connaît la Malbaie et qui, en lisant *L'Album*, se demande de quel étrange bolide tombé sur les Laurentides l'auteur a voulu faire la description.

(PC 76-78)

Ignorance nationale

Et comment voulez-vous qu'il en soit autrement dans un pays où l'on étouffe dans le germe toute indépendance de l'esprit, tout essor intellectuel librement tenté? Nous sommes le peuple le plus arriéré du monde, comparativement à ce que nous devrions être, formés que nous sommes de deux races qui marchent à la tête de la civilisation. Nous donnons ce spectacle unique, parmi les peuples éclairés, d'un peuple qui ne renferme pas de «classe» instruite. Il y a chez nous des «individus» instruits, voilà tout; et encore ne le sont-ils que relativement au reste des Canadiens. Tout homme qui a réussi, dans notre petite province, à acquérir une valeur réelle et un fond intellectuel sérieux, ne le doit qu'à ses propres et pénibles efforts, sans aucune aide, voire même en dépit de tout et à travers tous les obstacles entassés sur sa route.

Et l'on prétendra que c'est dans un milieu pareil qu'il peut exister une littérature nationale! Eh bien! Cette littérature, non seulement n'existe pas, mais encore est radicalement impossible, et elle ne cessera de l'être que lorsque ceux qui se mêlent d'écrire auront pu se former dès leur jeunesse dans les collèges où du moins on le leur aura appris, en même temps qu'une foule d'autres choses qu'on n'y enseigne pas davantage aujourd'hui. Et en tête de ces choses on peut compter l'histoire, la géographie, la critique, l'analyse qui développent et affermissent le jugement, enfin surtout la dignité humaine qui forme les caractères et permet à un jeune homme d'affronter virilement les difficultés de la vie, de compter avant tout sur lui-même, au lieu de se faire dès le début un méprisable charlatan, un diffamateur gagé et l'esclave de tous les pouvoirs, afin de gagner un pain trempé dans toutes les hontes.

Je le répète: il y a ici une question de la plus haute gravité pour nous. Puisque nous sommes en train de nous dégourdir, d'ouvrir les yeux, puisque nous avons retrouvé la parole enfin, et que nous n'avons plus peur de crier nos maux, voici, entre mille autres, une réforme à opérer, et cette réforme est essentielle. Il faut établir une quarantaine rigoureuse autour de la «jeune» littérature comme celle que je signale dans le présent article, la littérature de «nos plus fines plumes», qu'on peut appeler «la vieille», nous ayant fait à elle seule suffisamment de mal pour que nous ayons le droit de prendre toutes les mesures préventives contre un nouveau fléau.

Au reste, tout est à refaire dans ce pays-ci, ou plutôt tout est à faire sur de nouvelles bases (...)

En dehors d'un petit nombre d'hommes très restreint, qui se sont fait une réputation dans les Lettres canadiennes, réputation qu'ils doivent à l'instruction qu'ils se sont donnée eux-mêmes et aux efforts qu'ils ont accomplis, efforts doublement méritoires dans notre pays en raison des difficultés spéciales à surmonter, en dehors de ces hommes-là, dis-je, que sont les autres? C'est à peine si l'on peut

trouver dans nos journaux — à l'exception de quelques-uns des plus importants d'entre eux, si l'on
peut y trouver, dis-je, çà et là un fait divers convenablement raconté, des entrefilets avouables, des an-
nonces qui ont seulement du bon sens et des traduc-
tions qui ont le moindre souci de la grammaire, de la
construction (...)

(JB 72-73, 107)

Du journalisme à la critique
et à la science (appliquée)

Veuillez jeter les yeux tout autour de vous; vous voyez des avocats, des médecins, des notaires, des prêtres et des arpenteurs; voilà pour ce qu'on appelle les professions libérales; mais le journalisme, cette autre carrière si vaste qu'elle embrasse pour ainsi dire toutes les autres et qu'elle exige, chez celui qui l'exerce, au moins les éléments de toutes les connaissances humaines, cette carrière qui n'est faite que pour des apôtres et qui a la plus haute des missions à remplir, carrière où l'on ne devrait entrer qu'en tremblant et armé de toutes pièces pour les luttes de la pensée et l'exercice de la langue, qui s'adresse à tous, qui a pour premier objectif l'intelligence de tous les hommes, quels qu'ils soient, qui cherche à satisfaire avant tout le besoin le plus noble, à contenter ce qu'il y a de plus digne en l'homme, l'avidité de connaître, carrière qui, par cela même qu'elle a en vue l'humanité entière, et que chaque homme, fût-ce le dernier de tout un peuple, a droit de lui faire appel contre un abus, une iniquité ou un vice quelconque des institutions, de la société ou des lois, ne devrait être accessible qu'aux hommes du plus grand mérite, joignant au talent et aux connaissances un esprit élevé, une conscience ferme et un caractère imperceptible, carrière qui, par cela seul qu'elle est une mission, exige au moins un noviciat préalable et une consécration qui en autorise l'exercice, cette carrière enfin, le journalisme, n'est guère autre chose chez nous que le pis-aller des avortons de l'intelligence et des fruits secs de toute nature.

Messieurs, le spectacle de la presse cana- dienne-française est tout ce qu'il y a au monde d'af- fligeant et d'humiliant. À de très rares exceptions près que je ne citerai pas, mais que tout le monde ici présent peut aisément reconnaître, quel est celui de nos journaux qu'on oserait montrer à l'étranger, et qui aurait le courage, mis en présence de ce que nous appelons un de nos organes, de se dire canadien- français dans un autre pays que le nôtre? Si la plu- part de nos journaux, pour toute question de science, d'histoire, de littérature ou d'art, sont obligés d'avoir recours à des reproductions, en revanche quel est donc l'emprunt que la presse étrangère fait à la nôtre? De temps en temps peut-être lui demandera- t-elle un renseignement, mais quand lui demande-t- elle une appréciation ou un modèle, soit de style, soit de pensée? Si les platitudes grossières et les invecti- ves de carrefour, qui composent presque tout l'ali- ment de notre presse, revêtaient une forme que l'on pût déterminer, s'il y avait une langue dans tout cela, ce ne serait pas une compensation sans doute, mais du moins une certaine consolation offerte à ceux qui savent le mieux juger; mais à la trivialité basse des injures, à la stupidité accablante des choses que l'on débite viennent s'ajouter l'ignorance la plus absolue de la langue et le manque le plus complet de savoir- vivre. Les plus misérables passions font du journa- lisme canadien leur instrument et leur empire; l'envie, la calomnie, la persécution sous toutes les formes s'y établissent de droit et font un appel constant aux plus violents et aux plus lâches instincts ; l'esprit et l'honnêteté publics, le sens moral, le sens droit des choses sont tous les jours pervertis par nos journaux, je ne dirai pas par nos journalistes, car je les cherche en vain, à part les quelques rares exceptions que je serais heureux de nommer, si je n'étais pas aussi malheureux de nommer les autres.

Le journalisme est de toutes les professions peut-être la plus délicate, parce que même dans l'attaque, même dans la flétrissure, il faut toujours garder la dignité du langage ; c'est une profession dont le noviciat doit être le plus laborieux et le plus long, parce qu'il ne se borne pas à une spécialité, il les embrasse toutes, il demande une grande habitude du monde, beaucoup d'observation, une éducation honnête à part une instruction variée ; eh bien ! c'est à cause de cela sans doute que le premier galoupiat venu, qui n'a ni usages, ni éducation, ni étude, que le premier galopin qui sort du collège avec un accessit en thème se croit le droit de prendre une plume et de se faire rédacteur, comme si l'on était rédacteur ou écrivain de même qu'on est portefaix ou commissionnaire.

Est-ce un art que celui du style ou un simple moyen à la portée de tous ?

Existe-t-il des langues avec des lois qui les gouvernent et qui empêchent d'attaquer au moins les règles fondamentales sur lesquelles elles reposent, ou bien est-il permis de se servir de n'importe quel langage et d'écrire tout ce qu'on veut avec des mots quelconques ? La première condition pour écrire est-elle de savoir écrire, ou bien seulement d'en avoir la prétention et de s'imposer sans égard, sans vergogne, aux yeux du public? Oseriez-vous, vous, rédacteur, faire une statue sans avoir appris la sculpture? Non, eh bien! de quel droit alors osez-vous écrire sans savoir au moins les premiers éléments de la langue? De quel droit entrez-vous sur ce terrain, qui est une arène de discussion d'où la lumière doit jaillir incessamment de chaque effort de l'esprit, et non pas un champ de massacre, un rendez-vous populacier où les casse-tête et la massue sont les seules armes? Tout journaliste est un soldat et doit porter un drapeau; mais un soldat n'est pas un boucher; le journaliste est l'homme militant par excellence, il doit être toujours prêt à accepter le combat de la plume, mais depuis quand, pour combattre, a-t-on vu qu'il ne fallait pas y être exercé, connaître au moins le maniement de ses armes? Depuis quand est-il admis que les combattants de la plume et de l'idée peuvent être des assommeurs qui empruntent aux charretiers leur vocabulaire et se le jettent à la face?

La lutte pour le journaliste est de toutes les formes; il doit non seulement savoir défendre une option avec des arguments et non pas des coups de boutoir, mais il doit encore pouvoir faire la critique, apprécier avec indépendance autant qu'avec connaissance de cause les œuvres de l'esprit, ce qui est une autre manière d'avoir des opinions et de les exposer; mais où est la critique, où sont dans nos journaux les appréciations qui supposent de l'étude et une culture sérieuse? Tout est réduit au même niveau, et si tel ou tel fait un chef-d'œuvre, il recevra la même somme de louanges que le barbare qui, à côté de lui, accouchera d'une énormité. La critique d'œuvre est rendue tout à fait impossible parmi nous par des difficultés qu'il est trop dangereux d'aborder de front; pour indépendante, on ne peut pas espérer qu'elle le soit, il faudrait alors que les journaux fussent indépendants eux aussi dans l'ordre des choses de l'esprit. Et c'est là le grand malheur peut-être de notre presse qu'il ne soit pas permis d'y exprimer une opinion libre sans être aussitôt taxé d'hérésie par une petite légion de barbouilleurs aussi ignorants que bornés et prétentieux, qui s'imposent au clergé lui-même, se substituent à son action, lui enlèvent presque sa direction légitime, lui dictent ce qu'il a à faire, décrètent, anathématisent, pourfendent de droite et de gauche, se font l'Église à eux tout seuls, et iraient jusque dans le Vatican même pour y interdire le pape.

Voilà l'ennemi qui attend la critique indépendante. D'un autre côté, si elle est sévère, on en accusera l'auteur de jalousie de métier, et si elle est flatteuse sans examen, elle retombera dans la sphère banale des appréciations stéréotypées que vous pouvez lire à la troisième page des journaux. Que reste-t-il alors, en présence d'un pareil état de choses, au véritable homme de lettres, à celui qui, s'il lui manque le talent, a du moins le culte des lettres, le respect de la haute mission qu'elles sont appelées à remplir ? Il lui reste le dégoût et le découragement. À quoi sert, se dit-il, d'étudier, de passer ses veilles dans l'exercice et la culture d'un art qui n'est même pas reconnu ? Et pourtant, cet art est le plus indispensable de tous ; car, sans les lettres, que saurions-nous, que serions-nous tous, messieurs ? Que deviendraient toutes les découvertes, tous les progrès imaginables sans les écrivains qui les font connaître et les expliquent ? Et pensez-vous que l'on puisse indifféremment se servir de tel ou tel langage pour apprendre aux hommes une vérité et la leur faire goûter ? Demandez alors à tous ces grands chercheurs, à ces savants profonds, demandez à Pascal, à Bacon, à Descartes, à Arago, à Herschel, à Cuvier, à tous ces découvreurs sublimes, qui furent en même temps de grands écrivains, combien il leur aurait fallu attendre de temps, si la vérité qui jaillissait comme un éclair de leur cerveau n'était pas passée avec le même éclair dans leur style. Ah! pour l'homme de lettres, la pensée est une religion et le style est un culte; il a placé son art dans le domaine lumineux de l'idéal, de l'idéal qu'il est toujours bon que les hommes conservent un peu, comme un refuge pour échapper de temps à autre à l'épaisse matière où ils sont tristement retenus.

Mais il ne s'agit pas ici du pur domaine des lettres, de cette sphère si élevée que l'homme y dédaigne presque la terre, il s'agit de cette littérature aisée, quotidienne, populaire, mais qui elle aussi a ses droits et ses lois. Or, le premier de ses droits, c'est de ne pas laisser violer son sanctuaire par toute espèce d'intrus, aliborons cyniques qui se croient capables de tout, qui ne doutent de rien, et qui, ne faisant aucune différence entre une plume et une pioche, l'empoignent comme pour vous en frapper, n'étant pas habitués à s'en servir pour écrire. Messieurs, qui de vous n'a vu depuis quelques années surgir un certain nombre de publications, de nature différente, des journaux, des revues, des brochures, et même des volumes (oh! je tremble), amas d'insignifiances et de lieux communs étalés dans un style baroque, produits d'un jour, avortements prévus, masse qu'on feuilletterait à l'infini sans pouvoir y trouver une idée, dont le public est obligé de constater la naissance, mais dont il ignore presque toujours la mort? Pourquoi ces publications ne sont-elles pas viables ou, si elles vivent, de quoi se nourrissent-elles? quel est le mystère de cette existence prolongée en dépit de tout? Ah! il faut bien le dire pourquoi, parce que les choses sont arrivées aujourd'hui sous ce rapport à un état qui est une véritable humiliation pour notre race, parce que l'on serait porté à croire que notre presse est l'image fidèle du degré d'instruction, de caractère et de moralité de tout un peuple, parce qu'il est du devoir, pour celui qui tient une plume indépendante, de ne pas fermer plus longtemps les yeux sur cette plaie profonde qui s'étend en toute liberté, et qu'il faut exposer sans faiblesse si l'on veut en faire mesurer la profondeur et l'étendue.

Messieurs, dans aucun pays il n'y a un homme qui puisse se dire exempt de toute espèce de solidarité avec les choses qui s'y font, et s'il y découvre un mal, un vice, une lacune, et par suite une réforme nécessaire à poursuivre, c'est son devoir de la dénoncer, d'indiquer le remède, s'il le connaît, ou du moins de ne pas marchander au mal les expressions qui le caractérisent.

Pourquoi la presse canadienne-française est-elle en général si profondément abaissée? Pourquoi est-elle si nulle? Pourquoi y trouve-t-on tant de choses qui soulèvent le cœur avec si peu d'aliments qui nourrissent l'esprit? C'est que l'éducation, dans notre pays, est absolument fausse, je veux dire qu'elle est étrangère aux besoins du monde moderne, aux conditions nouvelles de société qu'établit le progrès des sciences, et surtout parce qu'elle méconnaît cette vérité aujourd'hui manifeste, c'est que la science est devenue une nécessité au lieu d'être un luxe comme elle était jadis. La science, de nos jours, Messieurs, reçoit une application constante, universelle; le savant ne peut plus, comme autrefois, se tenir renfermé dans son cabinet au milieu de ses livres, et n'avoir de rapports qu'avec un petit monde d'élus; d'où il résultait que la science restait à l'état purement théorique; non, le savant doit venir aujourd'hui devant le public tout entier communiquer le fruit de ses travaux et subir l'épreuve de ses découvertes. Tout ce que l'esprit trouve, la matière le met immédiatement en usage; le savant n'a plus un objet purement idéal en vue; en faisant les grandes comme les petites découvertes, il travaille surtout à augmenter le bien-être général, à perfectionner les méthodes comme les instruments, et à fournir au commerce, à l'industrie, aux relations de peuple tous les moyens possibles de se multiplier: il n'y a plus de sciences abstraites, Messieurs, il n'y a que des sciences pratiques. La science nous enveloppe de toutes parts, chacun en voit tous les jours l'application multipliée: c'est à elle que le monde moderne demande sans cesse de nouveaux développements, de nouveaux essais, elle est, dans tous les pays, le premier objet des gouvernements et des maisons d'éducation; la négliger, c'est se mettre complètement en dehors des nécessités actuelles; eh bien! la science, chez nous, est non seulement négligée, mais elle est pour ainsi dire dédaignée, méconnue. Où sont nos cours spéciaux pour former des géologues, des minéralogistes, des chimistes, des géographes, des ingénieurs? Où sont nos cours d'histoire, de l'histoire, cette science qui, grâce à la critique et aux découvertes modernes, a secoué ses vieilles légendes et les puérilités innombrables qui en composaient autrefois presque tout le fond? Sans aller aussi loin, ne peut-on pas demander si, dans nos maisons d'éducation classique, on donne seulement une teinte sérieuse de géographie ou d'histoire. Eh bien! la géographie, Messieurs, est aujourd'hui la science la plus indispensable pour celui qui se mêle d'écrire dans les journaux.

(PCF 5-12)

Littérature canadienne-française :
naissance et stagnation

La littérature canadienne d'il y a trente ans n'était pas si abondante que celle de nos jours; elle doutait d'elle-même, se comptant pour si peu de chose, et n'avait pas eu le temps d'acquérir encore cette sérénité imposante qui ne vient qu'avec la perfection, avec la perfection qu'on croit avoir, ni cette certitude de savoir-faire qui rend la présomption prodigieusement féconde. Mais la littérature d'alors, à peine naissante, avait une bien autre vigueur, et surtout une bien autre portée que celles dont nous contemplons l'expansion sous nos yeux. Parmi les hommes qui l'ont illustrée figurent en tête l'historien Garneau et le publiciste Parent : on ne les a pas remplacés encore. Le Canada a eu, depuis, des écrivains plus aimables, mais aucun de leur valeur. M. Chauveau même, malgré son style châtié, sa facilité élégante, l'art qu'il prodigue dans la construction de sa phrase et l'harmonie qu'il lui donne, ne les atteint pas; il n'a pas une égale hauteur de vue ni une pareille force dans la conception. Ces deux hommes ont laissé une empreinte à leur époque et ils resteront, tandis que nos génies modernes ne tarderont pas à s'étouffer dans les flots de leur admiration mutuelle.

299

M. Oscar Dunn est à peu près le seul qui, dans des opuscules bien mélangés de dissertation et de style, se soit montré digne de succéder à M. Parent; mais il semble arrêté presque à chaque page par je ne sais quelle contrainte étrange qui empêche son essor et gêne le développement de sa pensée. Le docteur Hubert Larue a aussi montré dans ses *Mélanges*, déjà vieux, d'excellentes qualités d'observateur et une vigueur incontestable d'idées et d'expressions; mais le docteur Larue n'est pas précisément un littérateur, quoiqu'il ait le goût et les instincts littéraires; c'est un homme occupé surtout des questions scientifiques qui l'absorbent et qu'il aime avec passion. Malheureusement pour lui, ces questions sont encore à l'état rudimentaire au Canada, et il ne saurait les traiter avec les ressources que lui offrent ses études et son talent.

MM. Parent et Garneau ont écrit à une époque où l'on ne songeait pas à faire de la littérature une carrière. Ils ont abordé l'un, l'histoire, l'autre, les questions sociales, indépendamment de l'effet de la vogue. Ils n'attendaient pas après le produit de leurs livres ou de leurs articles, mais ils les faisaient pour instruire, pour nourrir l'amour de la patrie par le récit d'un passé glorieux, ou pour satisfaire le besoin d'une intelligence vigoureuse d'être à la hauteur de tous les sujets et de les traiter avec l'indépendance dont la pensée ne peut s'affranchir.

La littérature s'est gâtée chez nous du jour où l'on a voulu en faire une carrière. Alors, elle n'a plus eu d'objet, car toute littérature réelle est impossible dans un pays où l'on ignore les sciences et les arts; son champ reste trop limité pour que les esprits sérieux et profonds s'y exercent; aussi avons-nous vu, depuis un certain nombre d'années, des recherches historiques fort intéressantes, fort instructives, mais où la critique était absente.

Comment veut-on que la littérature soit une carrière dans un pays où chacun est constamment en présence des inflexibles nécessités de la vie, où le combat pour le pain quotidien ne laisse pas de loisirs et absorbe toute l'activité de l'esprit et du corps? Nous possédons à peine les éléments mêmes de la vie matérielle. Une foule de choses qui seraient d'un rapport aisé, et même très lucratives, sont laissées de côté, faute de population et de moyens. Nous sommes tenus de résoudre l'existence dans un cadre restreint, quand d'inépuisables richesses naturelles sollicitent de toutes parts le travail et l'exploitation; nous sommes trop clairsemés sur une vaste étendue de pays pour que des carrières nombreuses puissent se faire jour et espérer quelque chose de la fortune; nous sommes trop préoccupés de répondre aux besoins immédiats, et ils nous donnent trop à faire, pour que nous puissions rien distraire de nos moyens et de notre temps pour des objets qui ne paraissent pas indispensables. Aussi les lettres ne peuvent-elles aspirer à devenir une carrière que dans les pays de civilisation très avancée, où des fortunes nombreuses sont depuis longtemps acquises, où une très grande partie du public a des loisirs, où les ressources du sol et de l'industrie, exploitées jusqu'à leur dernière limite, donnent de l'aisance à des centaines de milliers d'hommes et les obligent à avoir une certaine culture pour être au niveau de ce qui les entoure; où, enfin, l'éducation générale, répandue sur une foule d'objets, dans les sciences et dans les arts, crée un besoin, non seulement d'activité, mais encore de jouissance intellectuelle, qui offre aux lettres une carrière pour ainsi dire toute tracée et comme nécessaire.

C'est ainsi que se forme un public liseur et que les livres trouvent à se débiter comme toute autre chose qui a un prix et que l'on recherche. Autour de l'écrivain se rassemble une multitude avide de connaître, la foule innombrable des esprits que passionnent les idées et le style, qui le stimule, crée autour de lui le milieu qui lui est nécessaire, l'enivre d'une noble émulation et le pousse aux conceptions les plus élevées. Au sein de ce monde qui attend impatiemment son œuvre, qui la discute dès qu'elle paraît, qui l'apprécie de cent manières, qui s'en occupe plus que des grands événements militaires ou politiques, l'écrivain se sent dans l'atmosphère qu'il lui faut pour concevoir et pour produire; l'écho lui renvoie de toutes parts une immense clameur d'admiration mêlée de critique; il a frappé l'intelligence et le cœur de millions d'hommes et déjà, en un instant, il s'est répandu partout au dehors, envahissant le monde avec l'idée et sentant la chaleur de toutes les âmes animées de la sienne.

De pareilles conditions attendent-elles l'écrivain canadien et quel mouvement se fait-il autour de sa pensée? Quel écho trouve-t-il, même dans le public qui le touche de tous les côtés à la fois? Les librairies et les courtiers de livres vous répondront. Quiconque, parmi ceux qui se font imprimer, n'a pas eu le soin de faire souscrire à son ouvrage longtemps à l'avance, ne trouve pas d'acheteurs. Le public ne vient pas au-devant de lui; donc, il n'a pas besoin de lui; donc, les lettres ne peuvent être une carrière, même pour les talents supérieurs, parce qu'ils sont appréciés par un trop petit nombre pour pouvoir se frayer une voie et s'assurer l'avenir.

Il n'y a rien de tel qu'une pareille situation pour encourager la médiocrité prétentieuse ou même l'incapacité qui aspire à prendre rang et qui vise surtout à avoir son bout de réclame. De là un véritable déluge de productions sans valeur comme sans objet, qui n'ont pas de base et que rien ne soutient, comme s'il suffisait, pour être homme de lettres, de posséder un éditeur qui vous fait imprimer avec goût, brocher avec élégance et relier même, quand la simple brochure ne suffit pas à attirer le regard. Mettra-t-on pour une fois dans la tête de ces entrepreneurs de lignes qu'un écrivain n'est pas un journalier, qu'on ne s'improvise pas écrivain et qu'on ne devrait prendre une plume, le plus difficile à manier de tous les instruments, que lorsqu'on y a quelque droit, que lorsqu'on a du moins la conviction modeste d'apporter un faible appoint de plus au fonds commun des Lettres? Qu'est-ce que c'est qu'écrire pour écrire? Et penserait-on par hasard que la littérature moderne, parce qu'elle s'est affranchie du classique, n'ait gardé aucune retenue et se gave de tout ce qu'on lui apporte?

Cependant, voilà ce qu'on appelle le développement de la littérature nationale. Quoi! Il n'y a pas même la fondation; que voulez-vous développer? Nous avons perdu, en Canada, le génie de la langue française; nous ne connaissons de cette langue qu'un certain nombre de phrases en dehors desquelles il est impossible de nous aventurer sans tomber dans l'anarchie et le barbarisme, et nous voulons, dans notre présomption arrogante, donner des ailes à ce qui manque de corps, étendre le vol de ce qui n'a pas d'envergure! C'est du grotesque. Nous sommes comme les anciens Peaux-Rouges, nos prédécesseurs, dont la langue, très imparfaite, ne leur offrait qu'un petit nombre de mots pour exprimer l'immense variété des objets, de telle sorte qu'un même mot s'appliquait souvent à bien des choses et que,

lorsque le mot faisait absolument défaut, ils emprun-
taient à la nature même toute sorte d'images pittoresques qui rendaient sensible leur pensée. Si encore
nous en faisions autant!

Rien ne frappe plus le lecteur étranger que ce
que nous osons affirmer ci-dessus. Au grand nombre
d'expressions que nos écrivains et nos journalistes
emploient indistinctement, indifféremment, sans se
rendre compte de leur signification réelle; aux locu-
tions bâtardes, aux constructions de phrases étranges, il reconnaît de suite que ce n'est pas un Français
qui écrit ainsi. Nous n'avons pas de patois au Canada, non, certes; il ne manquerait plus que cela! Mais
nous avons assez d'anglicismes pour remplacer tous
les patois de Bretagne et de Provence, et ce sont
surtout les avocats et les marchands qui en sont
affligés; car on parle dans nos campagnes un français beaucoup plus pur que celui qui est parlé au sein
des villes, parmi la classe réputée instruite.

C'est parce que nous n'avons pas le génie de la
langue française que tant de nos écrivains ressassent
invariablement les mêmes choses, tournent et retour-
nent avec une allure uniforme dans le même cercle
monotone d'idées vieillottes, qu'ils croient rajeunir
en les habillant avec une défroque qui ne change
jamais. Qu'on fasse, si l'on veut, un livre qui n'a en
soi ni fonds ni portée, encore faut-il qu'il soit une
des formes du mouvement intellectuel, qu'il indique
le culte de l'art par l'éclat et le choix des expressions, qu'on y reconnaisse le véritable homme de
lettres et qu'on puisse l'admirer dans une production
à tous autres points de vue stérile. Il y a des centaines
d'œuvres qui sont ainsi devenues immortelles et qui,
cependant, semblent n'offrir à l'esprit aucun objet à
étudier, qui sont de pure fantaisie, mais qui attestent

aux yeux du connaisseur de longues et patientes études, et toutes les ressources de l'art mises au service d'une création futile en apparence. Il y a loin de là à ces essais puérils et présomptueux dont on inonde le domaine de notre littérature comme si ce domaine était un champ de déchets où chacun peut venir indistinctement jeter les produits baroques de son imagination. Il est temps, grandement temps de débarrasser le champ littéraire de ces parasites qui y portent le ravage avec leur fécondité désastreuse, qui s'abattent sur la littérature comme des insectes et y sèment leurs larves comme s'il devait en sortir des chefs-d'œuvre.

Ce qu'il y a de particulièrement douloureux pour l'écrivain digne de ce nom, c'est qu'il ne jouit au Canada d'aucune considération. Il n'y a qu'une petite partie du public qui fasse une différence entre lui et un faiseur de phrases ampoulées, un barbouilleur pâteux, ou un bourreau de la langue dont chaque mot est un coin qui s'enfonce dans la phrase. Le public, dont ça n'est pas la faute, a vu tant d'écrits sans couleur, sans idées et sans style, qu'il n'a pu acquérir le sentiment de l'art littéraire, ni former son goût, ni savoir faire de distinction. Quand il lit dans les journaux des paragraphes, et même des articles entiers bouffis d'encens à l'adresse du premier venu qui a fait éclore un objet fait en caractère d'imprimerie, divisé en pages et couvert d'une reliure, il ne sait que penser, il repousse tout instinct qui l'éclairerait et il se dit que ce qu'il voit doit être très beau, puisque des gens *compétents* le déclarent tel et l'offrent à son admiration.

Aussi, qu'il paraisse à côté de cet objet un livre bien écrit et bien pensé, il n'aura pas de prix. Pourquoi en aurait-il? De là vient que ce ne sont pas toujours les plus capables de tenir une plume qui se donnent la peine de produire. Nous en avons des exemples qui étonnent tout le monde. Fabre, qui est un esprit vraiment incomparable, sensible aux impressions les plus délicates et sachant les rendre dans une langue merveilleusement précise, d'une finesse telle qu'on n'en saisit pas toujours l'aiguillon et que la portée en échappe au commun des lecteurs, Fabre, dont le sarcasme atteint souvent l'éloquence, qui trouve au besoin des accents chaleureux et des notes profondément touchantes, Fabre est affligé depuis longtemps d'un incurable dégoût. Henri Taschereau, qui serait devenu un écrivain remarquable, parce qu'il joint à une grande finesse d'observation des vues élevées, une manière large d'envisager et de traiter son sujet, une sobriété de style qui n'exclut pas l'ampleur de la période et l'harmonie de la phrase, a depuis longtemps abandonné le champ ingrat où ses débuts avaient apporté de si brillantes promesses. Le juge Routhier qui a, lorsqu'il le veut, de l'éclat dans le style et une causticité que n'adoucit pas toujours l'amour du prochain, malgré son énorme orthodoxie, s'égare sur un banc de combat où il développe avec fureur des considérants qui jettent des chaos dans tous les principes.

Nous en citerions encore d'autres qui pourraient faire de belles œuvres si le milieu dans lequel ils vivent leur était favorable; mais à quoi bon? L'évidence n'a pas besoin d'un entassement de démonstration et l'on fait douter, même de ce qui saute aux yeux, en voulant trop le prouver.

Cependant, il est un nom qui vient naturellement sous ma plume, et je ne puis le laisser passer sous silence, quoique celui qui le porte semble se dérober le plus possible à la connaissance du lecteur. Ce nom est celui de M. Jacques Auger.

Jacques Auger qui, de temps à autre, veut bien nous faire part de ses irritations contre le clinquant littéraire et contre la médiocrité qui s'affiche, dépense un bien trop long temps à aiguiser sa plume, quand nous avons si grand besoin de critique sévère, portant droit et ferme comme celle qu'il a l'art d'infliger. Il se laisse dominer par ses dégoûts, lui qui a des idées et qui sait combien il nous en manque. C'est un tort, un bien grand tort, c'est une faute. Les quelques rares hommes qui tiennent une plume libre, indépendante des coteries, des cliques mesquines et risibles qui s'emparent chaque jour davantage du domaine de la littérature canadienne, ont des devoirs à remplir envers la partie saine des lecteurs. Ils n'ont pas le droit de réserver pour eux ce qu'ils pensent. L'idée, aussitôt éclose, appartient à tous; elle est le patrimoine commun de tous ceux à qui il peut être utile ou avantageux de la connaître; et l'écrivain, qui dédaigne de la communiquer, dérobe au public ce qui lui est dû; il lui enlève la part qu'il doit contribuer à ses lumières et à ses progrès; il s'esquive d'un devoir sacré dont rien ne saurait l'affranchir, pas même la désolante perspective de rester longtemps incompris ou de n'être pas écouté.

L'écrivain, comme tout ce qui vit, comme tout ce qui sent, est soumis à la condition essentielle de produire intellectuellement, de donner l'âme à chacune de ses œuvres; loi consolante en même temps que fatale, parce qu'elle le protège contre les défaillances, le stimule par la conscience de son mérite et répare ainsi sans cesse l'injustice des dédains ou de l'indifférence. Où en serions-nous s'il fallait succomber aux déceptions anticipées, à la crainte de tenter d'inutiles efforts? Il faudrait tout abandonner aux abominables gâcheurs et aboyeurs de la presse, perdre jusqu'au droit d'être humiliés de l'affront qu'ils font tous les jours à notre nom et à notre langue, puisque, pouvant le réparer, nous en serions tacitement complices. Non, il y a autre chose à faire dans un jeune pays que de céder aux désenchantements, et l'irritation de l'écrivain, qui va jusqu'à lui faire rejeter sa plume, cesse d'être légitime.

M. Auger comprend cela aussi bien que personne. Il sait aussi très bien que notre public, loin d'être gâté, n'est pas même formé, et qu'il est aisément accessible à toutes les idées saines qu'on lui présentera avec mesure. À l'œuvre donc, et faites votre part, puisqu'elle vous est échue. D'autres viendront qui ne tarderont pas à subir la vertu de l'exemple, et c'est ainsi qu'on réussira à former une véritable littérature nationale ayant de la substance et de la portée.

Si des esprits supérieurs se sauvent presque de la renommée dont ils sont dignes et de la gloire qui pourrait les attendre dans le champ des lettres, il n'en est pas ainsi d'un nombre tout à fait surprenant de génies opiniâtres et audacieux qui produisent à outrance, faisant fi du sens commun, de l'idée et de la langue. Ces gens-là sont chez nous chez eux. Rien ne les déconcerte; ils ont en eux-mêmes une foi telle qu'ils s'écrivent leurs propres réclames, se défiant de la tiédeur des journalistes, étant convaincus d'ailleurs qu'on ne peut assez les admirer et que leur supériorité est trop évidente pour qu'ils ne dédaignent pas une fausse modestie. Ceux-là aussi, je pourrais les nommer, mais c'est trop difficile et je suis certain qu'ils me croiraient jaloux d'eux. J'aime mieux m'en taire pour ne pas leur donner sujet d'écrire de nouveau sous prétexte de me répondre, n'attendant au reste rien du public pour le service que je lui rends.

Quoique la littérature ne soit pas une carrière dans notre pays, et peut-être même à cause de cela, nous sommes inondés d'écrits de toute provenance, les uns baroques et grotesques, les autres fades, incolores, prétentieux dans leur monotonie et superbes d'insignifiance. Oh! ce qu'il ne faut tolérer à aucun prix, c'est la prétention. Elle gâte ou détruit toutes les bonnes intentions que pourrait avoir l'impertinent qui ose écrire sans le moindre principe littéraire, sans aucun goût ni guide, sans avoir passé pendant des années sous la férule implacable d'un professeur qui ne souffre ni tache ni faiblesse, sans avoir fait, en un mot, cet apprentissage pénible, mais fécond, qui seul permet de gravir tous les degrés d'un art. Une langue n'est pas un instrument ordinaire, qu'on manie à son gré et dont la présomption enseigne l'usage. C'est une abominable coquette qui fait semblant d'accorder des faveurs à tout le monde et qui surprend tout à coup par quelque noire trahison. Aussi, ne peut-on bien se risquer à l'aborder qu'avec beaucoup de modestie et de défiance, et non pas avec la présomption ridicule d'où naissent tant de ces écrits étranges qui passeraient, partout ailleurs qu'au Canada, pour des phénomènes absolument inexplicables, d'origine et d'espèce ne se rapportant à rien de connu. Chez nous, *L'Album du Touriste* et d'autres semblables attentats sont tolérés, parce que nous sommes dans un pays où une langue mixte est en voie de formation, et que, par conséquent, nous sommes obligés d'attendre, avalant n'importe quoi dans l'attente.

Nous l'avons dit assez clairement dans tout ce qui précède, et nous le répétons. Beaucoup d'ouvrages canadiens ne méritent pas la lecture et il serait tout à fait impossible de leur faire voir le jour dans d'autres pays que le nôtre. Aussi, ils ne dépassent pas la frontière et meurent sous nos yeux. Tant qu'il n'y aura pas d'idées dans nos livres, nous ne pouvons pas nous attendre à les voir lus, étudiés et discutés dans le monde général des lettres où la plupart de nos auteurs n'ont pu encore pénétrer, même avec toutes les ressources de la contrebande.

Cependant, n'allons pas trop loin. La critique est si voisine du réquisitoire!... et les meilleurs conseils ont quelque chose de vexatoire qui fait douter de l'intention qui les inspire. Tenons compte des tentatives plus ou moins sérieuses qui ont été faites depuis un certain nombre d'années pour fonder une littérature ayant un caractère national. Ce n'est pas la faute de ceux qui ont entrepris cette tâche difficile, si le milieu ne correspondait pas davantage à leurs efforts et si eux-mêmes ne soupçonnaient pas tout ce qui leur manquait. Produits bon gré mal gré d'un état de choses absolument rudimentaire, de conditions intellectuelles à peine sensibles, ils n'en ont pas moins affronté une langue depuis longtemps formée, successivement perfectionnée dans tous les genres par les maîtres qui ont écrit depuis trois siècles, et parvenue aujourd'hui à une telle variété, à une telle finesse de détails, qu'elle précise les impressions presque insaisissables et fixe l'image des plus fugitives nuances.

Il y avait donc contre les pionniers des lettres canadiennes tous les désavantages réunis et pas une seule des ressources qui s'offrent à l'écrivain des autres pays qui possèdent une littérature nationale.

Partout ailleurs, en effet, l'homme de lettres prend autour de lui, comme dans un fonds sans cesse renouvelé, sans cesse alimenté, les formes infiniment multiples et changeantes qu'une langue peut revêtir et qui restent cependant conformes à son génie. Il puise ce génie à sa source même, il en est comme pénétré, imprégné, il en reçoit l'impression presque constante et de mille manières; il a grandi avec cette langue qui, tous les jours, sous ses yeux, s'est élaborée, enrichie, développée: il est elle et elle est lui. Mais l'écrivain canadien, au contraire, loin d'être l'expression d'une langue se constituant au fur et à mesure des progrès de l'esprit, a eu d'abord à retrouver et à ressaisir tout ce que cette langue avait perdu, tâche bien différente et surtout bien autrement difficile. Dans son ingénuité il a cru qu'il lui suffisait du simple instinct littéraire pour accomplir cette tâche, en faisant de lui un être à part au milieu des propensions d'un vulgaire positivisme; il ne s'est pas rendu compte de tout ce qu'il lui aurait fallu acquérir, avant de produire, par l'étude raisonnée du cœur humain et par l'observation, [les] conditions dont s'affranchissent imparfaitement à leurs débuts même les génies supérieurs et les talents de premier ordre.

Mais qu'à cela ne tienne. Il n'en est pas moins vrai que, depuis un certain nombre d'années, des efforts réels, et qui portent déjà leurs fruits, ont été faits pour créer au Canada une vie intellectuelle. Petit à petit nous sommes entrés dans le courant des transformations modernes, dans le giron commun où tous les peuples évoluent. Longtemps à l'écart, nous nous sentons atteints chaque jour davantage par les mille souffles qui portent l'idée et par l'expansion envahissante des progrès scientifiques. Bon nombre de travaux de nature diverse ont été faits chez nous en dehors des œuvres purement littéraires; il y a un mouvement incontestable et dont il serait absurde de ne pas vouloir convenir. Les précurseurs de la future littérature nationale méritent donc qu'on leur tienne compte, malgré d'inévitables imperfections, non pas tant de ce qu'ils ont produit que du sentiment qui les a inspirés, de l'esprit qui les anime. (...)

(PC XI-XXX)

Fragments sous forme de dictionnaire

ABDICATION

J'ai toujours remarqué que les rois ont une heure, invariablement la même, pour abdiquer; c'est lorsqu'ils ont perdu leur trône.

Mais comme le droit divin est inaliénable, ils ont soin d'ajouter qu'ils abdiquent en faveur de leurs enfants. (L 28)

ADAM ET ÈVE

Les rabbins des anciens juifs disent que Dieu créa Adam avec une longue queue, mais qu'après l'avoir considéré attentivement, il lui parut que l'homme aurait meilleure grâce s'il la lui supprimait. Ne voulant pas toutefois perdre une partie de son ouvrage, Dieu coupa la queue et s'en servit pour former la femme. Les rabbins prétendent expliquer au moyen de ce conte une partie des inclinations des femmes. D'autres, non moins ridicules, disent que Dieu créa d'abord l'homme double et des deux sexes, mais qu'en perfectionnant son plan, il sépara le mâle de la femelle et en fit deux êtres distincts. C'est pour cette raison, ajoutent-ils, que les deux sexes ont tant d'inclination l'un pour l'autre, et cherchent continuellement l'occasion de se rapprocher. On trouve aussi dans une histoire fort ancienne qu'Ève, impatientée de ne pouvoir déterminer Adam à manger du fruit défendu, arracha une branche d'arbre, et en fit un gourdin à l'aide duquel elle réussit promptement à se faire obéir. (L 284)

315

AFFAIRES

(...) L'Américain est, dans les petites affaires, dans celles qui tiennent aux nécessités quotidiennes de la vie, non seulement d'une honnêteté rigoureuse, mais encore d'une précision, d'une largesse, d'une obligeance et d'une accessibilité qui vous le feraient aimer, si tout cela n'était pas froid, machinal, et, pour ainsi dire, le caractère d'un calcul savant. L'Américain dédaigne de duper pour de petits objets, et surtout il a trop de choses à faire pour s'amuser à compter quelques piastres (...) (CV 82-83)

AMÉRIQUE

Nous habitons l'Amérique, et nous n'avons pas la moindre idée de l'Amérique. (L 314)

AMOUR

Ce qui est triste et malheureux en amour, c'est que la femme aimée remplace le monde entier pour soi, et, quand on l'a perdue, on croit qu'il ne reste plus rien à désirer. On aime encore plus sa souffrance que la femme qui en est la cause. On ne veut pas se consoler, parce qu'on craint de ne pas aimer autant en souffrant moins ; on craint le calme des passions comme si l'on devait sentir moins en se résignant davantage. (CHC 323)

ANGLAIS

Les Anglais ne sont et ne seront toujours que des entrepreneurs de pompes funèbres ; leur plaisir unique, c'est le jeu de croquet, et ils poussent leurs boules méthodiquement comme leur personne. Quand ils essaient d'être gais ils font un tapage infernal (...) (CHC 186)

ANGLAISES

(...) Celles-là ne parlent pas de trop, c'est dérogatoire. Quand on a de la dignité, on n'a pas de langue ; ces Anglaises n'ouvrent les lèvres que pour introduire une bouchée précieusement, comme si elles se faisaient une opération à la gencive ; du reste, irréprochables, droites comme des fioles, avec mille louis de revenus. (CHC 40)

(...) Une Anglaise qui remue manque aux lois les plus élémentaires de l'étiquette. (CHC 186)

ANTIQUITÉS

On ne saurait croire jusqu'où certaines personnes poussent le goût des antiquités. Il suffit qu'une chose soit décrépite, bien salie, bien déchiquetée, bien ratatinée, nauséabonde et informe, mais qu'elle ait cent ans, pour qu'elles la pressent sur leur cœur. C'est là une passion comme une autre, mais heureusement la plus ridicule de toutes, car si la passion pour le beau fait faire bien des folies et bien des bêtises, que doit-on attendre de la passion pour ce qui est laid, et vieux par-dessus le marché ? On tombe assez souvent à ce sujet dans une confusion grotesque ; on prend aisément pour l'amour de l'antique une monomanie puérile qui s'exerce incessamment sur une foule de petits objets sans importance, qui s'y perd et s'y noie en laissant de côté les grands traits, les grands souvenirs, les véritables monuments de l'histoire et les leçons qu'ils renferment. (AFQ 15-16)

À-PEU-PRÈS

Un autre défaut commun du style de journal, c'est le remplissage, c'est le chevillage, c'est l'introduction

317

à tout propos de membres, ou de fractions de membres de phrases inutiles, boiteux, encombrants. Le Canadien a une horreur singulière pour toute expression nette et claire de la pensée ; de là les ambages, les entortillements et les enchevêtrements de bouts de phrases les uns dans les autres. Dans ce pays, il n'y a rien de précis, d'arrêté, de formel. L'à-peu-près est la règle ; il est la forme convenue en toutes choses, dans les affaires, dans les procédés, dans les relations comme dans la langue. On ne cherche pas à faire «bien», mais à faire «assez bien pour que ça passe». Il en résulte que l'art, en une matière quelconque, n'existe point (...) (AC 74-75)

ATMOSPHÈRE

(...) Toute grande chose dans la nature a pour ainsi dire son atmosphère à elle, pénétrée, saturée de sa propre essence, qui prend comme une image de ses formes et qui la révèle aux regards de l'esprit, avant que les yeux en aient pu rien découvrir. (RV 96-97)

ARGENT

Comme on avait trouvé le moyen de créer un pluriel pour ce mot (tout le monde sait que *des argents* fleurissent à profusion dans tous nos actes, contrats, marchés quelconques), on a eu en même temps l'heureuse idée de le mettre au féminin, sans doute pour racheter ou pour adoucir ce que l'emploi de ce mot au pluriel avait de baroque et d'absurde. (AC 15)

AUTEUR

Se faire auteur c'est vouloir attirer sur soi toutes les haines, toutes les envies, tout l'effort des basses et odieuses passions qui tourmentent les incapables et les salisseurs de réputation. (R 33)

BAS-BLEU

(...) C'est le hanneton, c'est le vésicatoire, c'est la mouche-à-miel de l'homme de lettres. (CV 126)

BIBLIOTHÈQUE

Cela est bien simple, on enlève aux jeunes gens tous les livres ; ils ne peuvent lire que ceux de la petite bibliothèque du séminaire, et Dieu sait ce qu'est ce *stock*-là. Histoire ancienne : Rollin, et rien que Rollin ; Gibbon n'existe pas ; histoire de France : Gaboure ; mais Thiers, Thierry, Henri Martin, Mignet, Michelet, inconnus ! Poésie : Lefranc de Pompignan, J.-B. Rousseau, un peu de Racine, encore moins de Corneille ; voilà le bagage. Éloquence : oraisons funèbres de Bossuet ; Fénelon est dangereux. (L 83)

BOURREAU

On a beau dire, c'est un métier désagréable que celui de bourreau. C'est en vain qu'on veut remplir un devoir, faire le sacrifice de soi-même au bon ordre de la société, les hommes en veulent toujours à ceux qui les protègent, et ils leur flanquent des râclées quand ils en ont l'occasion. C'est ainsi que les deux bourreaux qui viennent d'exécuter les hautes œuvres sur la personne du condamné Bissonnette ont failli être mis en pièces par la foule. C'est là un genre de protestation qui ne tardera pas, je crois, à l'emporter sur tous les arguments contre la peine de mort. Je n'y vois qu'un défaut, c'est qu'on court le risque de tuer les gens pour les empêcher de tuer les autres. (CHC 143-144)

CARÊME

Du temps que les hommes ne mangeaient pas, je comprends que le carême eut sa raison d'être. (L 281)

CARIBOU

(...) Ce dandy des montagnes, svelte, élégant, gracieux, courant dans les clairières des bois, le long des lacs et des précipices, comme on danse un galop, avec des jambes presque aussi minces et beaucoup plus fines que celles de bien des danseurs, qui ne se laisse jamais prendre qu'avec des précautions infinies et une astuce raffinée, qui se défend souvent avec fureur lorsqu'il est blessé, et dont l'ouïe est si délicate que les chasseurs sont obligés, pour arriver près de lui, d'ôter leurs raquettes et de marcher en quelque sorte à plat ventre dans la neige (...) (RV 148)

CARTIER, SIR GEORGE ÉTIENNE

(...) Les Montréalais, à force d'entendre appeler Sir George Étienne l'homme de fer, l'homme de bronze, l'homme de castille*, l'homme d'étain, l'homme de cuivre, l'homme d'antimoine, bardé, blindé, imperméable, *water-proof, fire-proof*, coffre-fort, en avaient déjà par-dessus les oreilles, même avant l'émission du *writ* électoral et le manifeste de Médéric Lanctôt que je ne peux comparer qu'à une soupe de macaroni.

---

* Il faut sans doute lire *castine*: «Pierre calcaire que l'on mélange au minerai de fer pour en faciliter la fusion» (*Le Petit Robert*).

(...) Tous les métaux ne se ressemblent pas, quoique Sir George les ait réunis tous dans sa seule personne, comme dans un immortel laboratoire pour l'instruction de chimistes reconnaissants. Si nous avons pu méconnaître un pareil homme c'est que notre éducation a toujours été mal faite; on n'enseigne pas la métallurgie dans les collèges et les écoles du Bas-Canada. (CHC 214-215, 220-221)

CHASTETÉ

J'ai souvent remarqué que les prêtres, les religieux et les personnes qui ont la prétention de ne pas connaître l'amour, par cela même ne connaissent pas la chasteté; voir les casuistes, dont les livres sont d'une obscénité et d'une grossièreté choquantes. (L 147)

CHEMINS DE FER

Après avoir relié entre elles, par le chemin de fer de La Tuque, les vallées du Saguenay et du Saint-Maurice, la compagnie du lac Saint-Jean se propose de compléter son œuvre en rattachant à ces deux vallées celle de l'Outaouais et en poursuivant jusqu'à la hauteur du lac Abitibi, d'où elle enverra deux branches, l'une dans la direction du nord, vers la mer d'Hudson.

Si l'on construisait un chemin de fer jusqu'au sud de la baie James, et qu'un bateau à vapeur, partant de ce point, fît des voyages réguliers le long de la côte orientale, il y aurait affluence de voyageurs du Canada et des États-Unis vers ces rives pittoresques et grandioses à la fois, qui jouissent, pendant deux ou trois mois de l'année, d'une température agréable, et qui possèdent encore tout l'attrait et le prestige de l'inconnu. (RV 209-210)

CHICOUTIMI

En 1855, il n'y avait même pas encore de chemins dans cette cité nouvelle qui, un jour peut-être, renfermera des boulevards et sera éclairée à la lumière électrique. M. Price*, père, n'y passait jamais qu'à cheval, ce qui ne veut pas dire que les travailleurs des chantiers y allassent invariablement en voiture. (S 155-156)

CHIEN DE PRAIRIE

C'est un original et un railleur, guère plus gros que l'écureuil; d'un jaune plus saillant, il ressort à peine sur la mer de sable, de même couleur que lui, qui l'entoure. Il se tient debout, appuyé sur ses pattes de derrière, au-dessus du petit tertre où il a creusé son trou, et regarde, impassible et narquois, le long défilé du train qui ne lui cause plus la plus légère inquiétude. Les chiens de prairie sont extrêmement nombreux dans certaines parties du désert; mais l'œil non exercé met du temps à le découvrir, tant ils se confondent, dans leur immobilité, avec les plus petits accidents de terrain, avec les moindres reliefs de l'étendue rousse et sèche où ils ont établi leur asile. (CV 135-136)

CHINOIS

Quant aux Chinois, ce sont des êtres intéressants en vérité. Ils fourmillent sur la route du chemin de fer; le fait est qu'ils en ont été dès l'origine les principaux ouvriers: ces hommes-là travaillent pour pres-

---

* William Price, fondateur d'une dynastie d'hommes d'affaires et d'une importante entreprise d'exploitation forestière du Saguenay.

que rien et se nourrissent d'un peu moins. Ce sont en général de petits hommes jaunes, anguleux, dont la longue queue dressée derrière la tête est relevée, aux États-Unis, de façon à former une toque sur la nuque (...) Leur industrie, leur probité et leur infatigabilité sont sans égales. Jamais un Chinois ne prend un verre de quoi que ce soit, si ce n'est d'eau ou de thé, et il ne mange guère que du riz; cependant il peut travailler quatorze heures par jour; le fait est qu'il n'y a pas de limite à la quantité d'ouvrage qu'un pareil homme peut faire sans prendre de repos. (CV 133-134)

CHRISTIANISME

(...) Je crois à Dieu et aux sublimes vérités du christianisme; mais je ne veux pas de votre usurpation de ma conscience, je veux croire au Christ, et non à vous; je veux chercher la vérité que Dieu lui-même a déclarée difficile à trouver; mais je ne veux pas que vous, vous l'ayez trouvée tout seuls sans la chercher, et que vous m'imposiez vos erreurs au nom d'une religion que vous ne comprenez pas: n'est-il pas vrai que vous me déclarez impie? (LC 22)

CHUTE

Dieu, dit l'Écriture, prit une poignée de boue, souffla dessus, en fit un homme et le lançant dans l'espace:

Va, dit-il, je te livre à ta propre misère;
Trop indigne à mes yeux d'amour et de colère,
      Tu n'es rien devant moi.
Roule au gré du hasard dans les déserts du vide,
Qu'à jamais loin de moi le destin soit ton guide,
      Et le malheur ta loi...

Et l'homme, roulant d'abîme en abîme, plongeant d'espaces en espaces, défiguré, meurtri, repoussé comme un être hideux de tous les globes où il voulut mettre pied, vint échouer sur cette Terre, dernière étape de sa déchéance.

Plus tard encore, tombant de faîte en faîte, précipité des sommets où son vol impuissant ne le soutenait plus, épave boueuse où il y avait une âme, l'homme, devenu chenille, s'aplatit sur la terre du Canada, sans regard pour mesurer les cieux dont il était banni, sans pensée pour mesurer sa honte.

Ce fut sa dernière chute. (L 96)

CIVISME

Qu'est-ce qui a fait les villes américaines, Messieurs ? c'est l'esprit public. Chacun est d'abord citoyen d'une ville entière, avant de l'être de tel quartier, de telle rue, l'habitant de telle maison. Quand il s'agit d'un intérêt général, le citoyen des États-Unis s'oublie momentanément, parce qu'il sait bien que plus tard il y trouvera son compte (...) Chacun pour soi, et voilà pourquoi Québec n'avance à rien. (CV 302-303)

CLASSES SOCIALES À MONTRÉAL

La population se divise à peu près également en deux classes, les prêtres et les mendiants. (L 255)

CLERGÉ

Pourquoi ceux qui estiment l'appui du clergé comme indispensable à leur avenir, à leur commerce, à leurs entreprises quelles qu'elles soient, n'arrivent-ils qu'à la médiocrité ou à l'impuissance ?

C'est que ceux-là n'ont pas de force par eux-mêmes; c'est que, pour réussir, il faut avant tout compter sur soi; c'est que le clergé ne vous accorde sa protection que parcimonieusement, afin que vous en ayez toujours besoin; c'est qu'il utilise à son profit vos talents, vos connaissances, votre zèle, et ne vous donne en échange qu'un simulacre d'appui, parce qu'il ne dépend pas du clergé de changer l'ordre naturel des choses, de faire que les clients ou le public aient recours à un homme médiocre plutôt qu'à un homme de talent.

Le clergé n'a d'empire que celui qu'on lui laisse prendre, et de puissance que celle qu'on lui abandonne. (L 50)

Les prêtres individuellement peuvent être d'excellents hommes, tout comme les autres; mais du jour où ils s'immiscèrent dans les affaires humaines, ils voulurent les diriger exclusivement, et ils devinrent le fléau des peuples.

Leur principe est l'absolu; ils n'admettent donc pas que rien se modifie. (L 284)

COLLÈGES

Quels ont été vos instituteurs? Quels ont été vos maîtres? De jeunes ecclésiastiques, fraîchement émoulus des classes de collège, où ils ont reçu l'instruction que l'on sait, et bombardés, du jour au lendemain, professeurs dans n'importe quelle branche des connaissances humaines qu'ils ignorent à peu près également! Ce sont des produits ordinaires de ces institutions où l'on habitue bien plus notre jeunesse à des exhibitions puériles, dont l'objet principal est de flatter la vanité des élèves, de masquer l'inanité déplorable des études, qu'on ne les forme à des exercices sérieux qui développent le raisonnement et l'esprit d'analyse. (JB 106-107)

Un jour viendra sans doute où toutes les prisons seront changées en collèges. C'est lorsque l'instruction, cette grande moralisatrice, aura banni l'ignorance et la misère qui sont la cause de tant de crimes.

Il faut pour cela que l'instruction soit libre, qu'elle soit dirigée par des hommes qui veulent faire d'autres hommes, et non par une caste ambitieuse qui ne cherche qu'à faire des esclaves afin de leur commander. (L 39)

COLONIALISME

L'état colonial est un état unique; il prépare un peuple à la grandeur et la *puissance** par l'humiliation. *Si tu veux commander, sache obéir*, dit le proverbe: c'est très bien, mais voilà trois cents ans que nous obéissons; il serait temps que nous prissions l'habitude de commander. Le meilleur moyen de commander n'est pas d'obéir toujours. (L22)

Sur cette planète il y a des colonies, lesquelles représentent dans l'ordre politique ce que les nègres sont dans l'ordre social. La plupart d'entre elles ne restent colonies que tant qu'elles ne peuvent l'éviter; elles savent que leur enfance n'est pas éternelle, elles attendent impatiemment le jour où elles pourront marcher sans appui, elles comprennent leurs destinées et cherchent à les atteindre; quelques-unes mêmes essaient déjà leurs forces, comme Cuba...

Mais d'autres ne voient rien, ne comprennent rien et reculent elles-mêmes de plus en plus l'heure de l'affranchissement, pleines d'effroi et d'incertitude.

On comprend que je veux parler avant tout du Canada. (L 287)

------

* Jeu de mots à partir de *Dominion of Canada* qu'on traduisait (?) alors par *Puissance du Canada*.

326

Quand un État n'est qu'un appendice d'un autre État, qu'il n'a pas d'existence propre, qu'il est irresponsable aux yeux de l'étranger, il reste indifférent à tout ce qui peut le faire valoir, à tout ce qui peut agrandir son horizon moral, parce qu'il n'y a là pour lui ni profits ni honneurs; tout revient à l'État qui parle en son nom, à la métropole. (QFC 13)

CONFÉDÉRATION

Une confédération de mille lieues de longueur, dont les cinq sixièmes sont déserts, est une chose si mirifique qu'un peuple, pour en être digne, doit ne pas compter et savoir courir à sa ruine avec grandeur. (PC 31)

CONSERVATEURS

La campagne contre le Nord* fut menée avec cette âpreté tranchante, avec cet esprit provocateur, cette intransigeance haineuse, ce parti pris ou plutôt ce culte du dénigrement, avec ce débordement de calomnies et cette virulence de fiel qui caractérisent les fanatiques de politique presque à l'égal des fanatiques de religion, et les assimilent bien plutôt à une secte qu'à un parti, je veux dire cela surtout de ceux qui, ayant transporté sur un théâtre plus étroit l'esprit et les traditions du torysme britannique, en sont devenus d'autant plus intolérants et plus intolérables.

Ces hommes, que le Créateur ne s'est décidé à former qu'avec bien des précautions et après avoir bien d'avance pétri un limon spécial, sont tout charpentés d'arrogance et d'outrecuidance. Ils consentent à la rigueur à passer pour faire partie de l'espèce

---

* Buies fait ici allusion à la guerre de Sécession des États-Unis et aux appuis que les Sudistes trouvaient au Canada.

humaine, mais à la condition qu'on reconnaisse qu'ils sont nés pour lui commander, que l'autorité leur est dévolue naturellement, qu'ils ont un droit unique et exclusif de l'exercer, de la tenir, et que là où le pouvoir leur échappe, ils ne sont pas tenus, pour le ressaisir, d'user, comme les autres hommes, des moyens vulgairement appelés légitimes. Aussi, quand ces hommes-là sont des catholiques, de par leur nature supérieure sont-ils plus catholiques que le pape, et tous ensemble, avec ceux de leur espèce qui sont protestants, sont-ils plus loyaux que la reine. (R 47-48)

CÔTE NORD

J'ai dit que la Malbaie était un des plus beaux endroits de la Terre et je le répète, je le tripète et je le dirai jusqu'à la fin de mes jours; mais la Malbaie a un malheur, c'est d'être sur la côte nord du Saint-Laurent. Cette côte est inhumaine; on voit bien qu'elle est un prolongement du Labrador (...) (CHC 182)

CRÉDULITÉ

L'art de croire n'est rien; tous les imbéciles viennent au monde perfectionnés dans cet art-là. Mais l'art de *paraître* croire! Voilà qui est essentiel (...) Après quoi on passe dans les bureaux de *La Minerve** où l'on apprend l'art de *faire croire*, qui est le dernier degré de toute ambition intelligente. (L 40)

DANSE

(...) Dans la polka il y a trois pas, ce qui est bien plus immoral que le galop où l'on n'en fait que deux.

---

* Quotidien devenu conservateur après avoir été «patriote», libéral, libéral-conservateur...

Mais la valse est la pire de toutes les danses, parce qu'elle se danse indifféremment à deux et à trois pas, ce qui laisse dans l'esprit l'incertitude horrible de l'énormité du crime qu'il a commis.

La danse à quatre pas n'ayant pas encore été inventée, il faut croire que la valse est le dernier échelon de la dégradation humaine. (L 181)

DÉFRICHEMENT

(...) Le Canadien n'est colonisateur, dans le sens pratique du mot, qu'à une condition, c'est que la colonisation marche avec la religion. De là le double rôle du clergé dans ce pays: conduire les âmes au ciel et les défricheurs à l'entrée des forêts vierges. S'il n'est pas convaincu de pouvoir obtenir, dans un temps donné, les secours essentiels de la religion, le Canadien éprouve une sorte de répugnance insurmontable pour des défrichements lointains, pour un isolement qui ne lui apporte pas en compensation la certitude d'une vie meilleure. (OS 28)

DÉPUTÉ

Le premier devoir d'un homme politique, dès qu'il entre dans l'Assemblée Législative, c'est de dire le chapelet, ensuite, de ne rien dire, de toucher *600 $* pour le rachat des péchés de ses commettants.

Il y a des députés qui ont le double mandat*. C'est pour qu'ils ouvrent les portes du ciel à double battant. (L 32)

DURÉE

L'espace étant infini, la durée doit l'être. L'un implique nécessairement l'autre. On ne conçoit pas un

---

* Au début de la Confédération, on pouvait se faire élire à la fois au parlement fédéral et au parlement provincial.

espace qui n'a pas de bornes sans une durée corréla-
tive qui s'étend à tout ce qu'il renferme. (CV 324)

ÉCLAIRAGE

Dans les villes canadiennes, on n'allume pas les becs
de gaz quand la lune paraît. (L 22, note 1)

ÉDUCATION FRANÇAISE

Votre éducation est française ! et qu'enseignez-vous
de la France, notre mère ? vous enseignez à la maudire : vous enseignez à maudire les grands hommes
qui l'ont affranchie, la grande révolution qui l'a placée à la tête du progrès social. Votre éducation est
française ! et vous enseignez l'intolérance et le fanatisme, pendant que la France enseigne la liberté de la
pensée et le respect des convictions. Quoi ! suffit-il
donc, pour que vous donniez une éducation française, de n'en employer que les mots et d'en rejeter
toutes les idées ! (LC 22)

ÉGLISE

Cette église* sera un véritable monument, dans l'ac-
ception artistique de ce mot, si on peut lui apporter
les embellissements de la perfection que fait pres-
sentir sa physionomie actuelle. On en évalue le coût,
un fois terminée, à quatre-vingt mille dollars ; mais il
serait dommage de s'arrêter en si bon chemin et ne
pas se rendre jusqu'à cent mille dollars, d'autant
plus qu'il y a déjà la moitié de cette somme de
dépensée. On remarque que le clocher de l'église est

---

* Il s'agit de l'église de Chicoutimi. Remarquons l'ironie, peut-
être inconsciente, de cette description optimiste dans un ouvrage de propagande.

quelque peu incliné en avant; cela a été fait à dessein, sur le conseil même de l'évêque, afin de permettre au clocher de mieux résister aux violents efforts du vent de nord-ouest (...) (S 156-157)

ÉMIGRATION AUX ÉTATS-UNIS

Tous nos hommes forts, vaillants, préférant le travail qui affranchit à la misère qui enchaîne, sont allés aux États-Unis où il n'y a pas de joug clérical qui paralyse l'essor individuel et l'essor national. Là, ils sont des hommes. Ici, il nous est resté deux générations moutonnières, agenouillées au son des cloches, et tellement accablées de bénédictions célestes qu'elles ont perdu absolument de vue les choses de cette terre où, cependant, leur destinée est de vivre. (L 157)

ÉTATS-UNIS

Presque tous les journaux canadiens cherchent à éloigner de nous l'idée d'indépendance ou d'annexion, par horreur des États-Unis, tandis que l'Angleterre elle-même, la mère-patrie, déclare par la voix de Bright*, qu'elle veut suivre pas à pas l'Union Américaine et modifier ses institutions d'après son exemple. (L 287)

ÉVANGILE

Je commence à croire que l'Évangile a toujours été mal compris, puisque les évêques, qui sont infaillibles, interprètent «le fils de l'homme n'a pas un endroit pour reposer sa tête» comme ceci: «Bâtissez-nous de jolies écuries; donnez-nous des chevaux

---

* John Bright, industriel et homme politique britannique, l'un des plus libéraux de l'ère victorienne.

et des jolis petits carrosses pour promener notre jolie personne, pour l'amour de Dieu, et vous serez bien gentils». (L 197)

EXAMEN (Libre)

Une vérité qui n'a pas été étudiée, controversée, soumise à toutes les investigations, n'est pas digne d'être appelée telle: elle ne peut servir qu'au vulgaire et aux ignorants qui admettent tout sans rien comprendre, et qui n'ont d'autre guide que l'autorité; tandis que la vérité qui naît de l'examen a le noble privilège de s'imposer même aux esprits les plus sceptiques, et aux intelligences éclairées qui l'avaient d'abord combattue. (LC 15)

EXTRÊME

Jeunes gens, soyez extrêmes. Ne redoutez pas ce mot. C'est dans l'extrême seul qu'on touche le vrai; la vérité n'est jamais à mi-chemin. (L 300)

FAIM

Un estomac vide, c'est comme un trou dans le néant! (CHC 415)

FAIR PLAY

L'Angleterre est le pays de la croyance religieuse, de la bonne voie personnelle et du *fair play*. Ah! le *fair play*, il est partout, dans les combats de coqs, dans les batailles de drogues et dans les luttes de boxeurs. Ce n'est pas une raison pour en médire (...) (CHC 129)

FÉMININ

J'ai toujours remarqué que les Canadiens ont un amour prononcé pour le féminin; c'est à ce sentiment sans doute qu'ils doivent leur autonomie nationale. Ainsi ils disent invariablement «la grande air, une belle hôtel, de la bonne argent» quand ils ne disent pas «des argents», grand Dieu! Mais voilà le *Journal de Québec**, particulièrement attaché à la conservation de notre nationalité, qui trouve qu'il n'y a pas encore assez de féminin; il dit: «Si *cette* impôt...» (L 19)

FEMME

D'abord, le suprême du ridicule, c'est de vouloir juger les femmes: ces reptiles suaves ne veulent pas être jugés. La femme aime qu'on l'adore ou qu'on la batte; l'amour ou la force, la crainte ou la passion (...) (CHC 355)

FILLES (Jeunes)

Les jeunes filles, essaim bruyant, peu songeur, volant d'amourettes en amourettes comme l'oiseau de branche en branche, sans se poser nulle part, et pour qui le «doux esclavage» est une métaphore imaginée à leur profit (...) (PC 112)

FOSSILISATION

Un trait distinctif de notre race, c'est la fossilisation dès le bas âge; il semble que nous ne soyons bons qu'à être mis en bocal ou conservés dans l'esprit de térébenthine. Tout Canadien a une peine infinie à sor-

---

* Fondé et dirigé par Joseph Cauchon, alors favorable à la Confédération.

tir de l'écaille; s'il pouvait y vivre indéfiniment renfermé, comme l'huître, il attendrait, dans une immobilité satisfaite, le réveil des morts à la vallée de Josaphat, sans se douter un instant que le monde s'agite autour de lui. (CHC 339-340)

FRANÇAIS

On enseigne bien mieux le français dans les institutions supérieures anglaises, auxquelles sont attachés des professeurs de France, qu'on ne le fait d'ordinaire dans ces réduits obscurs qu'on appelle les collèges canadiens. (JB 107)

FRANGLAIS

Le nombre des expressions dont nous nous servons, des tours de phrases que nous employons, qui sont purement anglais, et que nous croyons français parce que les mots qui les composent sont français, parce que nous appliquons aux mots des terminaisons françaises et que nous soumettons les phrases, par une traduction littérale, à de véritables contorsions, à des constructions dont le sens comme l'origine échappent à ceux qui ne connaissent que le français pur, est tellement effrayant que, lorsque j'essayai d'annoter toutes les horreurs de style qui débordent dans nos journaux et dans les documents imprimés quelconques, je ne tardai pas à être pris d'épouvante et de désespoir de jamais arriver à une réforme victorieuse, et je résolus de me laisser aller avec le torrent, mais en me tenant toutefois la tête hors de l'eau. (AC 9-10)

GASPÉSIE

Le voyage de Gaspé, long de quatre cent quarante-trois milles, se fait maintenant en trente-six heures, à partir de Québec. Par terre, le même voyage prend dix jours, parce que, sur un parcours de cent dix milles, de Sainte-Anne-des-Monts au bassin de Gaspé, le chemin n'est pas encore propre à la voiture; le postillon, chargé de la malle dans cette partie du pays, la porte sur son dos, il fait tout ce trajet à pied.

Comment se fait-il que des hommes habitent cette contrée âpre, aride, dure, presque repoussante, qui s'étend de Cap-Chat au bassin de Gaspé? On le conçoit à peine. (CHC 248)

GRÈVE

Les faiseurs de grève commencent à me mettre l'eau à la bouche. Ne voilà-t-il pas que les tailleurs de pierres, eux aussi, demandent une augmentation de salaire telle que leur journée de travail leur vaudrait cinq dollars! Le prix d'une causerie, ô grands dieux! qui me prend vingt-quatre heures d'un travail aussi consciencieux qu'indigeste. Alors, je me mets en grève. Quelle magnifique découverte que cette façon moderne de se graisser la patte? Un rentier n'a que deux cents louis de revenus, ce qui ne lui suffit pas, si, comme moi, il est généreux jusqu'à la prodigalité. «C'est bien, se dit-il, il me faut cinq cents louis, je me mets en grève.» Et le voilà se battant les flancs, signalant les injustices de la société, entrant dans *L'Internationale* et faisant des acquisitions énormes de pétrole pour incendier les banques.

Je vous préviens que cette manie me gagne, et que je vais bientôt vous demander un prix double pour la moitié moins d'ouvrage. (CHC 143)

GUERRE ET PAIX

(...) Jusqu'à ce que la guerre ait disparu du code des nations, que la politique soit devenue l'art de rendre les hommes heureux et unis, au lieu de les asservir à l'ambition de leurs chefs, nous aurons éternellement le même spectacle de calamités, de haines fratricides, de nations détruites les unes les autres, et de préjugés étouffant les plus simples notions d'humanité et de justice. Les hommes n'ont pas encore appris à s'aimer, malgré la grande parole du Christ. (LC 5)

HOMME (L')

L'homme renferme en petit en lui tout ce qu'il y dans la nature entière et l'on voudrait définir ce petit univers pensant! (PC 157)

L'homme est son propre ennemi, parce qu'il veut constamment être celui de son semblable. (PC 162)

INCIPIT

Depuis Bourdaloue qui avait commencé son oraison funèbre de Louis XIV par cette éclatante exclamation, «Dieu seul est grand», et qui ne sut plus quoi dire après ces quatre mots, que d'œuvres sont restées incomplètes, et d'autres simplement ébauchées! (AFQ 38-39)

INDIENS

Les Indiens, altérés de sang, ivres de pillage et de destruction, atteints jusqu'aux os par tous les vices de la civilisation européenne, sans avoir pu acquérir une seule de ses vertus, ne connaissaient plus de frein, étaient devenus incontrôlables. Au milieu des ombres profondes de la nuit, quelquefois en pleine paix, des villages inoffensifs, avant-postes éloignés des colonies anglaises, perdus dans les bois, étaient mis par eux à feu et à sac, les maisons incendiées, les femmes et les enfants traînés par les chemins et égorgés, des hommes, trop vieux pour se défendre, coupés par morceaux et la tête dépouillée pour orner la ceinture de guerre de ces barbares féroces. (AFQ 4-5)

(...) On les voit errer, sombres, mornes, traînant leur existence comme un lambeau incommode, et comme accablés du poids du destin qui les a laissés survivre. (RV 64)

INFINI PASCALIEN

On ne peut pas toujours être à quatre pattes devant l'immensité à lui dire qu'on la trouve superbe. Quand on a reconnu cinq ou six fois en vingt-quatre heures sa petitesse humaine, il semble que cela suffit et qu'un peu de variété à cet exercice rafraîchirait le tempérament; mais dans le Golfe, à cent milles de Gaspé, l'homme n'a d'autre ressource que de se comparer aux astres et de se mesurer en face de mondes innombrables, des millions de fois plus grands que la Terre, qui lui apparaissent comme dans une soucoupe. C'est surtout sur l'eau que le ciel est grand; entre deux abîmes, l'homme juge et sent mieux la profondeur de la création; Dieu lui apparaît plus visible, plus éclatant; il se manifeste dans toute la liberté de sa puissance, et chaque bouffée d'air, qui arrive comme un torrent dans les poumons, est une révélation partielle de l'infini. (CHC 249-250)

INQUISITION

(...) Je devais voir au Canada, en plein dix-neuvième siècle, autant d'indignités monstrueuses, autant d'absurdités que l'histoire en rapporte du Moyen Âge, moins les supplices, les autodafés, les tribu-

337

naux ecclésiastiques toujours ruisselants de sang et de larmes.

Mais l'Inquisition! elle règne ici, elle règne souveraine, implacable, acharnée; et elle règnera encore longtemps, compagne inséparable de l'ignorance. Elle n'a plus de bûchers qui engloutissent des milliers de vies, mais elle corrompt et avilit les consciences. Elle ne contraint plus à l'obéissance par des tortures, mais elle exerce cette pression ténébreuse qui étouffe le germe de la pensée comme la liberté d'écrire ce que l'on pense. (LC 34)

INSTITUTIONS

Les institutions en elles-mêmes sont indifférentes, elles peuvent prendre à discrétion toutes les formes; mais ce qui n'est plus indifférent, c'est l'objet pour lequel elles sont faites, c'est le principe qu'elles renferment. Les institutions peuvent changer, être remplacées par d'autres suivant la nécessité des temps; à quoi sert alors de les élever à la hauteur d'un culte et d'en faire des fétiches? fétiches dangereux, parce que le peuple les respecte encore alors même qu'elles ont perdu tous les droits au respect. (CV 31-32)

INSTRUCTION PUBLIQUE

Ayant été dix ans surintendant de l'instruction publique sous les ordres de l'évêque de Montréal, M. Chauveau* a appris à faire croire qu'il y avait des écoles dans le Bas-Canada. Ainsi, toutes les fois

---

* Pierre-Joseph-Olivier Chauveau (1820-1890) est devenu Premier ministre (conservateur) du Québec au moment de la Confédération et responsable du ministère (éphémère) de l'Instruction publique.

qu'il voulait parler d'une sacristie, M. Chauveau se servait invariablement du terme «école publique». (L 272-273)

INTERNATIONALE OUVRIÈRE

Voyez ces associations d'ouvriers qui se rencontrent sur un point donné de l'Europe, mais qui viennent de tous les pays à la fois. Ces ouvriers déclarent qu'ils sont frères et que les gouvernements ne les forceront pas à se battre les uns contre les autres. Voyez ces congrès pacifiques qui se réunissent à Genève. C'est le premier pas vers la fusion des races et l'harmonie des droits populaires. (L 57)

JÉSUITES

Les Jésuites, avec leur Union Catholique, avec leurs confréries, leurs pratiques bigotes, leur doctrine d'artifices, leur principe d'autorité qui ne fait que des hypocrites et des peureux; avec leurs intrigues incessantes, leur humilité ambitieuse, leur flexibilité perfide, ont petit à petit fait entrer dans tous les cœurs le poison qui les nourrit. Partout chassés, exécrés, maudits, ici ils trônent, ils grandissent, ils règnent. (L 96)

KAMOURASKA

(...) Un des endroits les plus intelligents de la province. (CHC 75)

KINGSTON

(...) Kingston est la seule ville fortifiée de tout l'Ontario, ce qui fait voir que les habitants de cette province ont des tendances incontestables vers l'annexion. (RV 22)

339

LABELLE (Curé)

Il avait des douceurs de mère, incroyablement profondes, des puérilités de géant inhabitué aux petites
choses et des colères énormes, aussitôt apaisées. On
le voyait passer soudain comme une tombe; sa voix,
remplie de vibrantes sonorités, résonnait dans les
couloirs du Palais législatif comme un ophicléide, et
faisait tressauter sur leurs bancs de repos les messa-
gers livrés aux douceurs inaltérables d'un sommeil
mérité. L'instant d'après tout était retombé dans le
plus grand des calmes (...)

Il fallait à une organisation comme celle-là un
corps et des membres de géant. La nature les lui
donna. Elle fut prodigue envers lui comme il fut
prodigue envers les autres. Elle le tailla pour passer
vingt ans de sa vie à attaquer les forêts et les montagnes, à pousser des générations sur les sols incon-
quis, comme Moïse poussait les Juifs dans le désert
(...) (PL 59-60)

LIBRAIRIE

Les libraires, les seuls qui méritent ce nom dans
Montréal, sont des Anglais. Les autres ne sont tous
plus ou moins que des vendeurs d'images. (L 114)

LOI

(...) Ce ne sont pas des lois qui corrigent les mœurs;
elles peuvent les contrarier, mais jamais les détourner de leur cours; et quand l'homme n'a plus d'autre
frein que la loi, il ne tarde pas à en perdre le respect,
parce que l'obéissance à la loi suppose avant tout un
principe moral qui fait reconnaître en elle une sanction légitime et nécessaire, et non pas une simple
mesure vexatoire. (PC 148)

MAJUSCULE

La majuscule, c'est l'indice le plus irrécusable de la prétention, de l'orgueil sot, de la bouffissure et de la suffisance. Elle est devenue une véritable épidémie dans notre journalisme, une épidémie qui a envahi et qui submerge notre minuscule littérature. Disons entre parenthèses, pour nous consoler un peu, que c'est une épidémie essentiellement anglaise (...) (AC 11)

MALBAIE (La)

(...) La Malbaie est la seule place d'eau de toute la rive nord, ce qui ne veut pas dire que les deux tiers du temps il ne vaille pas mieux y rester sur terre que de se risquer dans l'onde perfide du fleuve; mais, en somme, on court la chance d'y trouver l'eau supportable dix jours dans le mois; c'est assez pour les baigneurs ordinaires, mais insuffisant pour les phoques qui viennent en villégiature des extrémités d'Ontario ou même de la vallée de l'Ottawa. (PC 70)

MARIAGE

De même que la parole a été donnée à l'homme pour déguiser sa pensée, de même le mariage a été donné à la femme pour déguiser son inconstance (...) (CHC 355)

MARINGOUIN

Il n'y a rien qui change l'allure d'une chronique comme le bourdonnement d'un maringouin (...) (CHC 74)

MASQUES

Pourquoi ce pays est-il mort? Pourquoi n'ose-t-il respirer? C'est parce que le chancre de l'hypocrisie ronge toutes les faces. Tout le monde s'observe, mesure chacun de ses mots pour ne pas se compromettre aux yeux des prêtres. (L 57)

MATAPÉDIA

Je voudrais sincèrement, en parlant de cette admirable vallée de la Matapédia qui est un séjour enchanteur en même temps qu'un domaine agricole incomparable, pouvoir me tenir dans les strictes limites de l'observation et faire un rapport circonstancié, fidèle et nourri de faits, mais dépourvu de couleurs et propre uniquement à guider les colons dans leur marche vers cette terre de Chanaan (...) Mais cela m'est aussi impossible qu'il m'a été impossible de contenir mon admiration et mon enthousiasme en parcourant les ravissantes campagnes qu'arrose ce ruban fuyant qu'on appelle la rivière Matapédia, ruban qui coule entre des bords aux aspects toujours changeants, toujours diversement pittoresques, qui se pare de tous les tons du ciel et des reflets multiples de ses rives, reflets tantôt sombres, tantôt miroitants et dorés comme une parure des champs au [temps[*]] de la moisson. Cette rivière est féconde elle-même comme les terres qu'elle baigne; elle est animée, vivante; elle renferme en elle des millions de vies intenses, et peut nourrir, elle seule, de ce qui naît et s'agite en son sein, tout un peuple de colons à qui la terre serait ingrate. (VM 36-37)

MERVEILLEUX

Le merveilleux! voilà encore un préjugé. Il n'y a rien de merveilleux ; c'est notre ignorance qui crée

---

[*]   Il manque un mot dans le texte de Buies.

partout des prodiges, et, ce qui le prouve, c'est que le plus grand des miracles, aux yeux d'un étranger ignorant de toutes nos perfections, n'est pour nous qu'un fait banal, depuis longtemps reconnu. (CV 33)

MONTAGNE

Avez-vous jamais fait cette réflexion que, dans les pays montagneux, les hommes sont bien plus conservateurs, plus soumis aux traditions, plus difficiles à transformer que partout ailleurs ? Les idées pénètrent difficilement dans les montagnes, et, quand elles y arrivent, elles s'y arrêtent, s'enracinent, logent dans le creux des rochers, et se perpétuent jusqu'aux dernières générations sans subir le moindre mélange ni la moindre atteinte de l'extérieur. Le vent des révolutions souffle au-dessus d'elles sans presque les effleurer, et lorsque le voyageur s'arrête dans ces endroits qui échappent aux transformations sociales, il cherche, dans son étonnement, des causes politiques et morales, quand la simple explication s'offre à lui dans la situation géographique.

Si une bonne partie du Canada conserve encore les traditions et les mœurs du dernier siècle, c'est grâce aux Laurentides (...) (CHC 11)

MORT

La mort, comme toutes les choses de ce monde, est relative. On est dissous, on est disséminé, pulvérisé, mais on reste quelque chose. Il n'y a pas une petite parcelle du cadavre qui ne se trouve un jour, sous une forme ou sous une autre, mêlée à d'autres objets. Être quelque chose indéfiniment, toujours, faire partie d'une multitude d'existences futures qui, à leur tour, se transformeront, se mêleront, voilà pour le corps. Quant à l'âme, qui est entièrement séparée de son enveloppe, quoi qu'on en dise, elle reste immortelle, invariable dans son essence. (CHC 342)

NAISSANCE

Ce qui étonne, c'est qu'un simple instinct de conservation, purement matériel, soit plus fort que tous les raisonnements et l'emporte sur l'évidence; on veut vivre quand même, comme si ce n'était pas déjà assez d'être né quand même; et, quand arrive la mort, on tremble. Hélas! que serait-ce donc à la naissance si l'on savait trembler alors (...) (CHC 381)

NÈGRE

Dans les Pulmans du Grand-Tronc*, outre que le voyageur est bien installé, il sent qu'il s'adresse à un domestique quand il parle au nègre qui fait son lit et qui frotte ses chaussures; à mesure qu'on avance dans l'Ouest, la démarcation diminue de plus en plus, et enfin, lorsqu'on arrive à Ogden, le nègre n'est pas seulement votre égal, il est tellement au-dessus de vous que vous avez envie de l'aider à sa toilette et de lui présenter toutes vos lettres de recommandation pour qu'il vous regarde d'un bon œil. Remarquez toutefois qu'il fera son service exactement et rigoureusement, parce qu'il est payé pour cela, mais il ne s'en rappellera pas moins qu'il fut autrefois esclave, qu'il appartient aujourd'hui à la grande caste des libérés, et qu'il croit devoir venger sur les blancs toutes les humiliations, les dédains et l'abjection qu'il a eu à subir.

Rien n'égale l'arrogance de l'esclave devenu subitement homme. Comme il ne connaît que l'édu-

_____

* Aux États-Unis.

cation de la servitude, il n'a aucune conception de l'égalité et ne peut voir partout que des maîtres et des serviteurs. Devenu libre, il croit que c'est à son tour d'être maître, et, s'il le pouvait, au lieu de faire votre lit, il vous donnerait la bastonnade. Chose à remarquer, le nègre reconnaît de suite le blanc du Sud et il a pour lui un respect instinctif; quant au blanc de l'Ouest, il lui tape sur le ventre et lui demande d'allumer son cigare au sien. C'est pourtant l'homme de l'Ouest surtout qui l'a affranchi; mais dans ce rude et grossier personnage, le nègre voit bien plutôt un égal et oublie vite que c'est un libérateur. (CV 121-122)

NORDET

Le nord-est, par son caractère agressif, violent et brutal, est une cause d'horripilation et d'épouvante pour les Québécois. Mais raisonnons juste. C'est précisément par sa violence même que ce vent-là nous a rendu d'incalculables services. Voyez-vous, quand il souffle, comme il aime à souffler dans ses bons moments, il retient le cap Diamant qui, lui, ne demande qu'à dégringoler, et fait de son mieux pour cela, avec la complicité du gouvernement fédéral. Il refoule le cap et l'empêche par conséquent de culbuter sur ce qui reste de maisons et d'habitants au Foulon. Sans le vent de nord-est, la moitié du cap au moins, après voir tout écrasé dans une intéressante cascade, serait rendue aujourd'hui dans le fleuve et rendrait impossible le trajet de n'importe quel steamer. Allons donc avec circonspection dans les réformes, de ce côté-là. (Q 43-44)

NOUVEAU MONDE

Vous dirai-je que je suis ici dans un des plus magnifiques endroits de la Terre? Rien n'égale les splendeurs de ce Nouveau Monde qui semble être une inspiration du Créateur, et qui reflète l'image de la Terre à son berceau, quand les premiers rayons du soleil vinrent éclairer sa mâle et vierge beauté.

Ici, tout est neuf; la nature a une puissance d'originalité que la main de l'homme ne saurait détruire. Que l'on se figure ce qu'il y a de plus grand et de plus majestueux! des montagnes dont l'œil ne peut atteindre les cimes se déroulant en amphithéâtre, jusqu'à ce qu'elles aillent se confondre avec les nuages dans un horizon qui fuit sans cesse; un fleuve profond, roulant des eaux sombres, comme si la nature sauvage et farouche qui l'entoure lui prêtait sa tristesse et ses teintes lugubres; un ciel mat comme un immense dôme d'ivoire, pur, lumineux, de cet éclat froid et désolé, semblable au front inflexible d'une statue grecque ou aux couvercles de marbre qui ornent les tombeaux, mais qui en revanche s'élève et semble grandir sans cesse comme pour embrasser l'immense nature qui repose au-dessous de lui. On croit voir des horizons toujours renouvelés se multiplier à l'infini dans le lointain; et l'œil, habitué à sonder toutes ces profondeurs, s'arrête comme effrayé de voir l'immensité de la sphère céleste se refléter dans ce coin du firmament qui éclaire la ville de Québec. (LC 7)

Non, non, Dieu n'avait pas fait le Nouveau Monde, cette terre de l'affranchissement, terre traditionnelle du refuge contre tous les gens de persécution et d'oppression, pour le laisser envahir par les passions, par les rivalités et les folies cruelles qui désolaient l'ancien continent. (AFQ 5)

NOUVELLE-FRANCE

Me voilà donc à 1 200 lieues de la France, chez un peuple qui parle notre langue, et qui continue de nous aimer malgré notre ingratitude. Ce petit peuple, séparé de nous par un siècle, vit de ses souvenirs, et se console de la domination anglaise par la pensée de son ancien héroïsme, et par l'éclat que jette sur lui le grand nom de sa première métropole. Il faut dire aussi que les libertés politiques et civiles dont il jouit sont une puissante raison pour qu'il ne déteste pas trop sa condition actuelle, et se contente de nous aimer à distance. Il est étrange de voir comme la France laisse partout des souvenirs d'affection, même chez ceux qu'elle a le plus fait souffrir ; tandis que les colonies anglaises, avec toutes les libertés possibles et un gouvernement pour ainsi dire indépendant, ne se rattachent guère à leur métropole que par l'ascendant des intérêts et la force des circonstances. Ah ! c'est que toutes ces libertés ont été autant de sacrifices arrachés à l'égoïsme et à l'orgueil de l'Angleterre, et que son intérêt et sa fierté, seuls mobiles de ses actes, sont également flattés de l'imposant spectacle de peuples libres, et néanmoins soumis à son autorité. (LC 7)

OCÉAN

Oh ! l'océan ! l'océan ! c'est l'infini réalisé, c'est l'insondable aperçu, devenu tangible, c'est l'immense inconnu qui se fait larme, murmure, harmonie, caresse ; c'est l'éternité qui se circonscrit et se rassemble pour que l'homme puisse l'embrasser au moins du regard. (CHC 348-349)

OMBRE

Nous n'avons qu'un jour pour paraître et disparaître en emplissant le monde de notre néant ; nous ne faisons que passer, croyant avoir vécu ; nous sommes une ombre jetée dans la clarté de l'infini et nous effaçant à notre apparition même. (CHC 302)

ONTARIO

Le spectacle de ses grands lacs ne saurait compenser celui des montagnes absentes. Un pays qui n'a ni relief, ni accidents de terrain, ni surprises pour le regard, peut être fertile, éminemment productif, mais ne saurait être un beau pays pour nous surtout, habitants de la province inférieure*, rendus si difficiles par les merveilles du nôtre. (RV 55)

OPINION PUBLIQUE

Si nous avions affaire à une population qui eût quelque teinte des choses publiques, si des arguments pouvaient arriver jusqu'à elle, s'il y avait conflit de vues et d'opinions sur la manière d'atteindre le but, on pourrait varier les expériences; mais en présence d'un peuple qui se tient devant une idée comme une bête à cornes devant un chemin de fer, il n'y a qu'un moyen, c'est de le prendre par le chignon du cou, le jeter dans le char à bétail, et maintenant file. (L 300)

OTTAWA

Il y a bon nombre de villes américaines qui, grâce aux abstinenciers, sont devenues absolument ridicules, tout à fait inhabitables le jour du Seigneur. Les nôtres ne tarderont pas à l'être également, elles ont déjà bien commencé; voyez par exemple Ottawa; il n'y est même plus permis de se promener le jour où l'on n'a rien à faire (...) (PC 138)

PAL

Un jour, trois généraux de l'armée birmane déplurent au souverain «aux pieds d'or» (...) Sa Majesté

---

* Bas-Canada ou Québec.

les condamna au pal, supplice asiatique des plus amusants.

Les trois généraux furent en conséquence assis sur trois paratonnerres, tandis que le roi les regardait s'enfoncer, en dégustant une tasse de thé. Une idée des plus comiques lui traversa tout à coup la cervelle: il ordonna à trois bourreaux de fourrer des brins de paille dans le nez des patients et de leur chatouiller la plante des pieds avec des plumes de Kacari. Les trois généraux, qui étaient encore très vivants et dans un état nerveux facile à comprendre, se mirent à pousser des hurlements; le roi se tordait de rire...

Évidemment, ce roi de Birmanie manquait d'aménité. (CHC 189-190)

PÊCHE

Il ne se fait pas de pêche au filet dans le Saguenay, l'hon. M. David Price* ayant loué la rivière et payant pour cela 350 $ au gouvernement chaque année. Mais en dehors de l'embouchure, à la Pointe-Rouge, près de Mille-Vaches, M. Price fait tendre ses filets et pêcher le saumon. Il en prend environ 600 par année, en vend la moitié au gouvernement pour le vivier de Tadoussac (...) (S 77-78)

PENSÉE

Par la pensée, l'homme est au-dessus et plus grand que tous les mondes réunis, et il y en a des milliards de milliards auprès desquels la Terre n'est pas même comme un grain de sable. Par la pensée l'homme embrasse en un instant tous les astres qui parcourent

---

* Industriel et commerçant de bois, avec ses deux frères (Price Brothers).

des millions de lieues par seconde dans l'univers infini. Si l'immensité n'a pas de bornes, il n'en existe pas non plus pour la pensée humaine qui le conçoit et qui peut s'élever à toutes les hauteurs, se répandre dans toute l'étendue. (CV 328)

PHARMACIE

«Pharmacie spirituelle de poche, à l'usage des confesseurs.»

Oh, là! D'abord, je n'ai pas compris; — il faudra que je prenne des leçons de croire — ensuite, je me suis dit que, puisqu'on fait commerce de tout maintenant, je ne tarderais pas à trouver dans une colonne du *Nouveau-Monde* cette nouvelle annonce:

«Parfumerie religieuse:

«Odeur de sainteté pour le mouchoir.

«Odeur de vertu pour la toilette des dames.

«Essence de purification extraite des os de Saint Pacifique, à l'usage des pénitents qui sentent l'ail.

«Essence de componction pour les gencives.

«Eau de repentir distillée pour les yeux, combinée avec l'élixir de contrition pour les cœurs endurcis, etc., etc., etc.

«À prendre: une cuillerée à soupe après avoir péché, ou un verre à vin avant de se rendre à confesse.

«En vente dans le soubassement de l'église des Jésuites, à côté du compartiment réservé aux représentations théâtrales.» (L 29-30)

PLATS

L'Américain, qui émiette sa vie en maints endroits, qui ne s'arrête pour ainsi dire nulle part, qui touche à tout à la hâte, s'environne à table de petits mets lestement préparés, qu'il goûte plutôt qu'il ne mange, qu'il abandonne encore tout fumants pour se transporter ailleurs, impatient de précipiter l'allure de son existence voyageuse. Le plat, c'est l'image de l'homme (...) L'Américain veut sous ses yeux dix ou douze assiettes grandes comme le creux de la main, jetées pêle-mêle sur la table, et remplies des mets les moins sympathiques. Il n'a pas le temps d'avoir de l'ordre; le potage, les viandes, les hors-d'œuvre, le dessert, ce sont là autant de classifications, et il abomine les classifications: distinguer les aliments équivaut à distinguer les personnes, et l'homme de l'Ouest ne connaît ni l'un ni l'autre; tout cela lui paraît une fiction des sociétés assez établies pour avoir du temps à perdre, et il entame indifféremment son repas par le mets qui est le plus à sa portée. (CV 116)

PROGRÈS

Rappelle-toi que la liberté de tous les peuples a toujours été le prix du sacrifice, et que le progrès ne marche qu'à travers les immolations qu'il fait sans cesse au bonheur de l'humanité. (LC 25)

PROVINCIALISME

Le monde est plein d'événements, de grosses questions s'agitent, des faits d'une incalculable portée passent et tout cela n'est rien pour nous, nous en saisissons à peine une vague et bien douteuse notion dans des reproductions étrangères puisées invariablement aux mêmes sources, choisies dans un même et unique ordre d'idées. Il est pour ainsi dire défendu de sortir notre esprit de la sphère locale où nous nous agitons, et c'est d'après elle que nous voyons tout ce qui se passe dans le monde. Y a-t-il quelque chose en dehors de la province de Québec ? (PCF 5)

QUÉBEC

La nature ayant fait de Québec un roc, ses habitants l'ont creusé et en ont fait un trou. (CHC 14)

QUÉBÉCOIS

Ce qui est absolument français, dans la province de Québec, ce sont les traditions, le caractère, le type, l'individualité, la tournure d'esprit et une manière de sentir, d'agir et d'exprimer qui est propre aux vieux Gaulois. Ce qu'il y a de moins français, c'est la langue. (AC 47)

RADICALISME

Aujourd'hui, il n'est plus qu'une chose qui puisse sauver le Canada: c'est le radicalisme; le mal est trop grand et trop profond, il faut aller jusqu'aux racines de la plaie. Des demi-mesures n'amèneront que des avortements. (LC 37)

RÉFORMES

L'Anglais sait *attendre*; il sait que toutes les réformes durables sont contenues dans ce seul mot. (CHC 158)

RELIGION

L'apparence de la religion séduit bien plus le vulgaire que la religion elle-même. (LC 23-24)

RÉSIGNATION

Mais que dire de *résignation*?

Donner sa résignation!... Un tel a résigné... Mon Dieu! étendez votre miséricorde sur mes compatriotes, car ils ne pourront plus à l'avenir endurer leurs maux; ils n'ont plus de résignation; ils l'ont donnée! Ils ne pourront pas non plus *se résigner*, puisqu'ils ne connaissent pas cela; ils passent leur temps à «résigner». Mille tonnerres! Me montrera-t-on enfin quelqu'un qui m'apprenne ce que cela veut dire «résigner»? Je sais très bien ce que c'est de se *démettre*, donner sa *démission*, *prendre sa retraite*, *résigner un bénéfice*, une fonction ou une charge quelconque en faveur de quelqu'un, mais donner sa résignation!! À qui diable voulez-vous donner ça, votre résignation? Vous en avez donc trop, ou bien jugez-vous qu'elle vous soit inutile, elle qui seule peut vous aider à supporter vos chagrins, vos ennuis, vos tribulations, enfin, dans cette vallée de larmes où le carême revient systématiquement tous les ans, avec accompagnement de poisson pris du temps de Noé et vendu pour du poisson frais, sur le marché Montcalm? Après tout, c'est votre affaire. Donnez votre résignation si vous voulez; il ne manquera pas de gens qui la prendront, parce qu'ils en ont bien besoin, moi tout le premier. (AC 97)

RÉVOLUTION

Je voudrais bien savoir où les hommes en seraient aujourd'hui sans les révolutions. Elles troublent la tranquillité, bien sûr, de même que lorsque, pour assainir une ville, vous desséchez un marais, vous en troublez les eaux croupissantes. Il y a tant à faire dans les sociétés corrompues et abâtardies par le despotisme, que les révolutions, pour produire des résultats durables, sont obligées de les bouleverser de fond en comble.

En s'arrêtant à la surface, elles ne créent qu'une agitation inutile, suivie bientôt de la réaction, et tout est à recommencer. (L70)

RIMOUSKI

Le nom *Rimouski*, paraît-il, est emprunté à la langue des Micmacs et veut dire, soit *Rivière de Chien*, soit *Terre à l'Orignal*. On voit qu'il y a de la marge entre ces deux interprétations. (PC 124)

RIRES

M. Routhier fait un livre[*] dans lequel il y a deux chapitres intitulés : « Le rire des hommes » et « Le rire de Dieu ». Je sais d'avance ce que c'est.

Le « Rire des hommes », c'est celui qu'on éprouve en lisant les articles de M. Routhier sur les États-Unis. Le « Rire de Dieu », c'est le rire de l'Éternel en voyant le *Nouveau-Monde*[**] se donner comme son représentant. Ce dernier rire doit être parfois bien douloureux (...) Je voudrais bien savoir pourquoi il n'y a pas un troisième chapitre : « Le rire de M. Routhier » ; ce rire doit avoir quelque chose de céleste par imitation (...) (CHC 99-100)

RUINES

Creusons la terre, éternel tombeau des plus fières espérances. Qu'y trouvons-nous ? des néants entassés, sépulcres sur sépulcres, hécatombes du temps qui seul ne vieillit point. Voilà ce dont est faite la terre qui nourrit l'homme, lui-même une ruine vivante. (L 103)

RUSSIE

L'ordre règne en Russie. Le peuple n'y demande rien, parce qu'il ne connaît pas ses droits. Ignorant et

---

[*] Il s'agit des *Causeries du dimanche*, du juge Adolphe-Basile Routhier, Montréal, Beauchemin et Valois, 1871.

[**] Journal ultramontain, organe officieux de Mgr Bourget.

barbare, il reste courbé sous un joug de fer, sans se douter seulement qu'il existe des nations libres. (L 70)

SAGUENAY

Quelle lugubre promenade! Être pendant six heures entre deux chaînes de montagnes qui vous étouffent, qui vous regardent toujours avec la même figure, je ne vois là rien qui prête à l'enthousiasme (...) Mais c'est grand tout de même; il y a toujours quelque chose de grand dans la nature laissée à elle seule, surtout quand cette nature est virile, vigoureuse et hardie dans sa nudité. Les montagnes qui bordent le Saguenay ont quelque chose d'implacable qui repousserait la main de l'homme comme une profanation: aussi sont-elles restées vierges (...) (CHC 64)

SOUVENIR

(...) C'est la pensée qui travaille sans cesse, la pensée qui n'est pas avec soi où l'on se trouve, mais bien loin avec tout ce qui a disparu de ce qu'on aime, et qui fait revivre d'une vie bien plus intense que la réalité ce qui semble à jamais mort pour soi. Oh! le souvenir! c'est bien autre chose que la jouissance. C'est à lui qu'on reconnaît la valeur des choses perdues; il grandit, il redouble de vie et de vigueur en raison même de ce qu'on le prive de ses aliments et de ce qu'on l'arrache à tout ce qui semblait seul devoir l'entretenir. (CV 80)

STATUES

L'Institut-Canadien avait engagé, il y a six semaines, un tout jeune homme pour faire les salles, les commissions...

Tout à coup il disparaît.

On va aux informations et l'on apprend que sa mère lui a défendu de revenir, parce qu'il y a de *mauvaises statues** dans l'amphithéâtre des séances. (L 281)

SUICIDE

Tu crois donc pouvoir mettre toi-même un terme au bien que tu peux accomplir, aux services que tu peux rendre, à l'utilité dont tu peux être pour tes semblables? Tu te crois donc seul dans le monde, affranchi de tous les devoirs et de la solidarité qui lie les hommes entre eux? Tu dis que ta vie t'appartient et que tu as le droit de la détruire... Eh bien! non, ta vie n'est pas à toi; j'y ai autant de droit que toi-même, et, ce droit, je veux l'exercer, parce que chacun se doit à tous; j'exige que tu vives, parce que ta vie est un contrat fait avec la mienne. (CHC 321-322)

SULPICIENS

(...) *Ont la volonté** de ne pas se laisser dépouiller du peu qu'ils possèdent, acquis à la sueur de leur front, et qui ne comprend que la petite île de Montréal avec le tiers de la ville. (L 192)

SUPÉRIEUR (Lac)

Certains phénomènes ressemblant à la marée ont fait croire à l'existence de communications souterraines avec l'océan; mais cela est peu probable (...) (RV 104)

---

* C'est Buies qui souligne.

SUPERLATIFS ABSOLUS

Je lis qu'une adresse, débutant par ces mots, a été présentée à l'évêque de Saint-Hyacinthe:

> «*À Sa Grandeur Monseigneur l'Illustrissime et Révérendissime Charles Larocque, évêque de Saint-Hyacinthe*».

Il me semble que lorsqu'on s'est déjà fait appeler Sa Grandeur Monseigneur, l'illustrissime et le révérendissime sont du superflu. Mais la religion des temps modernes, qui se traduit par ces expressions, n'en saurait trop avoir.

Il y a entre autres un *issime* qu'on a sans doute oublié, et qui aurait trouvé là sa place admirablement, c'est l'*infaillibilissime*. (L 30)

TADOUSSAC

(...) Quand j'appelle la Malbaie l'unique place d'eau de toute la rive nord, je n'oublie pas Tadoussac, roc velu, plein de trous et de bosses, frissonnant aux vents du fleuve, qui abrite un reste de tribu indienne dans ses anfractuosités, quelques cottages dans ses replis et sur son dos, et qui porte sur sa crête un hôtel somptueux, fréquenté surtout par des Américains valétudinaires et des Américaines qui n'ont pas le courage de se rendre jusqu'au pôle, ou qui confondent Tadoussac avec une station du Groënland. Vous comprenez qu'il est absolument impossible d'appeler place d'eau un endroit, quelque pittoresque qu'il soit, quelque bel aspect qu'il offre, où l'on ne peut pas seulement se tremper un doigt de pied sans avoir froid jusqu'à la racine des cheveux et où il serait très dangereux de vouloir prendre un bain entier. (PC 69)

TORONTO

(...) *Toronto*, qui voulait dire probablement «bien peuplé», grand endroit de réunion. (RV 41-42)

TRAIN

(...) Je compris alors* que le nom de *traîne*, venant du mot traîneau et signifiant un véhicule quelconque glissant sur la neige ou sur des lisses, avait une signification plus saisissante que celui de *train* qui est tout spécial et technique. Je jugeai en conséquence que ce qui eût été une faute dans ma bouche ne l'était plus dans celle de l'homme qui m'avait abordé, et qu'il restait tout aussi bon, tout aussi bien Canadien français que moi qui eusse reculé d'horreur à la seule idée de ce pauvre *e* muet à la fin du *train* (...) (CV 30)

TRONCS

Pour faire concurrence au Grand-Tronc**, les Jésuites ont institué les petits troncs.

L'année dernière, dans un bazar qu'ils tenaient à la place habituelle de leurs représentations, ils avaient mis une machine à coudre qui devait appartenir, soit à un asile protestant, soit à un asile catholique, suivant la somme que protestants et catholiques mettraient respectivement dans deux petits troncs qui leur tendaient les bras. (L 53)

TROUBLE

Voici maintenant un mot que l'on emploie, comme dans l'anglais, d'une façon très générale, alors qu'il

---

* Buies se trouve à Richmond, dans les Cantons de l'Est.

** Important chemin de fer, allant de l'Atlantique à Détroit (*Grand Trunk Railway of Canada*), dont la construction, au milieu du siècle, fit plusieurs nouveaux riches à Montréal. D'où le jeu de mots sur *tronc*.

358

n'a qu'une application très limitée en français. C'est le mot «trouble».

Ainsi, l'on dira toujours des «troubles», pour des *désordres*, des *rixes*, des *émeutes*. On dira surtout, pour exprimer qu'on a eu bien du *mal*, bien *de la peine* à faire une chose, qu'on a eu beaucoup de *trouble*, ou bien qu'un tel a donné beaucoup de trouble (...)

Mais ce que j'ai vu de plus fort jusqu'à présent en fait de trouble, c'est «économiser son trouble» pour *s'épargner de la besogne*. Économiser du trouble! Voilà certes le dernier mot de la parcimonie. (AC 31)

VEAUX

(...) Le Saguenay est le pays des veaux. Il n'y a sorte de maison pauvre, de chaumière misérable au seuil de laquelle on ne voie un veau de trois à quatre semaines, la queue raide, les oreilles retroussées, le nez couvrant la face, les flancs comme une vessie dégonflée et les jambes tricolant* comme une délégation ministérielle. Les mères ne peuvent les nourrir, parce qu'elles ne peuvent rester en place; les mouches les dévorent; aussi, dès que vous arrivez près d'une de ces maisons et que vous vous arrêtez seulement quelques instants, vous sentez-vous tout à coup tiré soit par le bas de votre habit, soit par vos pantalons; vous vous retournez... c'est un veau qui vous tète. (CHC 418)

VÉLOCIPÈDES (Bénédiction des)

(...) Les vélocipèdes devront se tenir debout tout seuls sans manifester leur émotion, dans un saint

---

* Il s'agit sans doute d'une coquille pour trico*t*ant (au sens figuré).

359

recueillement, et au mot *Ainsi soit-il* prononcé par le docte abbé, ils s'élanceront avec une ardeur digne d'une meilleure cause, pour faire sans retard l'essai des nouvelles grâces qui leur ont été conférées. (L 316)

VÉRITÉ

Toute vérité n'est pas bonne à dire. C'est là une maxime de poltrons. Dès qu'une chose est vraie, elle est bonne à dire, et doit être dite. C'est l'avantage qu'elle a sur le mensonge qui n'est *jamais* bon à dire, même pour la plus grande gloire de Dieu. (L 55)

L'erreur est toujours à côté de la vérité, comme un défi ou une menace. (L 43)

VIE

Vivre! que dis-je là? Eh quoi! nous mourons à toute heure, à chaque instant de ce que nous appelons la vie. L'homme commence à mourir du moment où il naît à la lumière; chaque jour, il perd quelque chose de lui-même et chaque instant est une souffrance, souvent inconsciente, mais toujours réelle, qui hâte pour lui l'heure solennelle où il doit devenir un être tout différent, tout nouveau. Il lui suffit de sept années pour se renouveler entièrement, après quoi il ne reste plus une seule fibre, une seule molécule de ce qui constituait auparavant son organisme. À chaque instant il a perdu et gagné de la matière; pas une seconde de la vie où il ait été absolument lui-même, si ce n'est par la pensée, par la conscience individuelle qui le sépare du reste des hommes. (CV 327-328)

VOLTAIRE

Les fenêtres de l'appartement où Voltaire expira le 30 mai 1778, sur le quai qui porte aujourd'hui son nom, n'ont jamais été ouvertes depuis ce jour, en vertu d'une clause du testament de la marquise de Villette, et elles ne doivent être ouvertes qu'au centième anniversaire de sa mort, c'est-à-dire l'an prochain. On se demande ce qui a pu motiver une clause semblable (...) (PC 26)

WHISKY

(...) Le premier des engins électoraux, le plus fort des arguments. (CHC 189)

ZOUAVES

(...) Le *Witness** de Montréal affirme, d'après *L'écho d'Italia*, que s'il y a trois zouaves canadiens caporaux, il y en a cent atteints de maladies honteuses, qu'il ne nomme pas, s'imaginant que les gens devineront de quelle maladie honteuse peut être affligée cette milice sanctifiée par toutes les bonnes œuvres. (L 44)

---

* Journal protestant de langue anglaise, souvent attaqué par les ultramontains.

SIGLES*

AC   *Anglicismes et canadianismes*

AQ   *Les améliorations de Québec*

AFQ   *L'ancien et le futur de Québec*

CHC *Chroniques canadiennes, humeurs et capri-ces* (1884), qui est une réédition augmentée de *Chroniques, humeurs et caprices* (1873)

CV   *Chroniques, voyages, etc., etc.*

E   *Une évocation*

JB   *Les jeunes barbares*

L   *La Lanterne* (édition de 1884)

LC   *Lettres sur le Canada* (Réédition-Québec, 1968)

OS   *L'Outaouais supérieur*

PC   *Petites chroniques pour 1877*

PCF   *La presse canadienne-française*

PL   *Au portique des Laurentides, Une paroisse modèle, le curé Labelle*

Q   *Québec en 1900*

---

* Pour une description complète des ouvrages de Buies (par ordre chronologique), voir la bibliographie.

Impressions et jugements
sur Arthur Buies

Je suis persuadé que maître Buies, s'il ne fait pas plus tard le malheur du Canada, y travaillera activement; il sera un des plus rudes fléaux de la société canadienne. Voici sur quoi je me base: Buies a des avantages extérieurs, beaucoup d'imagination, et il écrira bien; il a bonne mine et fera certainement un orateur agréable; enfin, il viendra de Paris avec un petit titre et avec un fatras d'érudition inconnu de nos orateurs politiques. Avec tout cela et le prestige qui s'attache chez nous à tout ce qui vient de Paris, Buies fera certainement son chemin.

Abbé Hamel[1]

Un grand corps maigre, souple, osseux, le cou long, la tête altière, des cheveux crépus, crânement roulés en arrière, le nez chercheur, les yeux à pic, la voix pénétrante, une physionomie qui vous *empoigne* tant elle vous frappe, quelque chose de la maladie de Mirabeau sous ces grandes cicatrices rougeâ-

---

1. Lettre à l'abbé Casault, 14 janvier 1858, Archives du Séminaire de Québec.

tres qui s'émaillent sur un teint bronzé. Le front s'assombrit de quelques rides et l'œil attentif découvre des coittes de cheveux qui ont blanchi avant le temps; un front de penseur, un cerveau chaud, un cœur toujours jeune, plein de magnanimité, d'héroïsme, de libéralité et de convoitises. Ce soir-là, à l'Institut, on discutait un sujet brûlant, si ma mémoire ne me fait pas défaut. Buies parla. Dès le premier mot j'ai cru acclamer un orateur, mais le dernier mot m'a prouvé qu'il n'était qu'un farceur...

Edmond Lareau[2]

J'ai reçu vos *Lanternes*. Inutile de vous dire si j'ai lu avec intérêt vos spirituels pamphlets: ils ont de la verve, de l'emportement de bon aloi; mais la vérité est que ce n'est pas votre genre.

Votre talent est philosophique et descriptif; je reconnais en vous les qualités solides et l'étoffe d'un écrivain très distingué: vous appartenez à la famille des Chateaubriand, des Bernardin de Saint-Pierre, et non des Paul-Louis Courier. Votre verve satirique ne provient pas du premier jet, elle est plus cherchée que naturelle.

Rochefort, lui, a le jargon primesautier qui captive, parce qu'il jaillit spontanément; il est un peu de la personnification de cet espiègle qui aplatit les gens par quelques traits bien lancés.

Mais vous n'avez rien en vous du gamin de Paris. Votre nature généreuse vous fait mépriser les prêtres et leurs jongleries, mais vous ne parviendrez jamais à devenir un pamphlétaire. Au reste, tant mieux, c'est un genre médiocre. Vous me paraissez fait, je le répète, pour la politique philosophique,

---

2. *Histoire de la littérature canadienne*, Montréal, John Lovell, 1874, p. 463-464.

pour le style descriptif; vous êtes coloriste et artiste. Profitez de ces avantages, et poussez hardiment dans cette voie.

L'homme est en résumé l'expression du pays qui l'a vu naître, et le résultat du milieu dans lequel il a vécu. Vous avez reçu le contact involontaire de gens mystiques, ce n'est pas là une école de pamphlétaire. Le moment venu, vous vous êtes irrité contre les esprits fourbes, dévots et bas; mais vos emportements d'honnête homme, d'esprit élevé, ne ressemblent en rien aux épigrammes d'un satirique proprement dit.

Vous savez trop admirer les splendeurs de la nature pour vous moquer pendant longtemps sans fatigue, sans ennui. Il faut en somme n'avoir pas grand cœur pour trouver chaque semaine une base sérieuse à des attaques: vous me direz que les calotins sont nombreux, et qu'on n'a pas grand'peine à démasquer leurs vices. Sans doute, mais ne craignez-vous pas de vous concentrer dans une querelle de petite ville, et d'amoindrir votre talent en vous préoccupant de Pierre et de Jacques?

Nous ne sommes pas faits pour le journalisme provincial. Étendons le cadre et cherchons à parler au grand public. Ne vaut-il pas mieux élever le niveau des gens intelligents que s'inquiéter de la méprisable cohorte des Jésuites?

《*Un écrivain très en renom à Paris*[3]》

J'apprends que dans quelques paroisses, on vend ou l'on distribue un pamphlet intitulé *La Lanterne*, par Arthur Buies. C'est une nouvelle édition d'un journal édité en 1868 et 1869. Je crois devoir vous le signaler comme tout à fait condamnable.

---

3. D'après Buies, qui reproduit cette lettre du 31 décembre 1868 dans *La Lanterne* (1884), p. 229-230.

À la page 105, l'auteur se moque de ceux qui disaient de lui qu'il se convertirait à son lit de mort: «Je souhaite, dit-il, que ces personnes n'aient pas raison.» Il y a quelques années, sans être aux portes de la mort, il a fait mine de se convertir; quelques personnes ont cru à sa sincérité; mais il a tenu à vérifier son souhait.

Ce pamphlet est un amas confus de blasphèmes, d'attaques contre l'Église catholique, sa hiérarchie, ses œuvres, son enseignement, ses institutions. Suivant lui, l'histoire sainte est un *inepte compendium des plus ridicules légendes*; le mariage devrait devenir au Canada comme aux États-Unis un *contrat libre, exclusivement civil et privé*; on devrait, comme en France et en Espagne, voler les biens de l'Église...

Dans sa rage de tout mordre, gouverneurs, ministres, députés..., il insulte tous ses compatriotes canadiens-français, qui, suivant lui, se *civilisent de moins en moins, ne connaissent pas leur ignorance et n'éprouvent pas le besoin de s'instruire, perpétuent l'esclavage de l'intelligence dans un pays où brillent toutes les libertés.*

Il se vante d'avoir été mis à la porte de trois collèges et affirme qu'il est impossible qu'on y enseigne la science... et accuse d'ignorance nos hommes de profession et ce qu'on appelle la classe instruite.

Il n'est pas étonnant après cela qu'il puisse citer avec orgueil l'approbation donnée à ces écrits par un *protestant* et par deux journaux impies, l'un de la Nouvelle-Orléans et l'autre de New York.

*M*gr Taschereau[4]

---

4. Lettre circulaire de l'archevêque de Québec à ses curés, 8 novembre 1886.

M. Buies arrive en général à l'idée par l'image tandis que le juge Routhier semble arriver plus souvent à l'image par l'idée. La puissance d'idées est très considérable chez l'auteur des *Grands drames*, la puissance d'images est extraordinaire chez M. Buies. S'il y a plus de peinture à l'huile chez le juge Routhier, il y a plus grande effloraison de dessins chez l'auteur de *Récits de voyages.*

Abbé Baillargé[5]

Au milieu de ses fantaisies les plus étonnantes, de ses chroniques les plus capricieuses, Buies a écrit des pages d'où se dégage la plus intense émotion. En dépit de son rire moqueur, de ses boutades plaisantes, de ses charges mémorables, il y avait chez lui un fond de tristesse latente et persistante, qui, suivant nous, était le meilleur, le plus noble côté de sa nature, qui dénotait en lui des aspirations et des élans bien supérieurs aux fusées d'esprit dont s'émerveillait le public. Ce railleur était doublé d'un mélancolique honteux, qui dans ses moments d'émotion la plus vraie, cherchait à la dissimuler sous un éclat de rire.

Thomas Chapais[6]

Il est regrettable, puisqu'il est imprégné de l'esprit de Voltaire, qu'il n'ait pas aussi tenté de lui dérober le secret de son style, vif, net, franc, qui court au fait, et qui est pour la pensée un vêtement si bien taillé qu'il fait corps avec elle. Buies ne déteste pas un soupçon d'emphase, surtout dans sa première

---

5.   F.-A. Baillargé, *La Littérature au Canada en 1890*, Joliette, chez l'auteur, 1891, p. 267-268.

6.   *Le Courrier du Canada*, 28 janvier 1901.

manière, et trop souvent il ne se donne pas la peine de rajeunir les images dont il se sert. Un romantisme de pacotille a souvent influé sur sa manière d'écrire, et il lui manque, dans bien des pages, la qualité suprême : la simplicité. Il n'évite pas assez l'expression toute faite, le cliché, ni l'effet trop facile de l'interrogation ou du point de suspension.

Charles ab der Halden[7]

De tous les écrivains canadiens-français qui ont été à l'école de Voltaire, Buies est justement celui qui eut davantage le style voltairien.

Marcel Trudel[8]

Buies compte peu de défenseurs, mais beaucoup d'amis...

Lues à la lumière des idées d'aujourd'hui, et il faut croire que la vérité a moins de difficulté à se faire connaître au siècle de l'électricité qu'à l'époque de *La Lanterne*, les accusations portées par Buies ont perdu tout intérêt et mériteraient l'oubli qui leur est accordé sans la forme brillante, spirituelle et preste qui les caractérise. Nous l'excuserons pour la forme...

Fulgence Charpentier[9]

Buies montrait peut-être plus de spontanéité dans la pensée et l'expression, mais il ne possédait ni

---

7. *Nouvelles études de littérature canadienne*, Paris, de Rudeval, 1907, p. 108-109.

8. *L'influence de Voltaire au Canada*, Montréal, Fides, 1945, t. II, p. 127.

9. *Les heures littéraires*, Librairie d'Action canadienne-française, 1929, p. 55 et 58.

l'intelligence de Fournier, ni son érudition, ni son style, ni son amour des belles-lettres. Buies a beaucoup profité de Voltaire; il l'a copié, plagié incessamment. Il a ramassé dans le *Dictionnaire philosophique*, ce crottin du vieil avare sensuel de Ferney, des arguments et des jugements qui ont été cassés depuis par la science, par l'art ou la raison. L'auteur de *La Lanterne* (qui n'a jamais rien éclairé) affichait, tel Homais, son anticléricalisme, défiait Dieu, son Église et ses prêtres, mais au fond il fut un trembleur. Voltaire en aurait fait son valet. Buies craignait les hommes, et il ambitionnait de les gouverner. En journalisme, il enviait de régner, de pontifier, mais ayant toujours soin d'éloigner de lui les écrivains de talent. Ambitieux et craintif, il eût vendu les siens et sa lanterne pourvu qu'on le nommât ministre perpétuel de la colonisation. Toute sa vie il chercha les honneurs, toute sa vie il convoita les glorioles, mais la patrie, qui n'est pas si bête, ne lui a rien donné. Voilà pour l'homme.

Buies, écrivain, a fait surtout du bruit, effrayant les femmes de lettres, ce qui est tout naturel. Je le mets au-dessus de Faucher de Saint-Maurice, ce qui n'indique nullement un degré de perfection, pas même un progrès. Ayant plus de lectures que d'idées, il réussit à merveille le style romantique, surchargé d'épithètes, de métaphores incohérentes, de verbes boiteux, de fautes de langue et toujours cette touchante imprécision chère aux lâcheurs. Rien de clair, rien de classiquement imagé; jamais rien qui approche de la sincérité ou de la vérité, puisque Buies écrivait toujours sous l'impulsion de la jalousie ou de la rancune. Il fatigue cruellement, et à la longue, il finit par nous dégoûter de la vie, des êtres et des choses. À le lire d'un peu près, on éprouve la sensation de marcher désespérément, et sans espoir de retour, dans une mare où dormiraient des reptiles. Voilà pour l'écrivain.

J'espère qu'on ne poussera plus le ridicule, après cela, de comparer à Jules Fournier cet ambitieux.

Claude-Henri Grignon[10]

La France matérialiste et socialiste de 1860 devait en faire un anticlérical soumis et obéissant. Il ne publia son pamphlet *La Lanterne* que pour manger du curé. Il en mangea à en crever. Et de fait il en creva littéralement. Ce Buies-là, cet écrivain de gauche-là me désespère et me dégoûte. Ça finit par tomber sur les nerfs et sur le cœur et par nous rendre la vie insupportable que de lire à l'année longue des propos violents et désordonnés contre les clercs. C'est si facile que de les trouver en faute. (...)

On a bien fait de condamner *La Lanterne*. Mais aujourd'hui si l'autorité religieuse veut garder le sens de la Justice et de l'Honneur, elle doit condamner également une certaine presse plus dangereuse, plus empoisonnée que les pamphlets de ce pauvre Arthur Buies.

Claude-Henri Grignon[11]

Mais, dira-t-on, les *Chroniques* de Buies doivent offrir, de ce fait, une certaine ressemblance avec les *Essais* de Montaigne? Sans doute, on peut reconnaître dans les deux ouvrages un manque d'ordre évident, une vanité qui tient à l'étalage de la person-

---

10. *Ombres et clameurs*, Albert Lévesque, 1933, p. 89-90.

11. «Arthur Buies ou l'homme qui cherchait son malheur», dans *Cahiers de l'Académie canadienne-française*, VII, 1963, p. 36-37.

nalité de l'auteur. Mais c'est justement dans cette peinture du «moi» que le moraliste et le chroniqueur diffèrent. L'un cherche à étudier les mœurs en analysant son âme: ses défauts et ses qualités, ses faiblesses et ses triomphes. L'autre se contente de raconter des événements; et si, par hasard, il s'y trouve mêlé, il consent volontiers à nous livrer ses impressions. Montaigne est classique: il se préoccupe de son «moi» et en scrutant son être intérieur il vise à peindre l'âme humaine. Buies est romantique: il aime à décrire la nature extérieure et lorsqu'il «verse son cœur dans ses écrits» il cherche à dévoiler ses sentiments personnels, à associer ses états d'âme à la physionomie de la nature, à raconter son «moi» au lieu de l'étudier.

Léopold Lamontagne[12]

Alors qu'il aurait dû consacrer son talent au roman et à la poésie, il s'astreignit à un métier de journaliste itinérant, de propagandiste peu convaincu et encore une fois d'amuseur public parce qu'il ne croyait pas au fond à sa mission d'écrivain, préoccupé qu'il était par ses obsessions et sa volonté de vivre de sa plume. Le désir de gagner son pain au moyen de sa plume explique bien qu'il se soit fait chroniqueur. Comme il tournait en rond dans son monde imaginaire, dans son «refuge», il ne se sentait peut-être pas capable de s'engager dans la fiction, tant il était dupe de ses rêves. Ce qu'il y a de plus intime dans son œuvre, de poétique et d'allégorique, est son journal, vrai et sincère. Il a sacrifié son talent à ses chimères. Il a promené son indiscipline à travers le pays en fuyant les vieilles filles acariâtres et les

---

12. *Arthur Buies, homme de lettres*, Québec, P.U.L., 1957, p. 127.

jeunes filles de bonne famille. Il a gaspillé son génie par une obstination éloquente et pittoresque à s'analyser lui-même en poursuivant ses mythes, qu'il n'avait pas «saisis» dans les villes. Aussi se mit-il à les chercher dans les paysages pastoraux, sylvestres et maritimes. (...)

(...) Que représente son dessin? On y voit une lanterne transformée en guerrier (Hercule) qui écrase un monstre à sept têtes, un dragon, pour lui symbole d'agressivité et de monstruosité féminine. La lanterne montre Buies aux prises avec le Mal qui l'encercle...

Ici, un évêque mitré (Mgr Ignace Bourget) et une vieille femme (sa tante Luce et d'autres femmes-religion) fuient, épouvantés, devant les attaques du farouche guerrier brandissant la plume comme arme

et un livre comme bouclier; là, une jeune fille, la servante (la femme idéale, la Vertu personnifiée), qui, à genoux et les mains jointes, supplie Hercule Buies de l'arracher des griffes du dragon du Mal. La petite servante représente, à n'en pas douter, le problème que posent à l'écrivain la piété religieuse, son enfance perdue, ses conflits intérieurs.

Marcel-Aimé Gagnon[13]

(...) Parce qu'il a fait beaucoup de tapage à son époque, parce qu'il a pratiqué l'anticonformisme comme un art d'agrément, parce qu'il lui a échappé quelques idées pertinentes au milieu d'un fouillis d'élucubrations puériles, Arthur Buies s'est assuré une place enviable dans nos manuels de littérature. Il bénéficiait du privilège fragile de notre ignorance.

(...) Buies n'a jamais existé.

Roger Duhamel[14]

(...) Homme passionné, homme tendre, personnage à beaucoup d'égards énigmatique précisément parce qu'il adorait élever la voix. Il disparaissait dans les cris comme les divinités d'Homère dans les nuées et se cachait derrière sa voix tout aussi bien qu'elles. (...) Ce qui caractérise Buies, de prime abord, c'est qu'il n'a jamais été un sceptique. Il n'a jamais promené sur le monde un regard calme...

Jean Éthier-Blais[15]

---

13. *Le Ciel et l'Enfer d'Arthur Buies*, Québec, P.U.L., 1965, p. 156 et 191-192.

14. «Un revenant», dans *Livres et auteurs canadiens 1964*, p. 105-106.

15. *Le Devoir*, 22 mai 1965, p. 11 («feuilleton littéraire» sur *Le Ciel et l'Enfer d'Arthur Buies* de M. A. Gagnon).

Lorsque Buies parle de révolution ou de bouleversement social, il faut comprendre «changement inévitable de régime»: remplacement de la société théocratique par une société laïque, renversement de la Monarchie et instauration de la République qu'il définit comme «l'aspiration constante et universelle des hommes». (...)

(...) Enfin, à l'heure où le Québec semble aller vers son indépendance, c'est sans doute au niveau de son approche du sentiment national qu'on saisirait le mieux l'actualité de Buies. L'affirmation de la nationalité va pour lui de pair avec la réappropriation du territoire, la réappropriation de l'histoire, l'ouverture vers le monde et vers l'avenir, et débouche sur la création d'une société plus juste.

Jean-Pierre Tusseau[16]

16. «Quelques aspects idéologiques de l'œuvre d'Arthur Buies», *Stratégie*, 9, 1974, p. 77 et 79.

Chronologie

1811   13 mars. Naissance à Québec de Marie-Antoinette-Léocadie, fille de Jean-Baptiste-Philippe D'Estimauville et de Marie-Josephte Drapeau.

1825   William Buie (*sic*), né à l'Île de Wiay, en Écosse, débarque au Canada.

1837   23 ou 25 janvier. Il épouse, à Sorel, Mlle D'Estimauville.
17 octobre. Naissance à New York de Marie-Isabelle-Victoria Buie.

1840   24 janvier. Naissance au village de Côte-des-Neiges de Joseph-Marie-Arthur Buie.

1841   Le banquier William Buie devient planteur à New Amsterdam, en Guyane britannique. Sa jeune femme l'accompagne en confiant Victoria et Arthur à ses tantes Drapeau, Luce-Gertrude (veuve Casault) et Louise-Angèle, seigneuresses de Rimouski.

1842   Madame Buie meurt en Guyane.

1848-53   Arthur est pensionnaire au collège de Sainte-Anne-de-la-Pocatière, où ses notes dessinent une courbe descendante.

1854-55	Janvier. Élève «brillant mais indiscipliné» au collège de Nicolet.
	Novembre. Brièvement inscrit en Rhétorique au Petit Séminaire de Québec.
1856	Janvier. L'adolescent part pour la Guyane, où il fait la connaissance de son père, remarié dès 1842 à Éliza Margaret Shields.
	Juillet. William Buie met son fils sur le bateau de Dublin, mais celui-ci ne s'inscrit jamais à Trinity College.
1857	Janvier. Arthur arrive à Paris, déshérité par son père, secouru par ses grand-tantes, sa sœur, son cousin.
	Octobre. Interne au Lycée impérial Saint-Louis, inscrit en Rhétorique et en Logique.
1858	Août. Le lycéen canadien (justement surnommé «Québec») se classe 7e, obtient des prix d'anglais et de conférence, un accessit en composition française.
1859	Fréquente les cafés et échoue au baccalauréat. Pour vivre, donne des leçons d'anglais et de latin.
1860	Échec à la reprise du baccalauréat.
	Juin. S'enrôle dans l'armée de Garibaldi et parcourt la Sicile. Se bat à Melazzo et Policastrel.
	Septembre. Quitte les Mille à Naples et, grâce au consul de France, débarque à Marseille, toujours vêtu de sa chemise rouge.
1861	Nouveaux échecs au baccalauréat. Arthur habite en banlieue de Paris, assiste à des cours de Lettres et de Droit, travaille un moment «dans une étude d'avoué...»

Sa sœur Victoria épouse à Québec le notaire Édouard Lemoine.

1862   Janvier. Mme Casault envoie à son neveu l'argent nécessaire à son rapatriement. *Buzzo*, Buie ou Buies (désormais), dès son arrivée à Montréal, devient rédacteur au *Pays*, conférencier à l'Institut canadien et même professeur d'économie politique.

1863   Vie d'étudiant bohème et d'intellectuel à la pige entre l'hôtel Richelieu, «notre Café Procope», et l'Institut, dont il est élu secrétaire-correspondant.

1864   Les deux premières *Lettres sur le Canada* paraissent en fascicule. À Rome, encyclique *Quanta cura* et *Syllabus* contre «le progrès, le libéralisme et la civilisation moderne».

1865   Avril. Série de conférences sur l'instruction à l'Institut canadien, dont il deviendra vice-président.
        Octobre. Série d'articles dans *Le Pays* intitulée «Barbarismes canadiens».
        Mort de William Buie.

1866   Fait quelques semaines de cléricature (sur les trois ans réglementaires) dans l'étude de Me Rodolphe Laflamme. Reçu au Barreau.

1867   Troisième *Lettre sur le Canada*.
        Mai. Départ pour Paris, où il voit beaucoup de monde et publie un article contre la Confédération.

1868   Janvier. Retour à Montréal et aux luttes radicales.
        18 septembre. Lance un hebdomadaire, *La*

Lanterne canadienne, sur le modèle de Rochefort, qui s'éteindra le 18 mars 1869.

1869   Mgr Bourget obtient du Saint-Office la mise à l'Index de l'annuaire de l'Institut canadien pour 1868.

Début de l'affaire Guibord.

1870   Juin. Buies lance à Québec un hebdomadaire républicain bilingue, *L'Indépendant*, qui aura une cinquantaine de numéros.

1871   Reportages électoraux et touristiques.

1873   *Chroniques, humeurs et caprices* sont réunis en volume.

1874   Mai. Mme Lucienne Bossé-Desbarats repousse «les déclarations brûlantes du journaliste» (Halden).

Juin. «*Desperanza*» et exil en Californie.

Crise et désespoir à San Francisco.

Août. Retour d'«un autre homme, sorti du creuset du malheur».

1875   Recueille *Chroniques, voyages, etc., etc.*; double brochure sur *La presse canadienne-française* et *Les améliorations de Québec*.

1876   27 mai. Buies dirige le combatif *Réveil*, que l'archevêque de Québec interdit le 31 août.

Conférence et brochure sur *L'ancien et le futur Québec*.

1877   Brochure économique intitulée *Question franco-canadienne*.

1878   Publication des *Petites chroniques pour 1877*.

1879   Rencontre du curé Labelle, qui fait nommer Buies à la Commission des terres publiques et l'encourage à célébrer les beautés du Nord.

1880   *Le Saguenay et la vallée du lac Saint-Jean.*

1881   Avril. «Agent général de la colonisation avec un salaire de 1 000 $ par année», pour écrire des monographies régionales. Destitué en 1883.

1883   Voyage sur les Grands Lacs.
        Une évocation, conférence et brochure sur les beaux jours et les grandes figures de l'Institut canadien.

1884   Réédition de *La Lanterne*, qui sera condamnée par le cardinal Taschereau en 1886.

1886-87 Conférences intitulées *Sur le parcours du chemin de fer du Lac-Saint-Jean.*

1887   En route vers le Témiscamingue, Buies s'arrête six semaines à Ottawa, se fiance, épouse le 8 août à Québec Marie-Mila Catelier, fille du «régistrateur» général adjoint au Canada. Voyage de noces au Saguenay, par train.

1888   Recueille *Anglicismes et canadianismes.*
        Naissance d'un fils qui mourra au bout de quelques mois.

1889   *L'Outaouais supérieur.*
        Naissance d'une fille, Marie-Victoria-Yvonne, qui épousera Me E.-Auguste Côté et vivra jusqu'en 1961.

1890   Trois ouvrages: *La Région du lac Saint-Jean* (version anglaise); *Récits de voyages (Sur les grands Lacs, À travers les Laurentides, Promenades dans le vieux Québec)* et *Rapports sur les comtés de*

381

Rimouski, de Matane et de Témiscouata
(version anglaise).
Naissance d'une fille, qui mourra en bas
âge à Rimouski.

1891   *Au portique des Laurentides.*
Mort du curé Labelle, «le meilleur ami».

1892   *Réminiscences* suivi des *Jeunes barbares.*
Naissance d'un fils, qui sera inspecteur
des Postes à Québec.

1893   Conférence sur *Québec en 1900.*

1894   Difficultés financières. L'écrivain se fait
quémandeur et colporteur de ses livres.

1895   *La vallée de Matapédia; Le chemin de fer
du Lac-Saint-Jean.*

1896   La famille Buies déménage à Rimouski,
par économie et nostalgie.

1897   Naissance d'un cinquième enfant, une
fille, qui mourra en 1899.

1898   Décès de Victoria Lemoine, la sœur d'Arthur Buies.

1900   Travaux pour l'Exposition universelle de
Paris: *Les poissons et les animaux à four-
rure du Canada; La province de Québec.*
Buies revient s'installer à Québec.

1901   29 janvier. Mort d'Arthur Buies.

1950   Incendie de Rimouski, qui détruit le manoir Tessier (celui des seigneuresses Drapeau) et une grande partie de la correspondance d'Arthur Buies.

Laurent Mailhot

Bibliographie[1]

I ŒUVRE

Livres, recueils, brochures

— *Lettres sur le Canada. Étude sociale.* 1re et 2e[2] lettres, Montréal, Imprimerie de John Lovell, 1864, 28 p. ; 3e lettre, Imprimerie du *Pays*, 1867, 24 p. — Montréal, Réédition-Québec, 1968, 52 p.

— *La Lanterne*, hebdomadaire, in-octavo de 16 p., 17 septembre 1868 - 18 mars 1869 — *La Lanterne canadienne*, réimpression, avec préface, annexe et «article posthume», Montréal (s. éd.), 1884, 336 p. — *La Lanterne d'Arthur Buies, Propos révolutionnaires et chroniques scandaleuses, confessions publiques*; textes

---

1. La première bibliographie sérieuse est celle de P.-G. Roy, «Les ouvrages d'Arthur Buies», *Bulletin des recherches historiques*, vol. VII n° 5, mai 1901, p. 150-153. Pour plus de détails (sur les articles de Buies en particulier), voir Rachel Tessier, *Bio-bibliographie d'Arthur Buies, 1840-1901, avocat et journaliste*, École des bibliothécaires de l'Université de Montréal, 1943, 72 p.
   À compléter par la bibliographie de Rachel Tessier qui, entre autres, relève une série de thèses récemment consacrées à Buies (surtout l'aspect colonisateur). (Lettre de J.-P. Tusseau à L. Mailhot, 27 août 1974).

2. La 2e lettre a aussi paru en appendice à la réédition de *La Lanterne*, 1884, p. 321-333.

choisis et commentés par Marcel-A. Gagnon, Montréal, Éditions de l'Homme, 1964, 255 p.

— *Chroniques, humeurs et caprices*, éd. nouvelle[3], Québec, Typographie de C. Darveau, 1873, 400 p. — *Chroniques canadiennes, humeurs et caprices*, Montréal, Eusèbe Sénécal & Fils, 1884, 446 p.

— *Chroniques, voyages, etc., etc.*, volume II, édition nouvelle[4], Québec, Typographie de C. Darveau, 1875, 339 p.

— *Conférences. La presse canadienne-française et les améliorations de Québec*, Québec, Typographie de C. Darveau, 1875, 21 p. — Traduction anglaise[5].

— *L'ancien et le futur Québec*, conférence, Québec, Typographie de C. Darveau, 1876, 43 p.

— *Question franco-canadienne*, Montréal (s. éd.) 1877, 13 p.

— *Petites chroniques pour 1877*[6], Québec, C. Darveau, XXXVI - 162 p.

— *Le Saguenay et la vallée du lac Saint-Jean*, Québec, A. Côté & Cie, 1880, XVI-342 p. — *Le Saguenay et le bassin du lac Saint-Jean*, Québec, Léger Brousseau, 1896, 420 p.

— *Une évocation*, conférence, Montréal (s. éd.), 1883.

— *Sur le parcours du chemin de fer du Lac-Saint-Jean*, 1ère conférence, Québec, A. Côté & Cie, 1886, 40 p.; 2e conférence, C. Darveau, 1887, 42 p. — nouvelles édi-

---

3. La première «édition» avait été, selon Buies, la publication dans les journaux ! Pour brouiller davantage les pistes, l'«édition nouvelle» (cette fois, c'est vrai) de 1884, *Chroniques canadiennes...*, est présentée comme le «volume I» d'une série qui n'aura pas de suite.

4. Voir la note précédente.

5. Chez le même éditeur, la même année. Les deux conférences réunies ici sont sans aucun rapport.

6. Le recueil n'a pas été réédité, mais «Le Teetotalisme», (p. 136-150), entre autres textes, est repris dans *Chroniques canadiennes...*, 1884, p. 433-444.

tions dans *Récits de voyages* (1890) et dans *Le chemin de fer du Lac-Saint-Jean*, Québec, Léger Brousseau, 1895, 116 p.

— *Anglicismes et canadianismes*, Québec, C. Darveau, 1888, 106 p.

— *L'Outaouais supérieur*, Québec, C. Darveau 1889, 311 p. ill.

— *Récits de voyages. Sur les Grands Lacs, À travers les Laurentides, Promenades dans le vieux Québec*, Québec, C. Darveau, 1890, 271 p.

— *La région du Lac-Saint-Jean, grenier de la province de Québec*, Québec, Imprimerie du *Morning Chronicle*, 1890, 52 p. — Trad. angl. 1891.

— *Rapports sur les comtés de Rimouski, Matane, Témiscouata*, Québec, Belleau & Cie, 1890, 57 p. — Trad. angl., Québec, Ch.-F. Langlois, Imprimeur de la Reine, 1890.

— *Au portique des Laurentides, Une paroisse moderne, Le curé Labelle*, Québec, C. Darveau, 1891, 96 p.

— *Réminiscences. Les jeunes barbares*[7], Québec, Imprimerie de l'Électeur, 1892, 110 p.

— *Québec en 1900*, conférence, Québec, Léger Brousseau, 1893, 65 p.

— *La vallée de la Matapédia, ouvrage historique et descriptif*, Québec, Léger Brousseau, 1895, 52 p. ill.

— *La province de Québec*[8], publication du département de l'agriculture de la province de Québec, 1900, 352 p.

---

7. Il s'agit de deux œuvres indépendantes publiées sous la même couverture.

8. «Cet ouvrage est anonyme. Il a été, comme le suivant, rédigé à l'occasion de l'Exposition Universelle de Paris, et largement distribué aux visiteurs. La Préface seule est signée de Buies» (P.-G. Roy, *op. cit.,* p. 153). «Une édition remaniée de ce travail parut en 1905. Nous l'avons actuellement sous les yeux.... Le nouvel ouvrage porte le nom de M. Alex Girard» (Ch. ab der Halden, *op. cit.,* p. 161).

— *Les poissons et les animaux à fourrure du Canada*, Ottawa, Ministère de l'agriculture, s.d. (1900), — Trad. et adaptation anglaises, *ibid.*, 41 p.

Articles, lettres

En plus de *La Lanterne* (mentionnée plus haut à cause de sa réimpression en volume), Arthur Buies a fondé et dirigé deux[9] journaux :

— *L'Indépendant*, organe des partisans de l'indépendance, Montréal (tri-hebdomadaire, bilingue) puis *Québec* (hebdomadaire, français), juin — 10 décembre 1870.

— *Le Réveil*, hebdomadaire, Québec puis Montréal, 27 mai — 23 décembre 1876. Les bâilleurs de fonds de ce journal étaient Joseph Doutre et Rosaire Thibodeau ; il fut interdit par Mgr Taschereau le 31 août. Des extraits du *Réveil* sont cités par A. Beaulieu et J. Hamelin, *La presse québécoise des origines à nos jours*, t. II : 1860-1876, Québec, P.U.L., 1975, p. 240-242.

Buies a publié de nombreux articles[10], pour la plupart repris dans les recueils de *Chroniques*, dans *Anglicismes et canadianismes*, etc. Parmi les autres, on pourrait signaler :

— La série «Barbarismes canadiens», *Le Pays*, 26 et 31 octobre, 7 et 28 novembre 1865, et 5 janvier 1866 ; la majeure partie est reproduite par G. Bouthillier et J. Meynaud, *Le choc des langues au Québec*, 1760-1970, Montréal, P.U.Q., 1972, p. 181-187.

— «L'Amérique britannique du Nord», *Revue libérale et scientifique*, (Paris), août 1867.

---

9. M.-A. Gagnon (*Le Ciel et l'Enfer d'Arthur Buies*, p. 353) lui attribue «*L'Indépendance canadienne*. Montréal. Fondé le 22 mai 1868. Seulement quelques numéros ont paru et ils sont introuvables». Il confond sans doute avec *L'Indépendance canadienne*, quotidien fondé par Médéric Lanctôt le 15 février, disparu le 3 août 1868.

10. Il a notamment collaboré au *Pays*, aux *Nouvelles Soirées canadiennes*, au *Monde illustré*, à *La Revue nationale*, à *L'Électeur...*

— «Interdictions et censures», *Canada-Revue*, 4, 11 février 1893, p. 86-90.

La correspondance de Buies a été en partie détruite lors de l'incendie de Rimouski en 1950. «Il en reste quelques pièces dispersées, souvent recopiées, qu'il est impossible de classer avec continuité» (L. Lamontagne, *op. cit.,* p. 252). M.-A. Gagnon s'y est essayé *(Le Ciel et l'Enfer d'Arthur Buies*, p. 354-356). La correspondance Hamel-Casault est conservée aux Archives du Séminaire de Québec; on trouve de nombreuses photocopies dans la Collection Gagnon de la Bibliothèque de la ville de Montréal. Quelques lettres (de Buies, à Buies) et des extraits sont cités par Halden, Douville, etc.

Morceaux[11] choisis

— *Arthur Buies (1840-1901)*. Textes présentés et annotés par L. Lamontagne. Montréal, Fides, coll. «Classiques canadiens» 1959, 93 p.

— *La Lanterne d'Arthur Buies. Propos révolutionnaires et chroniques scandaleuses; confessions publiques.* Textes choisis et commentés par M.-A. Gagnon, Montréal, les Éditions de l'Homme, 1964, 255 p.

— «L'invention du pays. Chroniques et notices d'Arthur Buies», *Études françaises*, n° spécial, vol., VI: n° 3, août 1970, p. 283-388.

---

11. Nous ne signalons que les recueils d'une certaine envergure, et non pas les quelques extraits reproduits çà et là (par C. Roy, P. Savard, A. Thério...), dont nous avons dit un mot dans notre introduction.

II ÉTUDES[12]

CHARPENTIER (Fulgence), *Les heures littéraires*, Montréal, Librairie d'Action canadienne-française, 1929 («Trois humoristes canadiens»: Fabre, Buies, p. 53-67, et Fournier).

COSTISSELLA (Joseph), *L'Esprit révolutionnaire dans la littérature canadienne-française de 1837 à la fin du XIXᵉ siècle*, Montréal, Beauchemin, 1968 («Arthur Buies: la satire révolutionnaire», p. 148-163).

DOUVILLE (Raymond), *La Vie aventureuse d'Arthur Buies*, Montréal, Albert Lévesque, coll. «Figures canadiennes», 1933, 184 p.

ÉTHIER-BLAIS (Jean), *Signets II*, Montréal, Cercle du livre de France, 1967, «A. Buies: enfer et ciel; aller-retour», p. 105-114.

GAGNON (Marcel-Aimé), *Le Ciel et l'Enfer d'Arthur Buies*, Québec, P.U.L., coll. «Vie des lettres canadiennes», 1965, 361 p.

GENEST (Jean-Guy), «*La Lanterne*, 1868-1869», dans Dumont, Montminy et Hamelin (édit.), *Idéologies au Canada français, 1850-1900*, Québec, P.U.L., coll. «Histoire et sociologie de la nature», 1971, p. 245-263.

GRIGNON (Claude-Henri), «Arthur Buies ou l'homme qui cherchait son malheur» dans les *Cahiers de l'Académie canadienne-française*, VII («Profils littéraires»), 1963, p. 29-42.

---

12. Il s'agit évidemment d'un choix. Nous ne mentionnons pas ici d'articles de journal, de manuels d'histoire littéraire, de comptes rendus (comme, par exemple, Ph. La Ferrière, «Actualité d'Arthur Buies», *Amérique française*, vol. VI, nᵒ 2, mars-avril 1953, p. 53-55, qui ne concerne que «l'amusante brochure» *Anglicismes et canadianismes*). On trouvera donc quelques autres références (à Lareau, à Chapais, à Falardeau, à R. Duhamel, à Éthier-Blais...) dans notre introduction et dans la section «impressions et jugements sur Arthur Buies».

HALDEN (Charles ab der), *Nouvelles études de littérature canadienne-française*, Paris. F. R. de Rudeval, 1907 («Arthur Buies», p. 49-184).

LAMONTAGNE (Léopold), *Arthur Buies, homme de lettres*, Québec, P.U.L., 1957, 258 p. (Thèse soutenue à l'Université d'Ottawa en 1944).

TRUDEL (Marcel), *L'influence de Voltaire au Canada*, Montréal, Fides, 1945, («Un voltairien intégral: Arthur Buies», t. II, p. 101-132).

TUSSEAU (Jean-Pierre), «La fin "édifiante" d'Arthur Buies», *Études françaises*, IX: 1, février 1973, p. 45-54.

Id., «Les renaissances du fait français: quelques perspectives sociolinguistiques», *Recherches sociographiques*, XIV: 1, 1973, p. 125-130.

Id., «Quelques aspects idéologiques de l'œuvre d'Arthur Buies», *Stratégie*, n° 9, été 1974, p. 73-80.

VACHON (Georges-André), «Arthur Buies, écrivain», *Études françaises*, VI: 3, août 1970, p. 283-295.

Laurent Mailhot

Table des matières

LE TEMPS SAUVAGE suivi de
LA MERCIÈRE ASSASSINÉE et de
LES INVITÉS AU PROCÈS

Louis Hémon
MARIA CHAPDELAINE

Suzanne Jacob
LA SURVIE

Claude Jasmin
LA SABLIÈRE - MARIO
UNE DUCHESSE À OGUNQUIT

Patrice Lacombe
LA TERRE PATERNELLE

Félix Leclerc
ADAGIO
ALLEGRO
ANDANTE
LE CALEPIN D'UN FLÂNEUR
CENT CHANSONS
DIALOGUE D'HOMMES ET DE BÊTES
LE FOU DE L'ÎLE
LE HAMAC DANS LES VOILES
MOI, MES SOULIERS
PIEDS NUS DANS L'AUBE
LE P'TIT BONHEUR
SONNEZ LES MATINES

Michel Lord
ANTHOLOGIE DE LA SCIENCE-FICTION
QUÉBÉCOISE CONTEMPORAINE